不列颠图书馆藏清代珍稀文献整理与考释

中外关系卷

"十四五"国家重点出版物出版规划项目

王天根 著

北京师范大学出版集团
安徽大学出版社

图书在版编目(CIP)数据

不列颠图书馆藏清代珍稀文献整理与考释. 中外关系卷 / 王天根著. --合肥：安徽大学出版社，2025.1.
ISBN 978-7-5664-2902-5

Ⅰ. G256.1

中国国家版本馆 CIP 数据核字第 20244HP240 号

本书系国家社科基金重大项目"不列颠图书馆藏中国近代珍稀文献辑录、校勘并考释"(15ZDB038)成果的重要组成部分。

不列颠图书馆藏清代珍稀文献整理与考释 中外关系卷
Buliedian Tushuguan Cang Qingdai Zhenxi Wenxian Zhengli Yu Kaoshi

王天根 著

出版发行：	北京师范大学出版集团 安 徽 大 学 出 版 社 (安徽省合肥市肥西路3号 邮编230039) www.bnupg.com www.ahupress.com.cn
印　　刷：	合肥创新印务有限公司
经　　销：	全国新华书店
开　　本：	710 mm×1010 mm　1/16
印　　张：	16
字　　数：	230 千字
版　　次：	2025 年 1 月第 1 版
印　　次：	2025 年 1 月第 1 次印刷
定　　价：	60.00 元

ISBN 978-7-5664-2902-5

策划编辑：李加凯	装帧设计：张　浩　李　军
责任编辑：李加凯　张明举　蒋　松	美术编辑：李　军
责任校对：龚婧瑶	责任印制：陈　如　孟献辉

版权所有　侵权必究

反盗版、侵权举报电话：0551—65106311
外埠邮购电话：0551—65107716
本书如有印装质量问题，请与印制管理部联系调换。
印制管理部电话：0551—65106311

前 言 QIANYAN

  笔者博士学位论文研究的对象是曾经留学英伦的严复。由此,笔者对英帝国的背景及其古典文化思想多有探究,并有多篇论文刊行。想起在去英国之前,某史学刊物主编向笔者提议,可以写些游记;某出版社负责人建议题目拟定为《重走严复之路》,或《严复之路》。就出国访学而言,笔者放弃美国加州大学,是想重温严复到英国留学之路。严复的思想背景及其文化语境,正是笔者钟情英国的原因所在。可惜笔者与研究对象严复在时代上颇有差距。读万卷书,行万里路。笔者出国的重要目的就是感觉在国内高校工作压力太大,很想出国进修并好好休息与四处看看。笔者毕竟是研究历史的,属人文学科,思想上多有感伤的人文情怀。毕竟先贤严复所在时,大英帝国极其强势,而自己来的时候,中国在世界上的地位已今非昔比。笔者希望继严复后,能对英伦社会生活的观感有所描述并思考。笔者在不列颠图书馆查资料时,发现中文部的办公室用的椅子当系东印度公司留下的。而亚非阅览室中挂的精美绝伦的西洋画也是从东印度公司转手而来的。由此感叹:一个人、一个国家在发展道路中除了把握机遇外,祖上的庇护往往也是无形的资产。

  笔者在不列颠图书馆查找珍稀文献时,基本上每天都有工作与学习的札记。摘录下来,也是一段往事与历史。

笔者查阅了鸦片战争前后中国沿海军事重地的档案文献。在不列颠图书馆查了许多资料，至少有如下印象。英国国防部及其军方对中国了解得细致入微，从军用马匹到地图中具体战舰的布置，戈登文献所呈现的他们对此前中国的军事制度和经济制度运作等的了解是多方位、多层次的。从中英外交关系考察这些文献，可以重建历史场景，取代以前缺乏过硬的第一手材料而多为逻辑推理的情形。调阅文献可见，有些资料是以中国文字为原始文稿但藏于不列颠图书馆，而英政府公布的往往也仅为英文译稿。

笔者在不列颠图书馆查阅到大批关于鸦片战争中英关系的外交史料，外交照会就有上百件之多，主要集中在1840年至1843年。这一时期恰是《南京条约》签订前后，是中国社会性质转变的关键时期，缺乏这些史料很难说中国近代史的开端历史细节的重建已经清楚，更难说清楚英国对中国的真实而微妙的迂回策略。整理文献，重建历史，这对现在国家清史纂修工程的推进也是有帮助的，很难说离开不列颠图书馆所藏带有当时修改痕迹的诸多善后条约，我们就理解了当时签订条约的初衷，以及中方、英方在外交上各自言说的重点。

整理、解读、考辨不列颠图书馆中的这些资料，有利于学界了解近代史的开端。系统地考辨这些史料有利于我们了解英国对中国军事行动最初真实的心态、姿态及其变化的逻辑层次。珍稀文献内容涉及1841—1842年所谓"台湾问题"的交涉。不列颠图书馆藏的诸多手稿本和公文在当时是作为核心的军事情报呈现的。英国出师台湾初不利，而后势如破竹，原因何在？部分原因系双方信息不对称。这涉及英国对世界版图的野心及军事行动。而对中国而言，系列战争关联天朝大国的皇权、封疆大吏、军方及文官制度等等。历史不等于学理逻辑，第一手资料是历史重建及其解读的关键。考察历史可从外交、文化等层面来阐释。既然是讨论中英关系，就要对比优劣，明白事实与现象背后的学理及想象等。

战争是敌我双方暴力的表述方式。殖民者与被殖民者的身份在卖国条约中得以充分界定,由此战后政治身份认同就有了问题。政治身份认同涉及民族、性别、阶级乃至文化传统等等。从英国军方考虑,哪些材料才是重要的,英国对中国究竟掌握了哪些材料,中国的材料中国人是清楚的,英国的材料英国人是清楚的,而中国为英国所掌握的材料中国人未必清楚。这往往就是情报部门的重要职能。这也是20世纪20年代中国人在不列颠图书馆查资料受到限制的重要原因,或是柯文南写信给英方行政当局希望一些中英交往资料向中国开放,但终被拒绝的重要原因。

从历史研究而言,反省鸦片战争等成败应当建立在掌握第一手军事情报的基础上,而非逻辑推断或仅仅根据中国的档案或英国外交档案去判断,尤其要从盖有关防的公文材料角度去评析历史。不宜仅以道义上战争的正义与非正义去批评历史人物,诸如对耆英的评价,他最终被处以死刑,目前被钉在历史的耻辱柱上,可他给英国承诺的关键性中文往来照会很稀见,而这些照会在不列颠图书馆收藏数量颇多,这正是笔者的发现。

以往将清朝的失败归结为愚蠢、狂妄自大等,并没有多少学者从情报信息的层面去考察中英开战之前英国军事部门对中国情况掌握的程度,由此可见英国游刃有余而中方处处被动的局面。对这些材料进行整理并考辨对我们重新认识与反思中国近代历史开端以屈辱的姿态呈现等的原因颇有帮助。

其一,这些史料有哪些内容？遍查《清季筹办夷务》《近代史料丛刊：鸦片战争》(六册)和《鸦片战争档案史料》等资料汇编未见这些手稿本或盖有关防、玉玺的资料。查近代一些史料性刊物《中国近代史资料丛刊》《历史档案》《北京档案》等也未见这些材料。翻阅近人论著,诸如茅海建的《天朝的崩溃》以及高鸿志的《中国近代中英关系史》,研究近代中国关系史的王建郎、郭卫东、李育民、吴义雄等的书籍,也未见使用这些材料。这些资料包括中英关系的外交照会、台湾上谕、英方对中国扣押人员的处置等,涉及道光二十年(1840)至道光二十三年(1843)前后,中方战争、政治、经济、文化等层面,上至皇帝的上谕,下至知县给皇帝或军机处的书信。

不列颠图书馆中以稿本为主体的这些材料非常清晰地呈现了大清帝国从社会到国家的方方面面，揭示了当时官场的潜规则，也展示了职业官员作为读书人或知识分子的文人情趣。

其二，由研究这些史料得出的结论与我们以往的研究有何不同？为什么1842—1843年英国试探性地对台湾动武一再以失败告终，而此后英军打清军势如破竹？

这些材料可以用来解读鸦片战争中的一些谜案，如鸦片战争中耆英有无签订善后条约，中英谈判中中方为何在天津突然扣留英方人员，英方有何反应及其后果等。这些历史迷雾所遮蔽的鲜为人知的真切场景都得到珍稀史料的证实。

可以对这些资料作文本分析，显示事件发展的逻辑。事情的发展又彰显出晚清政治要人的得失，甚至攸关其生死。

这些资料中呈现的中国社会镜像十分关键，涉及承载中国传统文化的道统，以及经世之学的政统。现在看这些手稿本与国内公布的档案有共通之处，但在当时这些材料作为情报具有典型性，这就是情报与档案的关联及异趣。

档案与情报的关系在史学研究中十分复杂。作为情报的信息无疑要真实，这关系到军事较量上的得失成败，而档案则常以史料记录呈现曾经的过程。这里档案与情报重要的区分是，这些材料是从什么地方来的，如何又进入图书馆并不让人看或随意调阅？

以下题目值得关注：

其一，鸦片战争中的军事情报；情报与战争中的应急反应；新发现的军事情报与已有历史文献之间的重叠、区别。

其二，历史档案及其对鸦片战争的历史场景的重建；历史档案与中国史学研究者的空间归属感。

其三，历史学研究者的代际鸿沟（史学机会与史学意识）及其学术传承；

20世纪20—30年代到英国查找资料的学者及其发现;80年代到英国查找资料的学者及其发现;2010年后到英国查找资料的学者及其发现。

其四,天朝大国的裂变与政治身份认同;历史文献与政治身份认同;战争、情报与天朝裂变下的政治身份认同。

这些是我一直要完成的相关题目,将为之努力。从搜集海外珍稀文献来说,我是幸运的。从父母都不识字的农家子弟到史学工作者,后来有机会申请到教育部出国访学项目并从不列颠图书馆等发掘了有关近代中国许多珍稀资料,更为幸运的是发现了关于西方传教士在芜湖兼并土地的大量珍稀且成系统的文献。芜湖系自己故乡所在,通过阅读文献,对记忆中乡村史学有了更清晰的认知。阅读文献,发现了自己的回忆与县志中的记载大体吻合,但也涉及地名、方言的差异等。自己原来有一番雄心,也在文献上筹备了多年,打算复原芜湖近代历史的语境,并展示江南鱼米之乡之一叶。但经过多年的广泛阅读文献,觉得涉猎太泛,而诸多阅读及其消化过程太辛苦,也不知道写出来的会是什么样子的成品。这不仅仅涉及写作的框架以及解读的本土视角问题,更多的是这片乡土曾承载了太多的梦想与失落。

本书大体上分为两个部分,第一部分涉及近代中外关系碰撞的缘起及历史节点的探讨,第二部分涉及近代中外关系的多维面向、细节深描及旨趣。本书是《不列颠图书馆藏清代珍稀文献整理与考释》系列著作之《中外关系卷》。本套丛书探讨的相关问题在对应的专题中作答,或者在名卷的《后记》中作回应。故相关文献分别辑录于各卷之中。

王天根
2024年12月

目 录 MULU

历史场景的重建与鸦片战争期间中英关系的再思考
——以不列颠图书馆藏珍稀历史文献为中心 …………………………… 1
不列颠图书馆藏芜湖脱甲山珍稀文献及历史文化名城建设中遗址保护……
……………………………………………………………………………… 56
从"市场化"到"契约化":新发现清代芜湖地契及其交易考释 ………… 61
地权交易"在地化"情境:芜湖开埠及传教士插手脱甲山土地兼并 …… 107
土地兼并与传教:清季英人利用传教兼并芜湖战略据点脱甲山的历程 ……
……………………………………………………………………………… 137
想象互让边界与真实权力:脱甲山地权翻案与英美传教士利益再分配 ……
……………………………………………………………………………… 179

附录:不列颠图书馆藏清代珍稀文献 ………………………………… 193

台湾奏折上谕 ………………………………………………………… 195
粗定各口通商章程 …………………………………………………… 199
芜湖脱甲山土地买卖契约 …………………………………………… 204

后记:不列颠图书馆藏珍稀文献寻访实录及省思 …………………… 230

历史场景的重建与鸦片战争期间中英关系的再思考

——以不列颠图书馆藏珍稀历史文献为中心

第一次鸦片战争以《南京条约》的签订宣告结束。学界亦有总结与反思。吴义雄称《南京条约》等近代第一批中西条约建立了中西关系新体制。① 相关外交条约的研究近年颇有进展,关诗珮在《英法〈南京条约〉译战与英国汉学的成立——"英国汉学之父"斯当东的贡献》中称:"鸦片战争后,英国与中国签订了《南京条约》后续订的中英五口通商章程(1843 年 7 月 22 日)和通商附黏善后条款,在公布条款予以公众后,法国报界却爆出了英国不能洞察中英版本不符的翻译丑闻,并指英国译者被中国贿赂收买,戕害英国国家利益。"② 作者从中英文翻译史的角度对此进行探索,阐述了鸦片战争中英方对华发动战争的动机。在作者看来,"1839 年在广州因中方向外商勒收鸦片引起的冲突,把中英两国积累近两个世纪多的种种不满爆发出来。这些不满,在英方而言,是本着对广州贸易不自由制度的不满,然后是由此而引发的种种营商问题:贿赂、赊欠、走私瞒税,亦对于中国长期以天朝大国的态度对待英国的不满。对于中国而言,英国强人所难,逾越天朝定下种种文化、道德以

---

① 吴义雄:《在华英文报刊与近代早期的中西关系》,《导言》,北京:社会科学文献出版社 2012 年版,第 3 页。

② 王宏志主编:《翻译史研究(2013)》,上海:复旦大学出版社 2013 年版,第 128 页。

及经济上法规,僭上逼下,非法输入及售卖鸦片,罪恶滔天,不以强悍的手段是不能教训猖獗的'夷人'"。① 英中交往中不仅有通商且有战争等暴力交往形式。但事情的表象及其背后的原因又是非常复杂的。"《南京条约》附属条款中英文原文及译文版本有异的问题,首先经由一直觊觎英国在华地位的法国大肆报道,立场以右翼著名的法文报刊 *Journal des debats*(*Journal of the Debate*)率先于 1844 年 10 月 21 日(星期一)的首页,并以全版面及头条报道。这事一经法国报刊详尽报道,英国报章立即转载,传达社会各阶层。而更有报刊在同一周内的 1844 年 10 月 25 日(星期五),将原先法文报道,同样以首页全版面一字不漏、逐字逐句地翻译出来。"② 当然这涉及法国报界对英国在华殖民的态度与立场问题等。

《南京条约》的中英文版本不同。法文及英文两则相关报道篇幅极长,关诗珮抽取重点翻译如下:

> 中国传来的非常重要的消息,世界各国都因英国在香港成立基地以及沿岸五口通商而受惠。这消息对商业以及历史都深具意义。
>
> 天朝帝国公布的文献中表示了在这情势下,各种措施上遭受极大痛击,原因是可预示到通过一条定期被协商、被接纳通过以及被修订的条款,战胜国的他们,却在独特战争位置战败。
>
> 将来世人会记着璞鼎查与中方官员谈判《南京条约》的附属条文,条文讨论的虽只属两国的贸易关系及权限,但实情是将来开放予全世界各国也未可论。数月前,我们报道了在《香港宪报》(*Hong Kong Gazette*)刊登的条款的英文文献。但我们无意赞扬当中的条款或以此引来的任何关联。原因是,现在看来,这翻译并不准确,璞鼎查爵士已成为了不值一看无意义诡计(supercherie)的受害者。英国谈判团的主翻译官马儒翰在草书条文时突然身故,他的死,实

---

① 王宏志主编:《翻译史研究(2013)》,上海:复旦大学出版社 2013 年版,第 150 页。
② 王宏志主编:《翻译史研究(2013)》,上海:复旦大学出版社 2013 年版,第 154 页。

在如璞鼎查爵士所言的属举国痛殇(national calamity),但是这首当其冲带来的灾难,却远远超出璞鼎查所能预示到的。作为英国驻华全权公使及英国驻华商务总监,他在经贸方面以及语言方面却完全无知,英国公使一职与英商长久积存彼此痛恨的关系,至(致)使本来英商可以及早提醒璞鼎查令他不至蒙蔽,他的敌人中国谈判代表,一早贿赂得将接替马儒翰做翻译的继任人。而璞鼎查爵士在这样的各样情形下却不知就里,接纳了条文,更以贵国之名修订了当中的条款,把他的政府在战争后——本来以英国人血汗之资争取回来的各种好处,都付之流水,现在这条款甚至把殖民地香港的可能发展都钳制住。

以上涉及英国公使及其翻译者等在中英交往中的诸多举措,而上述引文似乎建立在英国公使遭蒙蔽的基础上。法国报刊还进一步分析:"上文所说涉及的英国贸易及关税的利益,如何在英文版的《南京条约》中的 13 条及 17 条整段失去,而这些都是整条条约扣着最根本利益中最重要的关键句,璞鼎查不单不能洞悉,还兴高采烈、满有信心地从译者那里接受过来。法国报刊于是把 13 条及 17 条整条条文,先列出璞鼎查原来从英方译者译出来的版本,再在段末补上了一段在原文中失去的段落以斜体标示出来,并指出这用以斜体标示出来后补的英译,是他们现找到的英国国内最德高望重的几位英国汉学教授翻译出来的,让读者看到英国人如何在《南京条约》的译本中,尽失自己的利益而浑然不知。"① 英国政坛对此十分震惊,问题是炮制《南京条约》的关键人物璞鼎查 "一直对翻译条文两版本不符一事三缄其口"。1844 年回国在庆功会上,璞鼎查才指出,他并不认为"有必要对公众披露签订条款全文内容",他认为"刊登出一折中简单版本供给公众参考即可"。② 璞鼎查毕竟是政客,其相关表述涉及话语策略及其呈现的表象与事实等,也呈现出

---

① 王宏志主编:《翻译史研究(2013)》,上海:复旦大学出版社 2013 年版,第 154~155 页。
② 王宏志主编:《翻译史研究(2013)》,上海:复旦大学出版社 2013 年版,第 157 页。

英国对华外交及其相关条约的一贯立场与战略等。对此类问题的探析除学理逻辑外,还需要关键史料的研判及历史场景的重建。

一、英方对华战略意图

考察鸦片战争相关历史文献可从外交、军事等层面解读。通过文献讨论中英关系及其相关条约,将两者进行比较,有利于看清双方的优劣,明白事实与现象背后的学理想象等。鸦片战争前英方对中国的看法因缺乏材料而充满了臆测,正如英国方面曾称:"在这时以前,他们只用那种芬芳的植物,到了现在已成了我们不可缺少的日用品,它的芬芳的精华,充满了'能使人兴奋、愉快,而不使沉醉的杯'(旧诗。译者按:指茶而言。)来换取我们的制造品。"①为了打开中国广阔的市场,1834年1月25日,巴麦尊子爵从外交部致律劳卑勋爵函,称:"除了保护和促进英王陛下臣民对广州港贸易的职责之外,您的主要目的之一是要查明,把该贸易扩大到中国的其他部分领土是否切实可行。同时,为了这个目的,您不应忽视任何鼓励您在中国官员们中间可能发现的愿意与英王陛下政府进行贸易交往的有利机会。"②他还训令:"我们都知道,很需要对中国沿海进行勘测;因此,您应注意这个问题,以便查明进行这一任务的最好方法以及可能需要的费用;同时,请您把有关此事的意见早日向我提出一份全面的报告。但是,在您获得此地授权您这样做之前,您不得采取任何步骤开始进行这一勘测。您还应注意进行调查,如果在中国海域发生战争行动,船舰是否可以有任何地方并在什么地方找到必需的保护。"③可见英方一开始就注意搜集对华军事情报。

1834年8月14日,律劳卑勋爵在致巴麦尊子爵的函中亦称:"中国人非

---

① 擷・义律・宾汉著:《英军在华作战记》,寿纪瑜、齐思和译,见《中国近代史资料丛刊・鸦片战争(五)》,上海:上海人民出版社、上海书店出版社2000年版,第3页。
② 《英国档案有关鸦片战争资料选译》(上册),胡滨译,北京:中华书局1993年版,第2页。
③ 《英国档案有关鸦片战争资料选译》(上册),胡滨译,北京:中华书局1993年版,第2~3页。

常渴望与我们进行贸易;满族的总督们不能够理解此事。如果皇帝拒绝我们的要求,便应提醒他说:他只不过是一个入侵者;通过满足他的人民的愿望以保住他的皇位,将是他的良好的策略。还应提醒他:在他的王朝从未开化的满洲跑出来之前,英国人曾对中国所有的口岸进行贸易;甚至他很早以前的一位祖先不仅对外国人开放他所有的口岸,而且还邀请他们在他的帝国中定居并传播文明。中国人都读书识字,并渴望获得知识;把您的意图(即您对该国政府和他们自己的意图)在他们中间发表,并广泛传播。否认具有征服或超出一定时间之外占有部分领土的一切意图;不干扰他们的船只航行和城市的安宁;仅破坏沿海和沿江的堡垒及炮台,而对人民不加干涉。当然,只有当皇帝顽固不化时,才把这种对炮台的骚扰活动付诸实现。有三、四艘巡洋舰和双桅船以及少数可靠的英国军队(不是印度兵),将在难以想象的短暂时间内解决这件事情。"①"我们过去通过谈判,或者是通过在这些人们面前或更确切地说在他们的政府面前低声下气,究竟获得了什么利益或达到了什么目的?记录表明,除了后来的羞耻和屈辱之外,一无所获。另一方面,我们通过采取迅速的和强有力的行动,对于那些正当的和合理的利益或目的究竟丧失了什么?记录又使我们确信,伴随这些措施而来的是全面的胜利。"②这些反映了英国对华侵略者真实的意图及心态。

律劳卑勋爵在致巴麦尊子爵的函中还称:"中国当局装着蔑视我们仁慈的国王希望'为两国人民的共同利益发展友好关系'的想法。那件谕令说:'英国有其法度,天朝法度更光辉灿烂,比闪电雷鸣尤令人敬畏!'"③与此同时,律劳卑希望英国政府对他放权,使他有足够的资格代表英国在华活动,从而相机而动,攫取权益。他表示:"我认为,我能够毫不犹豫地立即建议英王陛下政府,马上考虑采取最好的方案获得一项通商条约,或按照国际法的原

---

① 《英国档案有关鸦片战争资料选译》(上册),胡滨译,北京:中华书局1993年版,第15~16页。
② 《英国档案有关鸦片战争资料选译》(上册),胡滨译,北京:中华书局1993年版,第17页。
③ 《英国档案有关鸦片战争资料选译》(上册),胡滨译,北京:中华书局1993年版,第14页。

则订立一项条约保证正当的权利,并包括所有欧洲人的公私利益在内——不单独是英国人的利益,而是前来进行贸易的所有文明人民的利益。我认为,对文明世界和对我们自己来说,该条约将很容易产生影响,而且它将很容易开放整个沿海,如同开放任何个别口岸一样。"①由此而论,中国的天朝大国政治身份认同就有了问题。笔者就天朝大国的裂变与政治身份的认同,战争与国家关系的认同等方面作重点分析。英国对华的外交及其发动殖民战争背后的政治意图有其历史的连续性。

首先是英国对华发动战争的战略意图。1840年6月,《中国丛报》9卷9期第6篇刊发相关英国报纸中有关英国和中国政府之间彼时悬而未决的问题的报道,涉及下议院的答复:"尊敬的先生问及这些准备是什么目的,他只能作一般的阐明。首先,是要对女王陛下商务监督及其臣民所受到的侮辱和伤害,向中国政府取得赔偿;其次,是要为在同中国贸易的英国商人,由于受到中国政府指使下的一些人的武力恐吓而造成财产上的损失得到赔偿;最后,要取得一定的保证,即今后要保护同中国贸易的人员和财产,免受侮辱或伤害;使商业和贸易建立在恰当的基础上。"②这一答复在下议院引发一片欢呼之声,由此亦可见对华攫取利益在英国下议院受到高度的重视。

英国通过殖民战争试图强行利用"条约"等特权进行商品倾销,这种情况由来已久,早些时候也受到中方高度的重视。中方驻扎广州总督却采取了羁縻政策,道光十四年八月九日(1834年9月11日)两广总督卢坤谕令行商称:"本总督奉命维护国家尊严,从一开始便不提倡奇怪之事或表现出傲慢态度。"③面对英方的强行贸易,"实际上,天朝爱护来自远方的人们。它所珍惜的是用理性统治人们,不重视用武力威吓他们"④,而对英方的照会也反映了中方"怀柔远人"的羁縻政策。道光二十年正月二十六日(1840年2月28

---

① 《英国档案有关鸦片战争资料选译》(上册),胡滨译,北京:中华书局1993年版,第15页。
② 广东省文史研究馆译:《鸦片战争史料选译》,北京:中华书局1983年版,第186页。
③ 《英国档案有关鸦片战争资料选译》(上册),胡滨译,北京:中华书局1993年版,第37页。
④ 《英国档案有关鸦片战争资料选译》(上册),胡滨译,北京:中华书局1993年版,第39页。

日),穆彰阿等奏议覆广东筹议洋务章程折,谈及广东通商管理等。① 是年七月十四日《琦善奏英人呈递字据折》②提及:"窃臣于本月十三日,承准廷寄,奉上谕:如夷船驶至海口,果无桀骜情形,不必遽行开枪开炮。倘有投递禀帖情事,即将原禀进呈等因。"③而所呈无外乎英商在广东通商受压等"冤情"。道光皇帝下令琦善委员前往查问接受文书。④ 后英军逼迫尤甚,道光皇帝下令进剿。七月二十二日,琦善向道光皇帝报告是日派千总白含章将公文取回。其中,公文涉及"大英国主钦命管理通外务大臣巴麦尊照会大清国皇帝钦命宰相",⑤此系1840年2月20日外相巴麦尊于伦敦外交部写信给大清皇帝钦命宰相,提及:"兹因官宪扰害本国驻在中国之民人,及该官宪亵渎大英国家威仪,是以大英国主调派水陆军师,前往中国海境,求讨皇帝昭雪伸冤。"⑥与此对应的是钦差大臣林则徐到虎门销烟,也有信致维多利亚女王。相比较而言,巴麦尊的信函可视作《南京条约》及《虎门条约》的最初想法。具体而言,要求有三:其一,"所有逼夺之货物,以赎领事并被禁英商等之命,悉应催讨赔还,给予原缴之人也。惟大英国家查闻所缴官之货,已经置之,再不能仍原缴之样交回,则大英国家决讨求大清国家将该货价偿给大英国家,以转还应收之人"。⑦ 此大体上是要求赔偿,且要以国家名义。其二,"因凌辱国主特命领事,即是亵渎大英国威仪,故英国决要大清国家昭雪,且本国主将来派官驻在中国,管理本国民人贸易之为,大清通文移往来之经由,则该国家兼其官宪,必须照大英国威仪所宜之尊重,即与该官交通相待,按照成化各国

---

① 《筹办夷务始末(道光朝)一》,北京:中华书局1964年版,第269〜272页。
② 《筹办夷务始末(道光朝)一》,北京:中华书局1964年版,第368页。
③ 《筹办夷务始末(道光朝)一》,北京:中华书局1964年版,第368页。
④ 《筹办夷务始末(道光朝)一》,北京:中华书局1964年版,第369页。
⑤ 《筹办夷务始末(道光朝)一》,北京:中华书局1964年版,第382页。
⑥ [美]马士著:《中华帝国对外关系史》(第一卷),张汇文等译,《附录》,上海:上海书店出版社2000年版,第703页。
⑦ [美]马士著:《中华帝国对外关系史》(第一卷),张汇文等译,《附录》,上海:上海书店出版社2000年版,第706页。

之体制,兹乃大英国所催讨也"。① 这大体上是要求对华领事权。其三,要求割让岛屿。"大英国家决要担保将来妥当,按照两国历久相通之理,使凡有英国民人,赴到中国经商,倘务正经贸易,不得再遭强迫吃亏。又欲免或京师之上宪,或有天下口岸之地方官,不得擅自恃势,累即在中国经商之英国商民。因此各缘故,大英国家催讨在大清国沿海地区,将岛地割让与大英国家,永远主持,致为大英民人居住贸易之市,以免其身子磨难,而保其赀货妥当。所割让之岛,广大形势之便,或止一岛,或数岛,皆照大英奉全权公使所拟也。"② 总之,英国外相强调要中方对英商的损失进行赔偿,要对华领事权益、保护所谓通商等诸多的权益。

总体看来,英国对华鸦片战争基本上体现了英国外相乃至女王的殖民征服之意图。是日(2月20日)《巴麦尊子爵致奉命与中国政府交涉的全权公使(懿律海军少将和义律大佐)函》(第一号),强调"将最近由海军大臣颁发给远征海军司令的各训令的一份副本和我写给中国皇帝钦命宰相一式三份的一封信的副本,寄请查照"。③ 此可见外相意以军方武力方式传递对华强硬的立场,并有具体的战争规划:"从颁给海军司令的训令中你可以看出,按照女王陛下政府的意见,远征军第一步所要作的工作就是在珠江建立封锁;因此我就希望你,一到达珠江口,便设法把我寄致中国宰相函一份,连同一份中文译本,一并送给广州总督,信的译文,你应尽可能使它正确,不要不必要地脱离英文语法,也不要采用任何足以妨害信实简明而又切合实际地表达原文的中国语文形式;并且你应要求总督把这件包括原信和译本的公文送往北

---

① [美]马士著:《中华帝国对外关系史》(第一卷),张汇文等译,《附录》,上海:上海书店出版社2000年版,第706~707页。
② [美]马士著:《中华帝国对外关系史》(第一卷),张汇文等译,《附录》,上海:上海书店出版社2000年版,第707页。
③ [美]马士著:《中华帝国对外关系史》(第一卷),张汇文等译,《附录》,上海:上海书店出版社2000年版,第709页。

京,不得拖延。"①这些呈现了在战争胁迫下英方向清政府递交条约,还指定条约递交对象及其地点,更重要的是对英文本的中文翻译大体要按照直译而非意译的方式进行。外相巴麦尊再次强调:"英国政府因其对女王陛下的监督所施加的侮辱和对女王陛下的其他侨华臣民所采取的暴虐办法造成对英国国主的亵渎,有权要求充分的赔偿。英国政府愿意接受一个或几个沿岸岛屿的割让,作为对这些行为的充分补偿,并作为防止它们重新发生的保证,岛屿应由海军司令和监督选定,要既容易占领,又可作为女王陛下的对华贸易臣民在英国权力保护下安全居住的场所;并且在那里他们可以同中国沿海的主要口岸安然进行通商。"②这些可归类为赔偿、割地、通商等方面的索求。

英方早期对华利益诉求大体上是英国外相一手策划的。在外相巴麦尊看来,条约的主要规定应该是:"英国侨华臣民的身体和财产应享有安全并免受干扰。"具体而言,"英国臣民,不论男女,应准许自由和不受限制地居住在中国的一些主要口岸,这些口岸应在条约中明白开列;英国臣民应准许同任何愿意和他们做买卖的人进行交易;他们在交易上应不限定于如何'行'和'会'"。这实际上是片面地强调要充分地执行英人在华无限制的商贸自由。

其次,英国外相尤其强调商贸往来方面的权益,这又涉及关税及货物在贸易合法性方面的界定等,"中国政府应规定固定的关税,以便外国人就合法输入或输出中国的一切货物,照章缴纳。这些关税应该予以公布,中国各口岸的官吏,对于输入和输出的货物,也不得课征高于这样随时制定的关税"。"如有任何英国臣民输入中国为中国法律所禁止的货物,这类货物得由中国政府官吏查获充公;如有任何得依法纳税进口的货物,在有充分的事实证明后,也得查获充公;但英国臣民的身体决不能因货物的输入或输出,而遭受干扰。"

---

① [美]马士著:《中华帝国对外关系史》(第一卷),张汇文等译,《附录》,上海:上海书店出版社2000年版,第709页。
② [美]马士著:《中华帝国对外关系史》(第一卷),张汇文等译,《附录》,上海:上海书店出版社2000年版,第711页。

再次，英国外相强调英方在华的商务方面的领事权及其相应的文书往来权力等，"英国国君得自由任命一个商务或一个总领事以及若干领事，以照管英国臣民的商业利益；并与北京的中国政府和它的地方当局在一切有文书往来必要的事务上，保持文书往来。对于这些官吏，应予以适当的尊重；在任何时期，都不应对他们的身体加以任何限制；他们的住宅和财产不得受一切干扰"。而英国外相最后尤其强调英方在华的领事裁判权的问题。"英国商务监督或总领事，将遵照其本国政府的命令，任意制定规则和章程，并设立法庭，以管理侨华的英国臣民；如有任何英国臣民被控犯罪，他将受监督或总领事为此目的所设法庭审理；如果他讯明有罪，则他的处罚应听由英国政府或它的官宪处理。"①从该规定可以看出，这是片面强调治外法权。

是日（2月20日）巴麦尊子爵致懿律海军少将和义律大佐函（第四号），强调"在本日我的第一号公函中所附寄的英、中条约稿本，是准备你提向大皇帝所可能指派同你商谈的全权大臣的"，此又对条约的立场作了补充。②后来，义律大佐私自与耆英等草议《穿鼻草约》，英国外相认为侵略目的没有达到而大为光火。由此需要检视外相巴麦尊的具体训令及其要求的内容，令人印象深刻的是外相还罗列训令及要求执行的情况：

甲、将"训令"比照"结果"③。

首先是比照1840年2月20日第一号函：

封锁粤江。

已遵办，但不彻底，因从澳门到广州的内线未被封闭。以巴麦尊子爵致中国宰相书一份送往广州。

未遵办。据义律大佐陈述，他所以不这样作，因为是不宜于让

---

① ［美］马士著：《中华帝国对外关系史》（第一卷），张汇文等译，《附录》，上海：上海书店出版社2000年版，第712～713页。
② ［美］马士著：《中华帝国对外关系史》（第一卷），张汇文等译，《附录》，上海：上海书店出版社2000年版，第714页。
③ ［美］马士著：《中华帝国对外关系史》（第一卷），张汇文等译，《附录》，上海：上海书店出版社2000年版，第730页。

广州中国当局最先知道英国的要求是什么。

占领珠山(舟山,下同)群岛。

已遵办。

封锁珠山群岛对面的海口、扬子江口和黄河口。

办到某种程度,但由于和中国人的一项停火协定,部分封锁后来已被放弃。

从上述三个海口之一,或从珠山送出致中国宰相书的第二份。

在宁波将信送到岸上,但被中国当局退还全权公使。

径往北直隶湾,从那里送出致中国宰相书的第三份,并等候回文。

已遵办。

如果这件照会不能表示出一圆满处置的良好展望,应继续军事行动。如果中国政府不愿派全权大臣到海军司令的船上来,全权公使对前往其他地点交涉,得自行权宜。

全权公使认为他们在白河口进行的结果,已使他们有理由同意折回广州,在那里进行交涉。

应将珠山群岛或其他可能占领的地方盘据到女王陛下政府的一切要求都已依允和债款全部付清时为止。

义律大佐已同意立即交还珠山〔见第五号函附件二中一八四一年一月十四日致琦善照会〕;并且一经琦善声明把香港割让英国,就立刻把一月七日所攻陷的粤江中两个炮台交还。

〔见同函附件三〕

我们和中国当局对英国要求的问题所能达成的任何协议,都应写成一条约形式,由各该国君主批准,其中的一项条款,应定明珠山群岛或其他英国军队可能已占领的地点,将被保留到中国政府的一切承诺业经照办为止。

琦善在他一八四一年一月二日的照会中,同意嗣后把协议各点,作为联式的书面,但肯定拒绝在这些公文上用御玺;因此,很可怀疑它能否采取照欧洲观念的那种条约形式。事实上,自从琦善到达广州,他就一直不愿和义律大佐会面商谈,据说这样做是"有背威仪之所需"的;但是他终于同意,当所有主要点在事前经文书往来商定之后,和义律大佐会面一次,商定细节。〔见第一号函附件一六中一八四一年一月二日琦善的来文〕

总之,将条款一条条比对,我们可见外相巴麦尊的指令具体而明确。而对驻华公使义律的考核,就是一条条指令对照其在华实践的结果。简言之,这种殖民战争的威胁及其相关侵略意图既有宏观上的目标,也有细节上的具体刻画。

其次是有关海军指令,也涉及海军司令与驻华公使的互动关系,但更多的是表达对义律大佐的不满,见下文:

训令海军司令捕获并扣押中国船只和财产。

海军司令已报告他没有立刻遵办女王陛下政府所批准的这项训令的理由。

训令全权公使(一八四〇年四月二十五日第一一号函)尽力争取一些规定,用来防止对英国制造品在运往中国内地途中,征收过份(分)的捐税。

对于这一点,似未作过任何努力。

全权公使奉命保持与中国人的完全平等地位。

这项训令遵办得极不彻底。没有一件中国宰相的来文不把英国的要求说成恳乞;力责英国对大皇帝的尊敬,并说代为向大皇帝乞恩。珠山的撤退继续被坚持作为恭顺的证明,是有所施恩之前绝对必要的。虽然义律大佐有过一两次对中国宰相这种妄自尊大情形,提过一些抗议(例如在一八四一年第一号函附件一七的一八四一年一月五日致琦善照会中),可是通常这种妄自尊大的情形都被毫不注意地容忍下去了；甚至义律大佐本人的一些照会，也写成不合乎平等地位的语气。

比较训令与所谓"结果"，我们可见英国外相对义律等相当不满。

再次是英外相将要求与结果相比照，意在强调使用武力达到强行签订并执行条约的目的。为了清楚地说明问题，特作以下罗列：

乙、将"要求"比照"结果"。具体而言，其涉及以下内容：

（一）一八三九年林钦差从英商勒夺去的鸦片的赔偿：应连同其他现金要求的款额，每半年带息摊付一次，在二、三年内付清。〔致大清皇帝钦命宰相书，条约稿本第四及第七条。〕

注释——这项赔偿的数额未定，应视被夺鸦片的作价而定。如果每箱作价五百元，即义律大佐对得自颠地公司 523 又 58/100 箱所同意的应付价格，照规定所缴二〇、二八三箱的数目计算，总额应为一〇、一四一、五〇〇元。但这个数字似觉高出勒缴时鸦片的真正价值，因为在向颠地公司购买时，由于有这样大量呈缴的先期约定，价格已经腾涨，并且在义律大佐临离广州时于该处发出的一八三九年四月三日的通知中，他说：为求划一和一般明晰起见，凡对于留〔在广州〕的英国财产的索偿，应尽其可以办得通地按照发票价格计算。在一八三九年四月三日一件标有"密"的公函中，义律大佐陈说，五百万英镑将不会抵付所受的重大损失而有余。

义律大佐所争取到的赔款总额是六、〇〇〇、〇〇〇元，在一八四一和一八四六年同摊付，但无息金。中国大臣一再肯定地拒绝承认这项赔偿的支付是皇帝方面的一种义务；而声称，该大臣将自行筹付，作为他本人方面的一种安排。息金的要求已被琦善拒绝，并且义律大佐已同意这种拒绝。

（二）对于因凌辱监督而亵渎英国国主的赔偿。〔致大清皇帝钦命宰相书〕

见要求（四）的答案。

（三）嗣后基于平等地位的官方往来权。〔致大清皇帝钦命宰相书。条约稿本第二条。〕

仅就停止使用"禀"字，即请愿书，或呈文；和"谕"字，即命令来说：中国大臣已同意这项要求（一八四〇年十二月十一日）。〔见一八四一年一月五日义律大佐的第一号函附件三〕

（四）割让一处或几处沿海岛屿，作为英国臣民居住和通商的地方。

注释——对这项要求的应允，被认作是对监督凌辱的一种赔偿。〔条约稿本第三条〕并且授权全权公使，在中国政府不愿承允这条规定时，得同意以一项商约为代替。

既不知道义律大佐一八四一年一月八日的建议，自无法明白说出对于这一点所同意的是什么；但似乎香港已割让作为一个居留地；可是附以一种条件，即一切税款都要在那里缴纳，就象以往在黄埔缴纳的情形一样；也就是说（据推测）一切的税都须由中国官吏在香港估定和征收。事实上，这并不很象是把香港在绝对的主权上割让给英国。相反的，就义律大佐一八四〇年十二月二十九日给琦善的照会（见一八四一年第一号函附件一五）看来，可以推断出，一切所想要作到的，也不过是让英国同葡萄牙据有澳门那种情形一样地据有香港。

（五）不论在割让岛屿或签订商约两择其一的那一种条件下，都要向北面开辟其他口岸并在这些口岸派驻监督或领事。〔一八四〇年二月二十日给全权公使的训命。条约稿本第一和第二条。〕

根本被拒绝。——似乎在文书往来过程中，琦善曾一度同意增辟一处口岸，作为贸易地点；但是因为他拒不允许在岸上有任何设置，甚至不允许英国臣民上岸，而只能准许在船上贸易，所以义律大佐不肯同意这项建议。后来义律大佐一得到香港的割让，便放弃了这增辟口岸的要求。〔见一八四〇年十二月十五日琦善致义律大佐照会和一八四〇年十二月十七及十九日义律大佐致琦善照会。一八四一年第一号函附件五、七和十五。〕

(六)倒闭行商拖欠英国臣民债务余额的支付。〔致大清宰相书,条约稿本的第五条。〕

这一点似乎未经全权公使们提出过。

(七)远征军经费的赔偿。〔致大清宰相书,条约稿本第六条。〕

评注同上。

(八)女王陛下政府的训令未到达中国前一段期间中,所可能加之于英国臣民的一切新损害的赔偿。

评注同上。

(九)第一、六、七、八项下的所有现金赔款总额,应连同利息,每半年摊付一次,在二年或三年内付清。〔条约稿本第七条。〕

六、〇〇〇、〇〇〇元赔款,在一八四一和一八四六年间付清,不计息。〔见一八四一年十二月二十九日义律大佐致琦善照会。一八四一年第一号函附件。〕

(十)取消行商的垄断。〔条约稿本第五条。一八四一年二月二十日给全权公使的训令。〕

这一点似乎不曾明白提出。

行商垄断的取消。

同任何人交往和雇用任何人的自由。

税率表的制定。

任何特定货品的进口禁令,应秉公推行于所有各国。

给予任何一个外国的优惠,应即实施于英国。

走私的商品得没收充公。

监督有权设立法庭。

如果中国政府宁愿以商约代替岛屿的割让,那么这些规定就要被提出作为该商约的条款。从义律大佐和琦善来往文书所偶然用的语句中推断,这些要点中的某一些,还要在有待商定的"细节"中去讨论。

从行文的口气及其表述的内容来看,无论是驻华公使及海军司令等与中方磋商或恐吓,其战略意图显然没有落实。外相巴麦尊认为,这些训令主要源于责任者义律并没有很好地执行。

1840年3月4日,巴麦尊在伦敦外交部发函,称"该协议并未完全达到二月二十日我的训令中所指定的目标",因此,义律大佐"这样未奉命而商订的那件协议,将不会得到英国政府批准"①。英国外相不仅否认协议,还再次发出了战争的威胁,"海陆军队一定会立即执行他们已经奉到的命令"②。1840年4月20日,英国外相还以私函的方式直言不讳地向义律表达不满,"很抱歉的是,我必须向你表示,我对你交涉的结果,极其失望,对你进行交涉的方法,也不赞同"③。"我给过你完备、详尽和确切的训令,而且英国和印度政府还以一支庞大而足用的兵力,交由你支配。"④问题是"你没有任何充分的必要就接受了同你奉命所要争取的差得很远的条件"⑤。外相巴麦尊强调义律不能擅自作主张,"你最好也要在你缔结任何协定之前,先向本国请示"。⑥巴麦尊明确表示:"……你都没有恪遵你所奉的训令,请参照随函附

---

① [美]马士著:《中华帝国对外关系史》(第一卷),张汇文等译,《附录》,上海:上海书店出版社2000年版,第715页。
② [美]马士著:《中华帝国对外关系史》(第一卷),张汇文等译,《附录》,上海:上海书店出版社2000年版,第715页。
③ [美]马士著:《中华帝国对外关系史》(第一卷),张汇文等译,《附录》,上海:上海书店出版社2000年版,第727页。
④ [美]马士著:《中华帝国对外关系史》(第一卷),张汇文等译,《附录》,上海:上海书店出版社2000年版,第727页。
⑤ [美]马士著:《中华帝国对外关系史》(第一卷),张汇文等译,《附录》,上海:上海书店出版社2000年版,第727页。
⑥ [美]马士著:《中华帝国对外关系史》(第一卷),张汇文等译,《附录》,上海:上海书店出版社2000年版,第727页。

寄我所特为制备对照表,当可了然。"①由此,外相巴麦尊特别指出:"当你读到这里时,无疑你也已预料到,我绝不会结束这一封信,而不说出在这些情况下,你将不可能继续保持你在中国的职位这样一句话。"②意思很明确,义律将被撤职。

当然,私人信函不能完全代替外交条约。1841年5月14日,巴麦尊致义律大佐函(第九号)再次表达不满,称:"关于本国报纸登载的你对女王陛下政府的侨华臣民发布的通告,内称香港岛将永远并入英国领土云云一节,我必须要向你指明,除非是通过一项由进行割让的君主所批准的正式条约,没有一部分属于一位君主的领土,能割让予和转让给另一君主,并且没有一个臣民有权把他君主的领土任何部分割让与人。因此,琦善所作的把香港割让予英国君主的协议,纵使该协议已经写成一个条约的正式形式,但在中国皇帝予以批准之前,也不会有任何价值或效力的。"③"在你和琦善之间,对于割让香港一节,并不象是签订了任何正式条约,而且无论如何,我们可以断言在你发布通告的当时,这种条约即使经琦善签字,也绝不是已经由皇帝批准的;因此你的通告全然是为时太早。"④

1841年义律被撤职,取而代之的是璞鼎查。是年,英国政府出现更替,保守党取代辉格党取得执政权力,外相巴麦尊也随之下台,9月8日阿伯登就任外相。1841年11月4日,接任巴麦尊任外相的阿伯登于外交部致函璞鼎查爵士称:"由于迄今没有收到关于您抵达中国的消息,所以女王陛下政府不可能对于使您能够把巴麦尊子爵5月31日送给您的那些指示执行到什么

---

① [美]马士著:《中华帝国对外关系史》(第一卷),张汇文等译,《附录》,上海:上海书店出版社2000年版,第729页。
② [美]马士著:《中华帝国对外关系史》(第一卷),张汇文等译,《附录》,上海:上海书店出版社2000年版,第729页。
③ [美]马士著:《中华帝国对外关系史》(第一卷),张汇文等译,《附录》,上海:上海书店出版社2000年版,第735页。
④ [美]马士著:《中华帝国对外关系史》(第一卷),张汇文等译,《附录》,上海:上海书店出版社2000年版,第735页。

程度一事作出任何推测。"①"关于在采取战争行动过程中可能有必要占领中国领土一事,女王陛下政府感到不倾向于把这样获得的任何领土视为永久征服。"②他指示领土占领不能影响对华贸易这一前提。

二、英军对华军事行动及中方应对

英军开始诸多的侦探行动,清政府也随之作了应对。在整个战争过程中,道光皇帝对英国及其军事实力认识有个过程。他或和或战,态度摇摆不定。而鸦片战争期间,英舰及英商在中国尚未开放的地方的行动受到诸多限制,《筹办夷务始末》卷十三载有山东巡抚托浑布抵达登州并督办防堵英国兵船,并于七月二十六日上奏折。道光二十年(1840)八月,托浑布又上"英船在龟矶岛外洋游奕并向岛民买淡水牛只片"。托浑布奏:"再臣抵登后,因闻夷船一只,自北折回,在龟矶岛外洋游奕。该岛距登郡水程百数十里,臣以该岛虽在外洋,现有居民,恐该夷匪上岸滋扰,饬委水师把总赵得禄带兵驰往探护。"所得情报涉及英军购水等,"兹据该把总禀称:该夷匪于本月二十五日该把总未到以前,驾驶小脚船数只,拢近岛口。有数十人上岸,内有口操华音者,向该岛居民哀告,以船上缺乏薪水,愿出番银一圆,买淡水十担,番银五圆,买牛一只。该岛居民有明白晓事者,因夷匪上岸并不滋扰,且言词极为恭顺,当给淡水百余担,黄牛十余只。该夷匪如数给银,该居民等恐收受夷匪银两,情同渔利私通,且东省不用番银,留此无益,当即掷还,该夷匪向众致谢而去。临行时,据称往天津贸易。开船后,即向西北大洋驶去,现经该把总确探,该夷船已无踪迹等情"。托浑布奏称,英军出资购淡水,岛民不收钱,"查该岛民等不受夷匪银两,颇知大义,臣现已委员驰往该岛抚谕,优加奖赏。并

---

① 《英国档案有关鸦片战争资料选译》(下册),胡滨译,北京:中华书局1993年版,第1019页。
② 《英国档案有关鸦片战争资料选译》(下册),胡滨译,北京:中华书局1993年版,第1020页。

以东省似此沿海岛屿尚多，一体派委弁兵防护，毋使该夷匪上岸蹂躏"①。这无疑仍属天朝大国传统的驾驭夷人的对外怀柔政策。"正在缮折附奏间，适于本月二十六日，准直隶督臣咨会：该夷船抵天津，投递禀函后，旋称该处天气炎热，欲暂往他处纳凉等语。"在山东当局看来，英军供给不足，"核其情形，显因在津缺乏薪水，不能久留，欲往他处购觅，故作此掩饰之词。除密饬沿海各属一体严防外，理合附片奏闻"。

对此，道光皇帝高度重视，认为英国海军在军备等上有优势，但可以利用其登陆之际进行围歼。《筹办夷务始末》卷十三载有道光二十年（1840）八月《廷寄：答托浑布折片》："谕军机大臣等：据托浑布奏，现抵登州府防堵情形一折。又另片奏，夷船一只，在龟矶岛外洋游弈，并驾小船向岛民乞买淡水、牛只等情。览奏均悉。现在该夷船既向西北大洋驶去，难保其不折回，且恐复有南来船只，山东省各口岸，内无涨沙拦阻，外无险要可守，处处可以阑入，该抚已会督该镇道，分兵择要防守，布置尚未周密。设或夷船再至，竟有桀骜情形，断不准在海洋与之接仗。"道光皇帝认为："盖该夷所恃者船炮，若舍舟登陆，则其技立穷，不妨偃旗息鼓，诱之登陆，督率兵勇，聚而歼旃。该抚务当相度机宜，持以谨慎，是为至要！"②是围剿还是妥协？此时道光皇帝处于犹豫之中，"所寄"直隶总督琦善将英兵北上归因为"雪冤乞恩"两端。③ 此后道光皇帝重用琦善对英媾和，而罢黜林则徐等。

鸦片战争早期涉及林则徐与义律等领导的中英军事冲突，而英方无论是外相巴麦尊还是维多利亚女王对1841年1月20日义律与琦善达成的协议均很不满意。1841年5月31日，巴麦尊训令对华全权公使璞鼎查，8月10日，后者抵达中国。后战事再起，伯驾于1841年5月12日被任命为对华军事总司令兼海军司令，而郭富为陆军总司令，后者于是年3月2日抵达广州。面对英军凶猛的攻势，中方大面积溃败。1842年，英人在《英军在华作战记》

---

① 《筹办夷务始末（道光朝）一》，北京：中华书局1964年版，第422~423页。
② 《筹办夷务始末（道光朝）一》，北京：中华书局1964年版，第424页。
③ 《筹办夷务始末（道光朝）一》，北京：中华书局1964年版，第426页。

中称:"我在本书的附录中辑录了不少中国君臣奏折和谕旨,这些文件不但是可笑,同时也可以看出中国政府在对英的交涉中,是如何不择手段地使用欺骗和诈术。"①这些话从侧面反映了中方的心态。相比之下,英国侵略者早有所料,"因为我相信,只要采取威严的态度而且有力量执行所提出的威胁,就是我们为逼签一项条约所需要的全部手段,该条约将给中国和欧洲带来相互的利益"②。而《南京条约》签订前,据不列颠图书馆所藏史料《来往文书》,双方多有外交照会:

> 钦命太子少保兵部尚书总督两广部堂祁
> 钦差大臣广州将军红带子　　　　　　伊
> 钦命兵部侍郎巡抚广东部院　　　　　梁
>
> 照覆事。本大臣等接到贵公使上年十一月二十二日照会一件,内列各款均已阅悉。
>
> 除税则、船钞二款,现与贵国委员和衷公商,一俟英商税费清单送到,即行秉议定另文照覆外,合将其余各条先行备文照覆,希即查照核覆施行。须至照会者:
>
> 一、管事等官一款
>
> 所议五处港口领事官专管税务船钞,不干涉生意一节,最为妥善。盖买卖本系商民自相交易,事甚琐屑。若官为经理,不惟易滋窒碍,亦复难免弊端。今以公事归官,私事归商,亦属两便。但贸易不必官员经手,而走私偷漏不得不设法稽查,应俟酌议《简明章程》照会商办。
>
> 一、香港一款
>
> 所议香港不肯收税,别港带来之货由别港收税,由香港带至别港亦由别港收税一节,足征贵公使一秉至公、毫无自私之意。惟香

---

① 撷·义律·宾汉著:《英军在华作战记》,寿纪瑜、齐思和译,见《中国近代史资料丛刊·鸦片战争(五)》,上海:上海人民出版社、上海书店出版社2000年版,第4页。
② 《英国档案有关鸦片战争资料选译》(上册),胡滨译,北京:中华书局1993年版,第18页。

港四面环海,舟楫处处可通,恐有中国不肖商民引诱英商私相交易,偷漏税饷。海关官吏无由查察,势必致税饷日形短缺,不可不预为筹及。应如何严定私偷漏章程,两国官员互相稽查以裕税课之处,仍由贵公使体察情形,立定条规,照会商办。

一、香港买卖一款

所设香港为洋货大栈,无论各国商人皆可安顿货物。若入口之货经商人运往各省,其税即由各省验收。出口之货则由各省先征饷税,然后发落。正如货落洋船无异一节,本属简而易行。惟商民良莠不齐,正不得不预防走私漏税之弊。现在另设章程照会商办。

一、内地关津税务一款

出口、入口各货,必须经由内地各关,其输税则较海关尤为轻,现拟仍照旧例,断不致有碍流通。惟各口开关以后,闽之黑茶、浙之湖丝、皖之绿茶、豫之大黄、江西之瓷器、苏杭之绸缎,势必就近往福州等口贸易,不能如以前之聚集于粤东。英商于产地置货,价本既轻,而华商就近贩运,既省脚货又省关税,获利尤重。中国各关如韶、赣等处,既无各项货物经由,税额必致日减,不得不以各海口之赢余补内地之亏缺。至所有各则例,均在各关存贮,俟调取到日摘录送阅。

一、香港居民一款

香港居民既与各国商人杂处,难保不滋事端。设或有犯,即系轻罪,仍须送至九龙地方汉官惩办更为妥善。缘粤民风气强悍,最易恃众逞力。倘英官遽加责惩,难保无顽抗不遵,转非因地制宜之道。现拟于九龙地方移驻巡检一员,以便钤束华民,就近审理。此系为贵官预筹善办之法,并非别有意见。

右　　　　照　　　　会

钦奉全权公使大臣男爵璞

道光二十二年正月

可见,在《南京条约》签订之前,中英已经考虑草拟《简明章程》进行具体的筹划。此也是后来《虎门条约》的缘起。

据1842年11月12日《伦敦新闻画报》刊载的《中国报道:扬子江、广州、南京、上海、大运河、黄埔》,涉及《南京条约》签订的前奏。报道云:"三位清朝的高官——爱新觉罗·耆英、两江总督伊里布和作为军队统领的提督牛鉴——于8月20日在一大群各级官员随从的拥簇之下来到了我们的军舰上,对英国全权大使、海军司令和陆军将领进行访问。'康华里号'军舰被指定为双方会晤的地点。有一艘汽艇将他们从海岸边送到了英国海军的旗舰上。但他们在海岸边登上汽艇时,'康华里号'鸣响了三声礼炮,这是根据英国方面的礼仪规定。当他们登上旗舰时,两位英国海军上校和英国特使团的秘书在旋梯旁迎接他们,并将他们带往船尾的艉楼,或者说是艉楼附近的上层后甲板。英国全权大使、海军司令和将军都穿着大礼服和军官制服站在那儿,毕恭毕敬地迎接贵宾。"《伦敦新闻画报》的报道幽默而调侃:"当清朝官员们走近时,我们戴假发的英国官员也往前走了几步。清朝官员们寒暄了几句,英国官员则脱掉了他们的海狸皮帽,鞠躬回礼。当双方完全走到一起时,他们诚挚地握手致意,接着便如释重负地回到舱房里去休息。海军陆战队队员们在上层后甲板上列队作为仪仗队,水手们散布在上层甲板上,海军军官们在舰上随处可见,他们都穿着制服,显得精神饱满,意气风发。当清朝官员们来到船尾的后甲板上时,还没来得及从眼花缭乱的状态中恢复过来,乐队便奏响了英国国歌《上帝保佑女王》,这更使他们大吃一惊。后来,在参观整个军舰时,清朝官员们对于他们所看到的一切都赞不绝口:你可以想象那些除了中式平底帆船之外从没见过其他更大船的人首次见到一艘正规战舰时的心情。他们在军舰上吃了午饭,有的清朝官员因喝了樱桃甜酒和白兰地而醉醺醺的。所有的来宾在告辞时都显得兴高采烈和心满意足。"礼尚往来,"几天后,英国人回访了这些清朝官员们,并在城外的一个寺庙里受到了接待,也没有发生什么大不了的事情。那儿有一个八旗兵的仪仗队,还有很多的官员,一个乐队,以及一顿糕点加小吃的美餐。礼节十分隆重。这可以使你对那次会晤有个基本的概念"。① 此系《南京条约》签订的具体磋商情景。无论是君主专制下的传统中国还是君主立宪下的传统英国,其外交既有实际利益,也有礼仪上的宣扬国威。前者往往涉及外交文书及其诸多条约,后者涉及军乐等。1842年6月4日的《伦敦新闻画报》特别关注英国有关远东地区的殖民利益,所谓"从陆路送来的邮件"涉及"中国与印度",以调侃的语气称:"我们希望,目前那些英国蛮夷们已经拜访了北京的皇帝,并已缔结了可以立即证明国家荣誉和补偿国家损失的条约。"②这完全是以胜利者的姿态看待即将到来的战果。

1842年8月29日,《南京条约》签订,12月28日,英国女王在批准书上签字(次年6月26日在香港英、中双方交换批准书)。据江宁省报,七月十五日辰时,牛鉴、耆英、伊里布、黄恩彤、鹿泽长,上江商人颜姓、张门政(张喜)等,到英船,英方有马礼逊等四人③。在谈判中,"该夷将通商输税各事宜,粗定条款"④。而两江总督牛鉴照会后附有上谕,提及"粤东海关之弊在于条款,各司事拘牵旧例,以致远商受其掯克,即如货船一到,进口日起,至出口日期止,总督海关衙门,均派有官役押船,而押船之官役,每日均取规费。此外薪水食物,均由买办之手,上下澳门,令须牌照衹领,此皆大不便于远人者,而洋商经手税饷,各种行用使费,无不任意开销。贵公使条款所称,比税饷价增多一二日(日字疑系倍字之讹)自系实在情形。此时既经通商,本大臣等定必严行禁革,以伸既往,而保将来。所要香港居住,自必照行,其广州、福州、厦门、宁波、上海五处通商,除广州一处,本有关税定例外,其余各关则例不同,

---

① 《伦敦新闻画报》1842年11月12日,见沈弘编译:《遗失在西方的中国史:〈伦敦新闻画报〉记录的晚清 1842—1873》(上),北京:北京时代华文书局2014年版,第32—33页。
② 沈弘编译:《遗失在西方的中国史:〈伦敦新闻画报〉记录的晚清1842—1873》(上),北京:北京时代华文书局2014年版,第4页。
③ 中国史学会主编:《中国近代史资料丛刊·鸦片战争》(三),上海:上海人民出版社、上海书店出版社2000年版,第456页。
④ 中国史学会主编:《中国近代史资料丛刊·鸦片战争》(三),上海:上海人民出版社、上海书店出版社2000年版,第456页。

尚须两国会议,以昭遵守"①。而《南京条约》签订对英国而言,只是对华交往的一个外交轮廓,具体条约中条款还要细化。

据道光二十三年(1843)四月六日原档,两江总督耆英奏,璞鼎查"欲来江浙面定税饷章程已飞谕禁阻折(三月初一日发)":"窃臣前接两广总督祁䍐来函,知钦差大臣广州将军伊里布因病出缺,诚恐夷情观望,当即飞谕璞酋,照常办理,毋生疑虑。"针对与璞鼎查接触的具体情形,耆英向道光皇帝汇报称:"兹据江苏臬司黄恩彤、侍卫咸龄禀称:夷情尚属驯顺,税饷事宜,现仍向其会议。惟璞鼎查欲赴江、浙,与臣面定章程,再行颁发。该司等恐骇物听,业已曲为晓谕,嘱其守候回信等情,并附呈璞鼎查照会前来。"实际上,璞鼎查所期待的大体上是后来《虎门条约》的诸多通商要求,耆英的奏折却将英方要求表述为态度恭顺:"臣查核照会情词,极为恭顺,揆其意指,不过急欲定案开市,并无他故。惟一切税饷卷据俱在广东,臣尚未经亲自稽核,经手查办之黄恩彤等又未北还,设该夷贸然而来,臣不能凭空臆断与之定议。"面对此,耆英采取的措施仍是能拖延尽量拖延。在道光皇帝面前,耆英有意展示自己办事慎密并长于分析:"至江、浙两省既准与之通商,诚不能禁其不来,然必得于广东议定税饷后,通行晓谕,以释夷疑,方可相安无事。现在江、浙夷情甫经安定,又值雨泽愆期,镇之以静,犹恐匪徒窃发,若该夷于未开市之前,倏忽而至,民间不知底蕴,必将惊疑不定,不法匪徒即乘间造作讹言,煽惑生事,势所必至。"针对此情景,"臣业已飞谕该酋,告以臣系原议之人,不能置身事外,令其在粤静候谕旨遵行。惟事已垂成,急宜乘其急欲开市之时,因势利导,即行定案,庶一切皆可从容布置,若稍稽迟,诚恐别生枝节。臣应否即行驰赴粤省,抑已另奉简放大臣,未蒙明谕,不敢擅离职守,致有歧误"②。耆英这样做,其中重要原因是要取得谈判的合法身份,道光皇帝发上谕:"耆英作为钦差大臣驰往广东查办事件,两江总督着璧昌署理。"并谕内阁:"耆英作为钦差大臣,

---

① 中国史学会主编:《中国近代史资料丛刊·鸦片战争》(三),上海:上海人民出版社、上海书店出版社2000年版,第460页。

② 《筹办夷务始末(道光朝)五》,北京:中华书局1964年版,第2604~2605页。

驰驿前往广东,查办事件。两江总督,着壁(璧)昌署理,壁(璧)昌未到任以前,着孙善宝暂行护理。"①廷寄"答耆英折"并谕军机大臣等:"耆英奏,接到夷酋照会,欲赴江、浙,与该督面定章程,业经飞谕该酋,令其在粤静候谕旨遵行等语。览奏均悉。前因伊里布出缺,通商事宜,正在吃紧,当命祁贡督同黄恩彤、咸龄接办。惟耆英系原议之人,为该夷所信服,较之祁贡接办,更为妥协。本日已明降谕旨,将耆英作为钦差大臣,驰驿前往广东查办事件矣。耆英接奉此旨,即着将两江总督印信,交孙善宝护理,该大臣即迅速驰赴广东,接受钦差大臣关防,办理通商饷税章程,一切务臻妥善,以顺夷情,免致别生枝节。"②从后来的大量文献来看,耆英与英方签订了相关条约,大体上体现了所谓天朝大国羁縻的对外政策,亦体现清帝国对英帝国的坚船利炮有所变通,从话语到表述无疑是天朝大国外交折冲的产物。而英方所藏一些未刊布的珍稀文献对我们认识这些历史场景无疑很有帮助。

三、不列颠图书馆藏《来往文书》稿本的价值

不列颠图书馆藏珍稀文献《来往文书》上下册。翻开《来往文书》发现系"照会、照覆",为中英双方往来照会,内容涉及中英外交。向达辑录《伦敦英博物馆所藏鸦片战争史料(选录)》选录第一函并命名"伊里布致璞鼎查照会",③比较笔者所抄录的原文与向达的辑录,内容完全相同,即:"钦差大臣广州将军红带子伊为照会事。"时间是道光二十二年(1842)十一月二十七日,"本大臣现惟江西水路浅涸难行,即由江西之万安县起早,以期迅速到粤,面议通商税饷事宜。早为开关贸易,以结两国和好大局可也"。可见广州将军伊到广州的目的是履行《南京条约》,满足英方所谓通商协议的要求,"为此照

---

① 《筹办夷务始末(道光朝)五》,北京:中华书局1964年版,第2605页。
② 《筹办夷务始末(道光朝)五》,北京:中华书局1964年版,第2606页。
③ 中国史学会主编:《中国近代史资料丛刊·鸦片战争(四)》,上海:上海人民出版社、上海书店出版社2000年版,第287页。

覆,并两江总督照会一切。均祈贵公使查照,并祈俱即见覆。须至照覆者"。两相比较,除向达将"均祈贵公使查照"中"祈"抄成"希"外,内容完全相同。"右照覆",照覆的对象是"钦奉全权公使大臣男爵璞"。可见,向达可能与笔者看到的是完全相同的抄本,但向达并没有注明出处。向达只抄第一函照会,全部照会有近50封,为何他没有继续下去? 笔者看到《中国近代史资料丛刊·鸦片战争(四)》(上海人民出版社、上海书店出版社2000年版,第287页)中向达抄的后续内容,恍然大悟。他接下来抄的是耆英致璞鼎查函(一)、(二)、(三)、(四)并注明了出处,笔者曾调阅过并抄录这些资料。向达抄录第一函(注有:信封书"璞大人台启",内信三纸附 Robert Thom 译文,原信抄如下),当系他发现耆英致璞鼎查原件的译文,觉得抄此比抄录《来往文书》中收录的信函更有吸引力。第一函抄结束后,向达注"有满文签字,据 R. Thom 译本,九月初四日为10月26日,此信于1843年11月5日'阴历九月十四日'收到"。第二函抄结束后,向达注"有满文签字。罗伯丹注:无月日,似写于一八三四年九月几日早晨。原作英文,译出如上"。"一八三四年"为向达抄错? 似为一八四三年。这些向达已录信函涉及璞鼎查及其中文秘书马儒翰(马礼逊的儿子)。1834年7月19日,根据英王的第三号指示:"任命马礼逊博士担任汉文秘书兼译员。"① 律劳卑勋爵致巴麦尊子爵的函(1835年1月31日收到)称:"为了遵照阁下于1月25日向我传达的英王陛下的谕旨,即希望我通过写信给总督宣布我抵达广州,所以我给总督阁下写了一封信,现附上该信的副本。该信由汉文秘书兼译员马礼逊博士译成汉文,由阿斯特尔先生在本署先生们组成的一个代表团陪同下携往广州城门。"② 由此可见马儒翰扮演的角色。

向达抄录的这些资料,笔者后在不列颠图书馆将其调阅并进行核对。这些资料涉及璞鼎查少入海军,1803年至印度,在印度以殖民者的身份发迹。其办事能力受到英国外相巴麦尊的重视。巴麦尊对义律与中方达成《穿鼻草

---

① 《英国档案有关鸦片战争资料选译》(上册),胡滨译,北京:中华书局1993年版,第5页。
② 《英国档案有关鸦片战争资料选译》(上册),胡滨译,北京:中华书局1993年版,第6页。

约》不满,认为英方获益甚少,遂代之以璞鼎查。其时,他已经有近40年在印度的经营经验,变得老奸巨滑。1841年4月28日,他被任命为对中国交涉的全权大使。① 临行之际,英国外相巴麦尊有训令,首先强调对中国要进行武力征服,"不论什么时候,你要是断定进一步交涉已经无用,而要使中国人依允英国的要求,使用武力已经成为必要,那么你就把这种事实通知统率远征军的海军官员;以后就要靠他决定什么时候,在什么地方和用什么方式使用他所支配的武力;你就不要干求他停止军事行动,除非你从中国政府适当授权的一个官员处,得到(中国)皇帝对你以英国政府名义所提出的一切要求完全无条件的依允"。② 英国外相称:"直到在中国沿海能有一支印度总督认为足敷调派以完成随时交下的任务的海陆军兵力之前,你到达中国海岸或是开始你的交涉,都是不适宜的。"即先示武力征服,再行谈判。在巴麦尊看来,"你一向熟悉亚洲人的性格,也惯于应付东方人",③而他也确实在鸦片战争中特别是指挥攻打中国沿海地区中发挥了重要作用。《南京条约》签订、割让香港后,他成为香港第一任总督。而小马礼逊任其中文秘书,后病死,遗嘱交代将诸多军事情报类的材料交不列颠博物馆收藏。

(一)《来往文书》的历史语境

《南京条约》签订后,道光皇帝一度下令大臣筹议海防,以应时艰。道光二十三年(1843)正月十三日,浙江巡抚刘韵珂在奏折中就沿海水师防务问题提出建议,"伏查前奉谕旨,以英夷虽就抚,仍应加意防范。臣思防海之法,条目纷繁。而综厥大端,不外于练兵、造船、设险三事"④。在他看来,"守之策

---

① 中国史学会主编:《中国近代史资料丛刊·鸦片战争(六)》,上海:上海人民出版社、上海书店出版社2000年版,第382页。
② [美]马士著:《中华帝国对外关系史》(第一卷),张汇文等译,《附录》,上海:上海书店出版社2000年版,第746页。
③ [美]马士著:《中华帝国对外关系史》(第一卷),张汇文等译,《附录》,上海:上海书店出版社2000年版,第751页。
④ 《筹办夷务始末(道光朝)五》,北京:中华书局1964年版,第2553页。

尤在于建设工程。战之策即在练习兵丁,制造船只。浙省战船既尚须筹议,练兵之效,尤难期之旦夕。若亟亟焉先建防工,则不务战而务守,窃恐守亦难期得力。刘夷性多疑,现在兵船尚散处闽粤浙各洋,且因台湾歼夷之事,其心尚未帖然,我若纷纷营缮,修建炮台,筑砌土堡,先示以猜防之迹,则彼之怀疑愈甚。设令复生变诈,我诸事皆无端绪,转恐剿抚皆难。此臣所以于急筹防范之中,不能不更存慎重之见"。① 由此可见在台湾问题的交涉上,中方虽胜犹败,带来了严重的后续效应,甚至在军事防范上都要顾及英国的情绪②。

英方亦总结经验教训,其对华海上战术也因时因地而变,见《筹办夷务始末》卷六十五,道光二十三年(1843),癸未,谕军机大臣等:"有人奏,厦门鼓浪屿寄泊夷船,干预民事。上年龙溪地方黄吴村庄,拾获漂流木筏,事主赴夷告诉,吴姓被焚房屋十三所,黄姓出洋银六百元获免。又同安附近械斗,夷匪得银助斗,其赴台载米商人,在洋被抢,亦诉于夷目,代为缉获,财米均分。其闽、广交界之南澳地方,该夷盖馆筑楼,并设教场操演,随处肆掠妇女,擅办民事等语。如果属实,则夷目干预民事,奸民借端勾结,不可不防其渐。"③可见此时海防形势问题丛生。以"大清太子少保兵部尚书两广总督部堂"身份处理外交事务的祁𡎚办事谨小慎微。道光二十三年二月三十日,"大清太子少保兵部尚书两广总督部堂祁"④发出外交照会:"为照覆事,现准贵公使照会,内称道光二十一年十一月中有英国二桅小商船一只,船号嘟咈噶,船户名阿兰陀㖄噜者,其船即于是时由英来粤,约逾四月,船可至粤,即经别船遇见,相通言语,其处殆系新加坡以西海面,离粤亦不过旬日之远矣,而自二十二年二月以后至今,尚未见该船到粤,未有见闻下落。"只要英方打招呼,中方即予以高度重视。"惟有传言该船于琼州海南洋面曾因遭风破坏等情,禀求查察,禀赴英国上宪照情咨会本公使查问是否实情,并查有无救生之人咨会前来。本

---

① 《筹办夷务始末(道光朝)五》,北京:中华书局1964年版,第2556页。
② 王天根:《道光年间台湾问题中英交涉与外交折冲——以新发现〈来往文书〉〈台湾奏折上谕〉为中心的考察》,载《厦门大学学报》2015年第2期。
③ 《筹办夷务始末(道光朝)五》,北京:中华书局1964年版,第2581页。
④ 《来往文书》,第88叶。

公使理合即行照会,烦贵部堂备文由我国师船移行该处官员,令其清查该船有无在琼州海遭风等情。倘有所闻,尚祈通报。又或该处有人搭救生命者,亦请饬即缴领等由,到本部堂。准此,除札饬琼州镇、雷琼道会同查办及通饬所属各营县,一体查覆办理外,所有札文应行封送祁,即发交贵国巡船兵弁赍投。合就照覆。为此照会贵公使,希为查照发赍可也"。"计送公文一件","右照会","大英钦奉全权公使大臣头等巴图鲁男爵璞","道光二十三年三月十三日"。这说明中方已经视英方的"照会"为命令,似下级执行办理。

从公文来看,下文中的事件多有雷同,但公文强调琼州海峡发生之事由中方相关人员负责办理。当事者祁㙃因有前车之鉴,唯恐事有反复,埋下隐患,为此下令相关下属人员认真查核,"现于三月十一日接英国璞公使照会,内称道光二十一年十一月中有英国二桅小商船一只,船号嘟咈噶,户名阿兰陀喋噜者,其船即于是时由英来粤,约逾四月,船便可至,却经别船遇见,相通言语,其处称系新加坡以西海面,离粤亦不过旬日之远矣。惟自二十二年三月以后至今,尚未见该船到粤,未有见闻下落。惟有传言该船于琼州海洋面曾因遭风破坏等情,禀求查察,禀赴英国上宪照情咨会本公使查问是否实情,并查有无救生之人咨会前来"。在这种情况下,璞鼎查称:"本公使理合即行照会,烦贵部堂备文由我国师船移行该处官员,令其清查该船有无在琼州海遭风等情。倘有所闻,尚祈通报。"又:"或该处有人搭救生命者,亦请饬即缴领,以仰体皇帝恩德而敦两国和好之意等情。除令札饬查外,合就飞札饬查。为此札仰该道镇即便查照,于接到札饬后,速将二十一年十一月以后该商船有无在琼海洋面遭风损坏缘由,刻日查覆。如果实已遭风损坏,其有遇救得生者,立即饬传沿途给发口粮,妥为护解来省,以凭给予领回,并通饬所属各营州县一体遵照,确查具覆。事关洋务,均毋片延,速速。此札。"时为"道光二十三年三月十三日"。札文中有"仰体皇帝恩德而敦两国和好之意",说明了其仍从外交伦理层面考虑问题。

中方的调查很快有了结果。祁㙃"为照会事。前准接贵公使照会,以道光二十一年十一月内有贵国小商船一只来粤,至今日久未见下落,恐系在琼洋遭风损坏。当经札饬琼州镇、雷琼道会同查办,并通饬所属各营县一体查覆办理在案"。此系外交公文意义上重申事由,"兹据该镇、道会禀,查自二十一年十一月以后,未据各州县禀报有英国船只在琼州洋遭风损坏,亦无在隔属洋面遭风漂流到境、遇救得生之英国商人等情,禀覆前来。除批饬仍令严饬所属沿海各营县再行一体确查,如有贵国遭风损坏船只即行飞速禀覆外,为此照会贵公使,烦为查照施行。再,昨准江省咨会,新钦差大臣者已于三月十八日由江起程,驰驿来粤,计期端阳前后可到。合并通知,顺候近祉,不一"。"右照会"的对象是"大英钦奉全权公使大臣头等巴图鲁男爵璞",时间是"道光二十三年四月十三日"。这些类似的案例因与台湾早期战争中英国提出的理由十分相似,故中方高度紧张,恐历史会重演,在处理时也慎重。

(二)从《南京条约》到《善后条约》:《来往文书》所涉中英交涉

面对《南京条约》及其善后条约等,中方也以商情及惯常行规等与英方讨价还价,据不列颠图书馆所藏外交原件:

> 道光二十二年十二月二十二日,钦命太子少保兵部尚书总督两广部堂祁、钦命大臣广州将军红带子伊、钦命兵部侍郎巡抚广东部院梁
>
> 会商事。照得前在江南原定合约,因英商在粤贸易向例全归额设行承办,嗣后不必仍照向例,凡英商赴各口贸易,勿论与何商交易,均听其便等因在案,自应遵照办理。惟本大臣等公同体察情形,尚有应须预为筹者。缘行商设立已久,凡各国出口之货均由行商经手转售,遇有搀杂欺骗等弊,即由经手行商保认赔偿(该字系涂改而成)。其各国进口之货,先运赴洋行卸载,由行商陆续发卖,所有货价均由行商按数缴还。倘有拖欠,亦惟行商是问。此与贵国之担保会立法相等。无如经久弊生,以致无名之费日益加增,英商未免受累。今欲将旧日行商一概除去,本非难事。英商远来贸易必须与殷实熟悉之商彼此交往,方免诈骗。若舍此数家而另投不知根底之

人,万一有刁诈匪徒设计诓取财物,乘间脱逃,必不免告官拿究,中国地阔人稠,缉获既属不易,且其家无多财产或竟属赤贫,即进赔亦有名无实。虽前于善后条款内议明此等欠项无须官为保交,在中国本无他虑,诚恐狱讼增多,易生衅隙,此其可虑者也。各国进口之货,每船所值动逾巨万,便于趸卖而难于零拆。若舍旧行而就新商,既乏宽大栈房可以居积,又乏殷实保家垫付价值,而洋货数多,势不能随时变卖,非中国散商小贩可比,必致壅积不销,有误转运。此其虑者二也。中国税饷向归行商交纳,事有会(汇)总,故偷漏尚易稽查,而走私之弊亦在所不免。今拆总为散,缉私愈难,恐税饷更易漏缺。且英国交易向用洋钱,中国收税须用纹银。多一倾镕,添一转折,估色较秤,易滋争论。此其可虑者三也。本大臣等悉心筹计,拟嗣后仍准旧商与贵国公平交易,但不得存官商及公行之名,亦不必照向例何国何船之货轮归何商承办,任凭英商自行投交。其应输税饷,应裁陋规,酌议章程,明定则例,送部议定,以汉文及英文详细翻译,刊定书册。俾两国商民永远遵守,免致行商因无明文从中侵削。去行商之名,除行商之弊,而仍用此殷实之行商,以预杜骗财停货之虞,其应纳税饷仍责成行商交纳,似与通商收税均属有济。而陋规应行裁去者,酌议裁革,行商亦无从再累,各国来商亦不虑又生流弊。相应备文照会,即烦贵公使查照事理,饬令谙悉商务之员熟筹详议。倘事属可行,即祈见覆,以便税饷事宜,次第商办。总之,立法不难,行法为难。行之一时不难,行之经久为难。必须彼此两益,商民相安,为一劳永逸。须至照会者。

　　右　　　　照　　　　会

　　钦奉全权公使大臣男爵璞

　　道光二十二年十二月二十二日

上文所谓"江南原定合约"指《南京条约》,而"善后条款"则多指《善后条约》等。此后中方多次发照会给英国使节。下文涉及《南京条约》中有关五口通商口岸关税的讨论。

  钦命太子少保兵部尚书总督两广部堂祁
  钦差大臣广州将军红带子   伊
  钦命兵部侍郎巡抚广东部院   梁

  会商事。照得前在江南和约内开英国通商之广州等五处应纳进口、出口货税饷费，均宜秉公议定则例，由部颁发晓示，以便英商按例交纳等因。查各国进口、出口货物应纳税银，本有旧例。洋行自积年以来，逐渐加增，较定例多至数倍。此等杂费有事关办贡传买等项公用者，亦有洋行借名敛入己者，自应彻底查明，秉公议定，画一则例，以便咨部饬发各口遵照输纳，免致行商影射渔利，再滋弊端。本大臣等已行知粤海关，转饬洋行将各规费清查开报。诚恐尚有隐匿遗漏，未肯尽数开出，相应照会贵公使，请烦查照，即饬熟悉商务之员，将英商贩运出口、进口各货物实在某项某费若干查明，开写清单，译出汉字，备文咨送，以便秉公核议，望速施行。须至照会者。

  右   照   会
  钦奉全权公使大臣男爵璞
  道光二十二年十二月二十三日

《南京条约》与善后条约之关联，特别是英商、华商相互拖欠货款之类，也体现在往来的照会中：

  钦命太子少保兵部尚书总督两广部堂祁
  钦差大臣广州将军红带子   伊
  钦命兵部侍郎巡抚广东部院   梁

  禁绝商欠，预杜争端事。案照粤东洋行积欠英商货价银三百万元，前于和约内载明，官为偿还，并于善后章程内议明，嗣后如有欠项，只须官为着追，不可官为保交，各等因在案。盖缘行商与英商交易货既众多,价亦繁巨,纠葛不清,渐有拖欠,日积月累,遂致百万之多,先已累官代偿,以后仍须着追。是犹留商欠之名,即难除诓骗之弊,积至数年以后,必致仍成巨款。此等拖欠之商多系疲累,即使控官严追,恐亦力难措缴(字有涂改),甚或人亡产绝,又将从何追比?徒烦案牍,易启争端。在粤东通市已久,所宜力遏其流,而上海等处新设码头,英商到彼,人地生疏,易致被骗,犹不可不预防。其,本大臣等悉心筹酌,拟嗣后英商与华商通市,无论何项货物,价值多寡,总以现银交易或现货兑换,公平估价,算明两俱清楚,不准分毫拖欠,致滋争讼。倘有故违定章程,[私]相假贷,经中国地方官及英国领事官察出,华商由地方官治罪,英商由领事官责惩,欠项罚赔充公。如此严定章程,庶远商不致再度拖欠之累,刁民亦无所售其诓骗之技,而争讼之弊可以永息。相应照会贵公使,请烦查照核议,见覆施行。须至照会者。

右　　　　照　　　　会

钦奉全权公使大臣男爵璞

道光二十二年十二月二十四日

中英《南京条约》尚涉及赔款等:

钦命太子少保兵部尚书总督两广部堂祁

钦差大臣广州将军红带子　　　　　伊

钦命兵部侍郎巡抚广东部院　　　　梁

照会预交银两事。窃本大臣前在江宁与

两江督部堂耆

前两江督部堂牛

会同贵公使商议合约,酌定银数内,癸卯年六月间交洋银三百万元在案。经本大臣等奏明,癸卯年六月所交洋银三百万元,以洋行商欠之数先为归还。兹据各洋行汇缴五十万元前来,先行专员赍送贵公使,请烦查收。仍希见覆施行,须至照会者。

　　右　　　　照　　　　会

钦奉全权公使大臣男爵璞

道光二十二年十二月二十七日

上述外交照会最终落实到条约。笔者查不列颠图书馆藏有相关史料数件。其一为不列颠图书馆目录题为《粗定各口章程》(封面宽14 cm,长25 cm,左上角贴有红纸条,宽2 cm,长12 cm,墨迹书:粗定各口章程。第一页为空白。正文为《粗定各口通商章程》,条文繁多,11叶),为明了文件,略截取少量条款,比照历史背景,以供判断。

首先是历史背景,其具体情景及其交涉,见外交照会。

大清太子少保兵部尚书总督江南江西部堂宗室耆为照会覆书。顷接贵公使来文,内称钦差大臣广州将军伊因病出缺,贵公使拟俟麻恭回粤,即赴上海或宁波,与本部堂会晤,商定诸事,早得妥当,即在江南颁发等情,具见贵公使诚心和好,本部堂不胜喜悦。但一切税饷卷据,俱在广东,本部堂未曾查核经手,查办之钦命江苏按察司黄、侍卫咸亦未回江。

天朝定例:钦命大臣如须他往,必得恭候谕旨遵行,不敢自主。且除水师官兵应出洋巡防外,其余钦命大臣凡有陆路及内河可通者,均不准冒险出洋,乃是大皇帝爱惜臣工的美意。此事若非咸、黄两位大人与本部堂暨贵公使三面会晤,难以定局。而咸、黄两位大人若欲折回江南,必得奏明请旨,由内地行走辗转担(耽)延,又长途跋涉,约计总得三个月之久,方能聚在一处。有劳贵公使来江守候,本部堂既不安,且因之欲速及迟,耽误英国商人买卖,本部堂更所不忍。况钦命两广总部堂祁奏报钦差大臣伊出缺之折,计算日期早已到京,一两日之内必当奉有大皇帝谕旨。倘蒙谕令本部堂赴粤,本部堂必当兼程行走,四月初旬即可与贵公使在粤会晤,定议开市。

即奉简派别位大臣，亦不过四月中旬即可此到彼。本部堂系原议之人，不能置身事外，仍应和同会商，与钦差大臣广州将军伊在日并无二致。本部堂已将贵公使之意奏明皇帝矣。

贵公使幸弗稍有疑虑，在粤静候数日为要。相应照覆贵公使查照，并候福禧靡既。须至照会者。

右　　　照　　　会

大英钦奉全权公使大臣世袭男爵璞

道光二十三年三月初一日

由此大体可见，双方商定见面就简明章程达成具体协议。而所谓"简明章程"也即中方所谓《粗定各口通商章程》，是为《虎门条约》的前身。下文有所讨论。

《粗定各口通商章程》引水一款：

凡有英船到各口外洋者，应即给引水，俾得就日进口停泊。其出口船亦同此理。若由英国官员请发红牌，应就给予引水，带船出口，不宜借辞阻留，不宜重取规费……

《粗定各口通商章程》还规定：

将来各口来往船商，好歹不一，在各口内须泊英国师船二只，以资约束得力，该船或随时来往五口或常川口内停泊，均听其便，其向日不准进口之例，应为停止。所有师船到口，即当向护口水师官员行文，或派员达知，随得进口湾泊。

比照上文，中方官员在山东等地对英船派人引导走指定路线等处置，可见这大体上延续了清廷的一贯风格。

《粗定各口通商章程》规定："惟以上诸款，除有买用应税物件仍当输税外，余外各款俱与该师船无涉。至该领船官员，凡事应与驻口文官同心合力办理，听照该口文官所请，悉与内地官宪来往和衷协办，一准情理。"

所谓"引水"要遵守规定并有特定向导按指定路线办理事宜。

比照道光二十三年(1843)八月十五日于虎门签订的《海关税则》等(这些条约后又笼统称为《虎门条约》)当有发现。《海关税则》规定"一、进出口雇用引水一款":"凡议准通商之广州、福州、厦门、宁波、上海等五处,每遇英商货船到口,准令引水即行带进;迨英商贸易输税全完,欲行回国,亦准引水随时带出,俾免滞延。至雇募引水工价若干,应按各口水程远近、平险,分别多寡,即由英国派出管事官秉公议定酌给。"所谓"五口",当指五口通商之五口,也即广州、福州、厦门、宁波、上海等五处。

其次,《粗定各口通商章程》涉及通商船只在停靠期间有无走私商贸行为,"一、口内押船人役一款"规定:"凡应严防偷漏之法,悉听中国各口收税官从便办理。凡遇英商货船到口,一经引水带进后,即由各海关拣派妥实丁役一二人,随同看押,预防走私。或自雇小船乘坐,或竟搭坐英船,均听其便。其所需食用,应由海关按日给银,自行备办,不得需索英商丝毫规费。有犯,计赃论罪。"

比照《海关税则》等,当有更深刻的印象:

一、货船进口报关一款

英国商船一经到口停泊,其船主限一日之内,赴英国管事官署中,将船牌、舱口单、报单各件交与管事官查阅收贮;如有不遵,罚银二百元。若投递假单,罚银五百元。若于未奉官准开舱之先,遽行开舱卸货,罚银五百元,并将擅行卸运之货一概查抄入官。管事官既得船牌及舱口报单等件,即行文通知该口海关,将该船大小、可载若干吨、运来系何宗货物逐一声明,以凭抽验明确,准予开舱卸货,按例输税。

一、英商与华商交易一款

凡现经议定,英商卸货后自投商贾,无论与何人交易,听从其便。惟中国商人设遇有诓骗、货物脱逃及拖欠货价不能归还者,一经控告到官,中国官员自必即为查追;倘诓骗之犯实系逃匿无踪、欠债之人实已身亡产绝者,英商不得执洋行代赔之旧例呈请着赔。

一、货船按吨输钞一款

凡英国进口商船,应查照船牌开明可载若干、定输税之多寡,计每吨输银五钱。所有纳钞旧例及出口、进口日月规各项费用,均行停止。

一、进出口货纳税一款

凡系进口、出口货物,均按新定则例,五口一律纳税,此外各项规费丝毫不能加增。其英国商船运货进口及贩货出口,均须按照则例,将船钞、税银扫数输纳全完,由海关给发完税红单,该商呈送英国管事官验明,方准发还船牌,令行出口。

一、大关秉公验货一款

凡英商运货进口者,即于卸货之日,贩货出口者,即于下货之日,先期通报英官,由英官差自雇通事转报海关,以便公同查验,彼此无亏。英商亦必派人在彼,跟同料理。倘或当时英商无人在场看验,事后另有告诉者,由英国官驳斥,不为查办。至则例内所载按价若干、抽税若干各货,倘海关验货人役与英商不能平定其价,即各邀客商二三人前来验货,其客商内有愿出某价买此货者,即以所出最高之价定为此货之价,免致收税有亏。又有连皮过秤、除皮核算之货,如茶叶一项,倘海关人役与英商意见或异,即于每百箱内听关役拣出若干箱,英商亦拣出若干箱,先以一箱连皮过秤得若干斤,再秤其皮得若干斤,除皮算之,即可得每箱实在斤数,其余货物但有包皮者,均可准此类推。倘有理论不明者,英商赴管事官报知情由,通知海关酌办,然必于当日禀报,迟则不为准理。凡有此尚须理论之件,海关暂缓填簿,免致填入后碍难更易,须候秉公核断明晰,再为登填。

一、何时何银偷税一款

英商进口,必须钞税全完,方准进口。海关应择殷实铺户设立银号数处，发给执照，注明准某号代纳英商税银字样，作为凭据，以便英商按期前往。交纳均准用洋钱输征，惟此等洋钱，色有不足，即应随时随地由该口英官及海关议定，某类洋钱应加纳补水若干，公商妥办。

············

一、设立属员约束水手一款

英国货船湾泊处所，由管事官分设妥善属员一员，就近约束水手人等，先须竭力禁止英销，免致与内地民人词讼争论为要。倘不幸遇有此等事件，英国属员即应竭力设法解释。若英国水手上岸，属员必须派船内伙长一名，伴同行走，倘有吵闹争论等事，俱惟该伙长是问。凡系船中水手应用衣食等物，内地官员不得拦阻小民傍船买卖。

一、英人华民交涉词讼一款

凡英商禀告华民者，必先赴管事官处投票，候管事官先行查察谁是谁非，勉力劝息，使不成讼。间有华民赴英官处控告英人者，管事官均应听诉，一例劝息，免致小事酿成大案。其英商欲行投票大宪，均应由管事官投递，禀内倘有不合之语，管事官即驳斥另换，不为代递。倘遇有交涉词讼，管事官不能劝息，又不能将就，即移请华官公同查明其事，既得实情，即为秉公定断，免滋讼端。其英人如何科罪，由英国议定章程、法律发给管事官照办。华民如何科罪，应治以中国之法。均应照前在江南原定善后条款办理。

一、英国官船口内停泊一款

所有通商五口，每口内准英国官船停泊一只，俾管事官及属员严行约束水手人等，免致滋事。惟官船非货船可比，既不载货又非为贸易而来，其钞税等费均应豁免。至官船进口、出口，英国管事官应先期通报海关，以凭查照。

············

附注以下文献的专门说明:"本《章程》及《海关税则》均见《道光条约》卷2,页12~27。英文本见《海关中外条约》卷1,页369~389。本章程原称《议定广州、福州、厦门、宁波、上海五港通商章程》,或称《五口通商章程》。本章程及税则实际上于一八四三年七月二十二日已在香港公布,但在签订《五口通商附黏善后条款》时,本《章程》及《税则》均视为该善后条款的部分,因而以善后条款的签订日期为本《章程》及《税则》的签订日期。"

比照下文《来往文书》:

> 大清太子少保兵部尚书两江总督部堂宗室耆为照覆事。照得本部堂按准贵公使于道光二十二年十二月十九日自粤省所发文一件,知贵公使已与钦差大臣伊、钦命两广总督部堂祁、钦命广东巡抚部院梁会晤,筹议通商税则、章程。

本次会晤也涉及所谓"台湾杀戮英人一案",耆英称:"贵公使在江南时并未闻知,非于和好后另生枝节,亦不便因此介怀,并称自来粤至今来会,一刻不以和好为念等情,俱见贵公使明白诚信,坚持和约。"耆英怕再起波折。

大体而言,在"怀柔远人"这一外交框架被解构之前,中方并没有更好的或完备的现代外交策略,而照会中呈现的行动措辞可见中方对此事的重视。

总之,不列颠图书馆所藏的稿本《粗定各口通商章程》与《五口通商章程》两者有脉络上的继承关系但又显然不同。此为重大发现。可见第一次鸦片战争中方虽以失败告终,但仍强调英方在华要受到清地方政府在内的行政或军事约束。

(三)不列颠图书馆藏珍稀文献《善后条约》草约稿的价值与意义

不列颠图书馆目录有"1842年"条约修改原件,修改的地方用码字标示笔画,纸张用三益号,大约A4开本。左半叶为竖行书"善后条约",字号为1号红色字体,"条"字相对应的位置为横行书"钦差大臣耆议奏勘定"(对应的文字皆有码字标示笔画);另起一行书"善后条约十七一所有"(对应的文字皆有码字标示笔画)。此为第二叶体例。以下叶编排按照此例。此件可谓是重大发现。每十字一行。为整理及句读方便,下文将按意思及其句读重新编排,以明了语义。

两相比较,新分析的材料系稿本,且为具体条款,此无疑义。其时清英双方的外交多依靠翻译进行沟通,这涉及张喜与小马礼逊。小马礼逊为英国全权大使和首任翻译官。1841年10月8日,巴夏礼抵达澳门,次年5月成为马礼逊的助手。而巴夏礼的表姑父是著名的报人及传教士郭实腊。这些人都是在鸦片战争期间中英条约谈判的重要参与者,多以翻译官身份出现。巴夏礼1842年6月22日的日记提及璞鼎查及海军司令伯驾与中方代表在"皋华丽"号军舰上谈判的情况。而其时任中文翻译的英国人在外交谈判中的作用非常重要,郭实腊也有意将巴夏礼培养成沟通中英文的外交人才。巴夏礼是年6月27日的日记记载:"在早餐前至少学习2个小时的中文",下午"1点到3点继续学习中文","我不禁想到自己的中文水平那么差劲,而我想我的表姑父也注意到了。他曾经答应请亨利爵士指导我,让我在6个月之内能对中文应用自如。他也告诉过我,如果到那个时候我还不能掌握汉语,我就不应该再打搅他了。我还不知道最终结果会怎样,但是我相信我需要他们的帮助,因为我确信我需要学好中文。"①巴夏礼的中文学习进步很快,两年之后,他已经成为《虎门条约》交涉的领事翻译了。小马礼逊病逝后,巴夏礼的中文水平及其对中国礼俗的掌握,使得他差不多成为多个外交场合沟通英中的重要骨干人物。而正是在《南京条约》谈判的"皋华丽"号军舰上,巴夏礼被小马礼逊介绍给耆英。② 8月29日,中英《南京条约》签订,"马儒翰代表璞鼎查在条约上盖章,耆英的秘书则在另一边盖章。他们所盖的分别是璞鼎查的印章和帝国钦差大臣的印章。……他们在四份合约的复本上盖章、签名。每份复

---

① [英]斯坦利·莱恩-普尔、弗雷德里克·维克多·狄更斯著:《巴夏礼在中国》,金莹译,桂林:广西师范大学出版社2008年版,第19页。
② [英]斯坦利·莱恩-普尔、弗雷德里克·维克多·狄更斯著:《巴夏礼在中国》,金莹译,桂林:广西师范大学出版社2008年版,第30页。

本包括一份英文条约和一份中文条约,用黄色的绸带绑在一起"。① 小马礼逊在其中扮演的角色已经远远超出了一般性的翻译官。后小马礼逊病逝,耆英一方面向英方表示哀悼,一方面向道光皇帝报喜。②

《南京条约》签订之后,巴夏礼称:"在几个回合的通信和沟通之后,郭实腊先生将一直留在舟山,直到来年的春天。然后他会去福州,我也会和他一起去。现在我开始做一些与中文相关的工作,扮演着翻译官助手的角色,因而我也有工作收入。此前我在马儒翰先生手下做事,如果他愿意,他是可以阻止我继续留在舟山的。只是我自己认为我更应该在表姑父的教导下学习中文。尽管马儒翰先生一直以来都尽其所能来帮助我提高中文水平,但是他手头的工作太多了,他不可能像我的表姑父那样注意我的需要。'女王'号上的经历也证明了这一点。我将有怎样的未来完全取决于现在有怎样的努力,当我越来越深刻地认识到这一点时,我更愿意留在表姑父的身边,而这也是他所期望的。当我考虑了上述所有事情之后,我决定暂时不来见你们,我愿意继续留在这里,然后还要到南方去。马儒翰先生说我的决定太蠢了,事实上他并不清楚我这样做的原因。"③在表姑夫郭实腊的指导下,巴夏礼中文学习有些进展,"我继续着中文的学习,但是很难说自己学得有多好。我取得了一些进步,不过这并不能使我感到满足。我想您对我在语言学习上的评价是太高了……我仍然在读《三国志》,甚至想也没有想过要去看'四书'。最近开始阅读的另一本书叫《玉娇梨》,主要是讲上层阶级的礼仪,我觉得值得一读。精读的其他材料包括布告、许可状以及过去 3 年中全权大使和中国当局之间

---

① 斯坦利·莱恩-普尔、弗雷德里克·维克多·狄更斯著:《巴夏礼在中国》,金莹译,桂林:广西师范大学出版社 2008 年版,第 34 页。
② 中国史学会主编:《中国近代史资料丛刊·鸦片战争》(三),上海:上海人民出版社、上海书店出版社 2000 年版,第 475~476 页。
③ [英]斯坦利·莱恩-普尔、弗雷德里克·维克多·狄更斯著:《巴夏礼在中国》,金莹译,桂林:广西师范大学出版社 2008 年版,第 38~39 页。

的信函的副本"。① 1843年巴夏礼南下香港参加中文考试,9月1日抵达香港却得到了小马礼逊病逝的消息。巴夏礼决定到澳门拜访璞鼎查。璞鼎查非常兴奋地接待了他。巴夏礼被领进了领事办公室,"他们非常和善地接待了我,问了很多关于北方的问题。罗伯聃建议我陪同他一起去广州学习有关领事办公室的工作,这的确是我必须知道的,于是我欣然接受"②。据他是年9月8日的日记:"过去两天除了例行的公事没有其他事情发生。昨天我约了一个中文老师来教我。他精通中国方言,以后他会在早上和傍晚授课。要请上一个好的老师,你通常需要每个月支付15~16元的工资。"③据巴夏礼手写的一份备忘录,1843年他被璞鼎查任命为驻福州的翻译官。④ 同时被英国驻广州临时馆雇用为驻香港中文秘书的助手。⑤

新发现的《钤印进出口货物税则例册》(该例册下方另书"甚"字,并有相应码字):"嗣后广州、福(缺州字)、厦门、宁波、上海五港均奉以为式。"上文及下文应为修改且未誊清稿本,故语义大体可解,但文字细节有待推敲。恰恰是巴夏礼的诸多中文老师参与。

> 新贸易章程第三舡报关款内(?,该字涂改,下另书"始"字,并有码字)言(该字涂改,另书"在"字)罚银若(另书"招"字)干(另书"动"字)元及查抄入△(另书"在"字)官(另书"敢"字)等语,此连皆应归(夹书:在十四)中华国帑充公项开之。其英商处(夹书:在十七)只(另书"亏"字)准在,不赴(夹书:在七;另书"力"字)他,亦许民串同

---

① [英]斯坦利·莱恩-普尔、弗雷德里克·维克多·狄更斯著:《巴夏礼在中国》,金莹译,桂林:广西师范大学出版社2008年版,第41页。
② [英]斯坦利·莱恩-普尔、弗雷德里克·维克多·狄更斯著:《巴夏礼在中国》,金莹译,桂林:广西师范大学出版社2008年版,第45页。
③ [英]斯坦利·莱恩-普尔、弗雷德里克·维克多·狄更斯著:《巴夏礼在中国》,金莹译,桂林:广西师范大学出版社2008年版,第47页。
④ [英]斯坦利·莱恩-普尔、弗雷德里克·维克多·狄更斯著:《巴夏礼在中国》,金莹译,桂林:广西师范大学出版社2008年版,第47页。
⑤ [英]斯坦利·莱恩-普尔、弗雷德里克·维克多·狄更斯著:《巴夏礼在中国》,金莹译,桂林:广西师范大学出版社2008年版,第47页。

私相,将来使谕示明往,而如或背服禁令,告,置若(夹书:在八;另书"怀"字)周闻,擅游弈贩卖,任凭员弁连并取官,得争论。倘(另书"在一")与则法,俱照办理。

前江南业经欠断,可保交。又四复能执洋(涂改)行(夹书:在十)代赔,旧呈请着切实声案。嗣(另书"身"字)拘债,果账据确凿、人产存,均由该管体从结,昭平允,仍原彼追偿。

常川居住时,妄到乡间(涂改)深(夹书:在四)意,更远内地方事。各就情势,界址逾越,期永久安。凡系水手,俟先立,准(夹书:在四;另书"缴"字)岸。倘违背(涂去)擅者(夹书:在九)何品级,即听捉拿依罪。但自殴、打伤,害致和好万年。言携眷赴欺侮加拘(另书"在"字)制。必须于用房屋基,租赁价现值高低,务(涂去,另书"在十八")求勒索强,每建若干通,转惟增减、视乎多寡,衰旺难预额数。向外上曾蒙皇帝恩,西四(夹书:在四;另书"丝"字),毫无靳惜。既设异施,沽籍信守,因犯逃香,潜货(另书"倒"字)避匿者,察按冶探,闻(夹书:在二;另书"辞"字)先查(夹书:在二;另书"补"字)形迹,疑尚(涂去,夹书:在十六;另书"需"字)未当,会便访严,已供认证据,知兵丁别,本属,黑白类故,至藏行监给近妆庇护,隐乖稔(笔者案:此字为和)只湾泊束,悉(涂去,夹书:在十九)驻进去,(夹书:在十六)另(涂去)接领,免生(夹书:在十九;另书"反"字)拦阻,于载约钞清,古浪屿退回。栈造修整,折毁还户,理(夹书:在四)追(夹书:在五;另书"综"字)。庶迟延敦费(夹书:在十八;另书"几"字)目,合偷漏饷。衙役自(夹书:在七;另书"巧"字)分肥,诸弊剔除,俱发稍并节面杜端,走全账 。驱袒同并(夹书:在四;另书"重似"字,皆涂去)欲带售销,遵究牌。俾往(夹书:在三)门(夹书:在一),运日次呈(夹书:在八;另书"虚"字),缴滋射影,余(夹书:在卅;另书"悬"字)省粤闽浙乍浦,非互市,责成九龙巡检随稽,特派员,遇虽乱备,盗混迹(夹书:在十;另书"防"字)绝矣。马头比拖债(夹书:在五;另书"力"字)籍家资产(涂去;夹书:在八)文,限客保(涂去)被假托诓骗,问过单凭第,规画前(涂去;夹书:在四):今月张字号姓名(涂去;另书"看"字)物(涂去;夹书:在一),逐官核名。两岐小二枝桅板划艇轮,澳仅搭客(夹书:在十三;另书"绌"字)附书,李仍有巴(夹书:在九;另书"否"字)满石吨,且次[夹书:在十二;另书"正(在廿)度"]停黄埔,不偏枯,最率一百钱计算。逾作缘驰,伏乞圣鉴。训再尚咪唎,覆缮,陈谨程(涂去)跪驿仰祈。窃尽宜驶,夷杂妥汇册(涂去;夹书:在十七,另书"注"字),原存(涂去)贮筹半,说成只重申买,希图璞鼎查写册恩(涂去,夹书:在八)返,咸龄邀派罗伯聘李呔郭吧,八面(涂去;夹书:在十二,另书"坚"字)要盖谕旨御览,批县富而安敬,裁费贻误浮贡,希图璞鼎查写册,鲜务府参银(涂去;夹书:在二,另书"措"字)盈余,部咨土乃芹献微忱粮抽变饬(涂去;夹书:在十二,另书"诚"字)驳,悉别(涂去;夹书:在十,另书"莫"字)皆美,是商辄扮(涂去;夹书:在八,另书"把"字)生持垄渔厚等,蓰望欣耳力勒(涂去;夹书:在八,另书"底"字)家(涂去;夹书:在卅,另书"词"字)殷支鞍,薄乏摊众,着竟累各短少,诛抱注,竭蘗积怨,抚酋首草删迨抵正哞,颁件攸征编,斟导摁室碍,委负彤心符制琐烦,愿效无之声,独谓改柔裨益令(涂去;夹书:在卅,另书"世"字)推诿,培克策手,甘历仆受思边误,英咭唎坚投店昨卒工夫,饭食承口甚啵口立,荷兰急闭歇局,殊系招徕术,透漏(涂去)拨斤库足,咎苛量东苏盘划饱柄困,夏阅隔挽秀,循辙清源,前习冀权似裕财,蠹携觖流,借雇忌负主关扣,抑个递闰趱丙午光六,暂西径匀勒部(涂去)在国截届指参差,题考康熙癸卯,创更某,毋庸排乙,淆混片附勒部(涂去)然。

············

此当为1843年10月8日(道光二十三年八月十五日)在虎门签订《虎门条约》的前身。错漏甚多,语多费解,系草约。此为学界一直关注的《善后条约》,一直未在学界现身,但可判定系后来《虎门条约》的附则。有关《南京条约》及其《善后条约》,"按照前在江南省城经大清钦差便宜行事大臣、大英钦奉全权公使大臣议结两国万年和好,缮写成册,于道光二十二年七月二十四日,即一千八百四十二年八月二十九日,在英国干华丽士船上书名画押;旋将和约二册分送两国君上御览,既奉恩准钤盖御宝,批准施行,嗣于道光二十三年五月二十九日,即一千八百四十三年六月二十六日,两国大臣在香港以和约敬谨互换,永远遵守;其和约所载各事宜内,有广州、福州、厦门、宁波、上海五港口,准英船赴彼通商,须议定进、出口货物税饷则例一款,业经会议条例,通行遵照;又和约议定后另有紧要数款,必须议明酌定,以为万年和好之确据。兹钦差大臣、公使大臣商议悉臻妥协,彼此所见皆同,为此谨立条款,作为善后事宜附粘和约一册,凡此条款实与原缮万年和约无异,两国均须专一奉行,切不可稍有乖违,致背成约"。而《中国丛报》1843年10月第12卷10期第8篇刊有该条款的报道:"查该条约系一项补充条约,由大清国(中国)大皇帝特派钦差全权大臣耆英、大英国女王特派钦差全权大臣璞鼎查爵士各自代表本国议定,于本月八日在虎门签字画押。"①该报道刊发结论,云:"本约各条款于奉到大清国大皇帝俯赐用朱笔批准后,立即实施生效。大皇帝全权代表钦差大臣即将条约正本和皇帝朱笔批准文据交付广东黄臬台,并在英国全权公使大臣所指定之地方递送英国全权公使大臣。在香港奉到英国大君主御笔批准条约后,英国全权公使大臣特派官员火速将包括大英国大君主御笔批准之文据在内之条约正本送到广州,交给广东(黄)臬台阁下转送大清国钦差大臣,作为双方国民永远执行之规章及法则,亦作为两国和平与友谊之庄严确认,这是一个最重要补充条约。""大英国大君主(女王)特派全权公使亨利·璞鼎查(画押盖印)、大清国(中国)大皇帝特派钦差大臣耆英(画押盖印)。"该报道专门说明:文字上校对无讹。理查德·伍斯南。②

现比照正式条款相关缘由的交代:

对照义律,英国女王及其政府对璞鼎查在对华外交中取得的诸多"业

---

① 广东省文史研究馆译:《鸦片战争史料选译》,北京:中华书局1983年版,第289页。
② 广东省文史研究馆译:《鸦片战争史料选译》,北京:中华书局1983年版,第292～293页。

绩",显然十分满意。1843年1月4日,阿伯丁在伦敦外交部致璞鼎查(第4号)文中称:"关于英国臣民和中国口岸的贸易,你应遵照在你前往中国时女王陛下给你的委任,继续监督该项贸易;如果你在接到这件公函之前还没有作的话,那你就应该视环境的需要,作一些临时部署,在行将英国贸易开放的几个口岸,派驻可靠人员,直到女王陛下所任命的领事人员抵达中国为止。女王陛下政府认为凡在中国口岸充任领事的人员,都应在监督的直接管辖之下,并从他接受指示,作为他们所不时需要的指针。如果驻中国各口岸的领事在料定要发生的各种问题上都依赖本国政府的训令来执行他们的职务,那将是极不方便的;所以女王陛下政府以为处理这个问题的最好办法应是:领事们只和商务监督行文,而由商务监督将领事们向他作的报告的总结,转陈女王陛下政府,并且把凡是同他对女王陛下政府一般见解的认识相符合的训令,以及在没有国内训令的情形下,凡是他认为最能有助于女王陛下的公务和在华贸易的英国臣民的利益的那些训令,分行各个领域。然而我会很高兴能收到你随时所提出的任何建议,诸如领事所行使的职权的特性问题,以及所应授与他们的权力的范围问题。"①

"关于刑民事案件管辖这一问题,我愿唤起你的注意,最好是以环境所能许可的一种正式方法,争取中国政府同意,英国当局对英国臣民这一类案件中的绝对管辖权,以及当中国臣民为各造之一时的另一类案件中,英国当局和中国官员的共同管辖权。中国政府方面这样的一种正式同意的缺乏,就招致了数年前提向国会的一项法案的否决,那项法案的目的,就是要规定女王陛下的驻华公务员在某些案件中实施裁判权的。如能照以前土耳其各苏丹那样地声明放弃裁判权,并记载在条约里面,那么就会排除掉这样一项法案的制定在国会中所引起的困难了。"②

---

① [美]马士著:《中华帝国对外关系史》(第一卷),张汇文等译,《附录》,上海:上海书店出版社2000年版,第760~761页。
② [美]马士著:《中华帝国对外关系史》(第一卷),张汇文等译,《附录》,上海:上海书店出版社2000年版,第761页。

比照不列颠图书馆藏《来往文书》,事前道光皇帝有所安排①:

内阁奉上谕:

  两江总督着耆补授,伊着作为钦差大臣补授广州将军,迅即驰驿前赴新任,毋庸来京请训。着所带钦差大臣关防着交伊祗领,江苏按察使黄恩彤、四等侍卫咸龄准伊带往广东办理事件。着所带盛京传令兵丁及杭州防御兵丁等即饬各回本处。伊所属浙江乍浦副都统,着特依顺派员暂行署理。钦此。

  此次酌议税饷,查照璞公使前在江南照会内所称,查明众费留应革酌中定制之大意,拟出一简捷办法,较诸后价取税更为明白直截,先将出入口各项货物以一宗列为一门,注明正税。若干归公税,若干(若担头加三之类)再将各项规费逐条开列,算明结总。统计正税归公若干,规费共若干,先将实数核准,粲若列眉。内除正税归公,悉仍其旧,勿庸更议外,其规费综计作为十分,酌留几分,以备各项公费之用,即于例内明定为正饷、公费二款,其银数一一注明,其余几分全行裁革。自定例后,除例载正饷公费之外,不准吏役人等分毫苛取。倘有巧立名目需索肥已,即由英商禀明英官,备文知照海关,将需索之吏役从严办理。如此则税例易定,而流弊不生矣。

  规费所以必须酌留几分者,即璞公使前在江南照会内所称,凡设关门,自必有敷资用之意,非因以为利也。缘海关旧有备贡、帮贡、参价等款,约举数端,尚不止此,均关御用。向系洋商承办,今既裁洋商,不得不预筹经费,且火耗添平,解部饭食,解饷盘费及吏役工食之类,所费不赀,均不可少。又各港开关之后,一切出口之茶叶、湖丝等货,均就近赴福州、上海等处销售,不能如从前之聚集粤东。在英商赴产地置货,价本既轻。即华商就近贩运,既省脚费,又省关税,更为得利。惟内地各关,如赣关、韶关等处各项货物,一经

---

① 《来往文书》第 96 叶。

改道他往,则税额必形短绌,不得不以海口之盈余补内地之亏缺也。

道光皇帝事前安排,涉及两江总督执行。相关内容亦见不列颠图书馆藏《来往文书》。

  大清太子少保兵部尚书两广总督部堂祁为照会事。前准接贵公使照会……再昨准江省咨会,新钦差大(原为钦字,涂去,作大)臣耆已于三月十八日由江起程,驰驿来粤,计期端阳前后可到,合并通知,顺候近祉。不一。
  右   照   会
  大英钦奉全权公使大臣头等巴图鲁男爵璞
  道光二十三年四月十三日

以上大体属于追述《南京条约》的合法性,为了说明《虎门条约》与《南京条约》的关联性,特征引《虎门条约》规定,计开:

  一、所有钦差大臣、公使大臣画押钤印进、出口货物税则例附粘之册,嗣后广州、福州、厦门、宁波、上海五港口均奉以为式。
  一、所有钦差大臣、公使大臣画押钤印新定贸易章程附粘之件,嗣后五港口均奉以为式。
  …………
  一、广州、福州、厦门、宁波、上海五港口开辟之后,其英商贸易处所只准在五港口,不准赴他处港口,亦不许华民在他处港口串同私相贸易。将来英国公使有谕示明不许他往,而英商如或背约不服禁令,及将公使告示置若罔闻,擅往他处港口游弋贩卖,任凭中国员弁连船连货一并抄取入官,英官不得争论;倘华民在他处港口与英商私串贸易,则国法俱在,应照例办理。
  一、前在江南业经议定,以后商欠断不可官为保交,又新定贸易章程第四条英商与华商交易一款内,复将不能报洋行代赔之旧例呈请着赔切实声明在案,嗣后不拘华商欠英商及英商欠华商之债,如果账据确凿,人在产存,均应由华、英该管官一体从公处结,以昭平允,仍照原约,彼此代为着追,均不代为保偿。

…………

一、向来各外国商人止准在广州一港口贸易,上年在江南曾经议明,如蒙大皇帝恩准西洋各外国商人一体赴福州、厦门、宁波、上海四港口贸易,英国毫无靳惜,但各国既与英人无异,设将来大皇帝有新恩施及各国,亦应准英人一体均沾,用示平允;但英人及各国均不得借有此条,任意妄有请求,以昭信守。

一、倘有不法华民,因犯法逃在香港,或潜住英国官船、货船避匿者,一经英官查出,即应交与华官按法处治;倘华官或探闻在先,或查出形迹可疑,而英官尚未查出,则华官当为照会英官,以便访查严拿。若已经罪人供认,或查有证据知其人实系犯罪逃匿者,英官必即交出,断无异言。其英国水手、兵丁或别项英人,不论本国、属国,黑、白之类,无论何故,倘有逃至中国地方藏匿者,华官亦必严行捉拿监禁,交给近地英官收办,均不可庇护隐匿,有乖和好。

一、凡通商五港口,必有英国官船一只在彼湾泊,以便将各货船上水手严行约束,该管事官亦即借以约束英商及属国商人。其官船之水手人等悉听驻船英官约束,所有议定不许进内地远游之章程,官船水手及货船水手一体奉行。其官船将去之时,必另有一只接代,该港口之管事官或领事官必先具报中国地方官,以免生疑。凡有此等接代官船到中国时,中国兵船不得拦阻。至于英国官船既不载货,又不贸易,自可免纳船钞,前已于贸易章程第十四条内议明在案。

一、万年和约内言明,俟将议定之银数交清,其定海、鼓浪屿驻守英兵必即退出,以地退回中国,为此预行议明,于退地之后,凡有英官居住房屋及所用之栈房、兵房等,无论系英人造建或曾经修整,均不得拆毁,即交还华官,转交各业户管理,亦不请追修造价值,庶免致迟延不退,以及口角争论之事,以敦和好。

一、则例船钞各费既议定平允数目,所有向来英商串合华商偷漏税饷与海关衙役私自庇护分肥诸弊,俱可剔除。英国公使曾有告示发出,严禁英商,不许稍有偷漏,并严饬所属管事官等,将凡系英国在各港口来往贸易之商人,加意约束,四面察查,以杜弊端。倘访闻有偷漏走私之案,该管事官即时通报中华地方官,以便本地方官捉拿。其偷漏之货,无论价值、品类全数查抄入官,并将偷漏之商船,或不许贸易,或俟其账目清后即严行驱出,均不稍为袒护。本地方官亦应将串同偷漏之华商及庇护分肥之衙役,一并查明,照例处办。

一、嗣后凡华民等欲带货往香港销售者,先在广州、福州、厦门、宁波、上海各关口,遵照新例,完纳税银,由海关将牌照发给,俾得前往无阻。若华民欲赴香港置货者,亦准其赴广州、福州、厦门、宁波、上海华官衙门请牌来往,于运货进口之日完税。但华民既经置货,必须用华船运载带回,其华船亦在香港请牌照出口,与在广州、福州、厦门、宁波、上海各港口给牌赴香港者无异。凡商船商人领有此等牌照者,每来往一次,必须将原领牌照呈缴华官,以便查销,免滋影射之弊。其余各省及粤、闽、江、浙四省内,如乍浦等处,均非互市之处,不准华商擅请牌照往来香港,仍责成九龙巡检会同英官,随时稽查通报。

一、香港必须特派英官一员,凡遇华船赴彼售货、置货者,将牌照严行稽查。倘有商船、商人并未带有牌照,或虽有牌照而非广州、福州、厦门、宁波、上海所给者,即视为偷漏乱行之船,不许其在香港通商贸易,并将情由具报华官,以便备案。如此办理不惟洋盗无可混迹,即走私偷漏各弊,亦可杜绝矣。

一、香港本非五处码头可比,并未设有华官,如有华商在彼拖欠各国商人债项,由英官就近清理。倘欠债之华商逃出香港,实在潜回原籍,确有家资产业者,英国管事官将情由备文报知华官,勒限严追;但中华客商出海贸易,必有行保,若英商不查明白,被其假托诓骗,华官无从过问。至英商有在五港口欠各华商账目,而逃赴香港者,华官若以清单及各凭据通报英官,英官必须查照上文第五条办理,以归划一。

一、前条载明,凡系华民带货往香港销售,或由香港带货至各港口者,必由各关发给牌照等语。今议定,各港口海关按月以所发给之牌照若干张,船只系何字号,商人系何姓名,货物系何品类、若干数目,或由香港运至各港口,或由各港口运至香港,每月逐一具报粤海关,粤海关转为通知香港管理之英官,以便查明稽核。该英官亦应将来往各商之船号、商名、货物数目,每月照式具报粤海关,而粤海关即便通行各海关,查明稽核。如此互相查察,庶可杜绝假用牌单、影射偷漏等弊,而事亦不致两歧。

....

此善后事宜附粘和约,其内载十六条款,附入小船则例一条,缮写四册,今由钦差大臣、公使大臣盖印划押,先将二册互换,照依施行,并由两国大臣将二册一面具奏。但两国相距遥远,奉到谕旨,迟速不齐。今议定,一俟奉有大皇帝朱批允准,即由钦差大臣将原册转交广东黄臬台,赍交公使大臣查照收执。将来奉到君主亲笔准行,寄回香港,再由公使大臣委员送至广东交黄臬台,转送钦差大臣查照,俾两国永远遵守,以敦万年和好之谊。须至善后和约者。

道光二十三年八月十五日

一千八百四十三年十月初八日

于虎门寨盖印画押为据。

附注文献有相关的专门说明:本条款见《道光条约》,卷3,第24~30页。英文本见《海关中外条约》,卷1,第390~399页。本条款原称为《善后事宜清册附粘和约》,又称为《五口通商附粘善后条款》;通常称为《虎门条约》或《虎门附约》。条款本身仅十六款,最后三款系《小船则例》,附在条款后,作为善后条款的一部分。

比照涂改草约稿本:"再尚咪唎,覆缮,陈谨程(涂去)跪驿仰祈。窃尽宜驶,夷杂妥汇册(涂去;夹书:在十七,另书'注'字),原存(涂去)贮筹半,说成只重申买,希图璞鼎查写册恩(涂去,夹书:在八)返,咸龄邀派罗伯聃李呔郭吧,八面(涂去;夹书:在十二,另书'坚'字)要盖谕旨御览,批县富而安敬,裁费贻误浮贡,希图璞鼎查写册。""嗣广州、福(缺州字)、厦门、宁波、上海五港均奉以为式",由于涂改及修订颇多,且未誊抄,语义多费解,但上述文字及表述为正式文本的基础。此为《虎门条约》的重要内容。当然这涉及参与者璞鼎查、咸龄等,也涉及翻译等诸多问题。而《虎门条约》恰是巴夏礼的中文老师英国使团翻译官罗伯聃在五名英商代表的帮助下,与广东藩司黄恩彤商讨签订。① 而现有的文献显示这大体上贯穿外相巴麦尊、阿伯丁乃至英国政府的对华政策。

四、省思:华夷之辨与外交折冲

就历史研究而言,分析鸦片战争前后的中英关系,不仅是将其当作结果来分析,也是将其当作外交策略或过程来分析。既然涉及未来的策略,有想象成分。可见史学研究不能仅仅侧重于历史事件的结果,更多的是探讨事件的过程及其呈现的逻辑,以什么史料表现逻辑则涉及研究者的研究动机和目的,这不仅仅是历史学也是其他学科能回答的。这涉及史学研究者的材料来源及其组织材料呈现历史进程的逻辑。从目前看来,这些资料中相当数量为马儒瀚等通过贿赂等手段得来的,且对英国赢得鸦片战争的胜利发挥了重要作用。从中英外交关系考察 1842 年中英《南京条约》的签订,英方在中国变成了殖民者并在条约上有其合法依据。离开这些字句斟酌的条约初稿及其

---

① [美]马士著:《中华帝国对外关系史》(第一卷),张汇文等译,上海:上海书店出版社 2000 年版,第 360 页。

修订手迹（诸如《善后条约》早期修改稿），很难理解当时签订卖国条约的初衷，以及中方、英方在外交上各自言说的重点。这些情报直接关联着战争的胜负。英国从这些情报中获知当时清帝国军事实力乃至日常官场运作的规则，显然有助于侵华、谈判及签订条约。这些稀见近代文献呈现了鸦片战争史上前所未知的重要事实，文献考释有助于我们对鸦片战争前后的中央与地方的关系、军事、外交等方面增加新的了解。

笔者在英国访学期间，多方查找未刊文件或珍稀资料，多有斩获，而这些资料多属中英鸦片战争军事情报，可见早期交涉的各自姿态、心态。笔者新发现的资料涉及战争、情报与天朝裂变下的政治认同。"多少世纪以来，我们跟中国的关系只是商业的，直到一八四〇年，才开始一个新的时代。在这一年，这一个东方大国和西方的居民发生了敌对的冲突。"①战争是双方剧烈碰撞的暴力表述方式。殖民者与被殖民者的身份差异在条约中得以充分的界定。政治身份认同涉及民族、性别、阶级乃至种族、文化传统等。笔者在英发现的这批珍稀文献涉及大英帝国的世界版图目标及其对华侵略野心，而鸦片战争爆发后中国的道统、政统遭遇前所未有的冲击，又丧失国土权益。就文献而言，历史不等于学理逻辑推演，第一手资料是历史重建及其解读的关键。中英双方有不同的社会秩序及其学理支撑，英国是世界工业文明的中心，对外交涉有全球观念；而中国是东方农耕文明的核心地带，仍幻想自己是世界中心的天朝大国。"他们在经济上自足，在思想上自满。他们自以为他们的'天朝'，假若不是世界上唯一的文明部分，至少也是最开化的部分。他们甚至利用地理的本身，来证明他们的高贵与超过一切——他们将中国画在地图的中心。"②可以说不列颠图书馆藏的这些稿本、档案非常清晰地呈现了大清帝国从社会到国家的方方面面，具体入微。从照会文本的话语上解读中国生

---

① 撷·义律·宾汉著：《英军在华作战记》，寿纪瑜、齐思和译，见《中国近代史资料丛刊·鸦片战争（五）》，上海：上海人民出版社、上海书店出版社 2000 年版，第 3 页。
② 撷·义律·宾汉著：《英军在华作战记》，寿纪瑜、齐思和译，见《中国近代史资料丛刊·鸦片战争（五）》，上海：上海人民出版社、上海书店出版社 2000 年版，第 3 页。

活场景及其政治生态,可见英国对华的军事策略及其外交谋略。

考析这些史料,我们不能仅停留在大清帝国的一笔笔陈旧的历史遗产的清算,这些军事情报涉及当时的政治及社会背景。凭借这些机密材料可以窥一斑而知全豹。而英国当时对中国掌握并控制了那些军事性质方面的信息显然有助于侵华、谈判及签订条约,且十分关键。随着1842年中英《南京条约》的签订,英方在中国变成了殖民者并有合法性的支撑。整理、考辨和解读这些未刊珍稀资料,有利于我们重新审视近代史的开端。

道光年间中英关于通商等问题的交涉,涉及中方对西方的态度问题,其核心问题是怀柔远人与羁縻政策。这一点从作为战胜方英国对华的批评中可见一斑。"中国人的军事策略必须视为远在中常以下。在一种民族中,推荐一个将军担任职务,并不由于他的熟知战术,而倒在于他的有机敏来捏造,有脸皮来吐露最无耻的谎言,用来欺骗他的对手,那么难道还能不如此吗?"[1]在英方看来,"对于一个官员来说,无论他是兵士、官长、或政治家,没有一种欺骗是太重大,没有一种手段是太卑鄙、太肮脏、而不能向之折腰的"。[2]可见,在英国人看来,中国无论文武官员都处在欺骗之中,"下列中国格言说明这个苛评的正确性:'当我们的国家有危难的时候,我们应当立刻起来挽救它。很固执地拘泥于一点点善意,因而引起拖延又有什么用呢?'"[3]以中国人的格言的正确性来衬托他们的荒谬,无疑是莫大的讽刺。无论是耆英还是伊里布都可以见到:他们是交涉的中方代表,对自己的军事实力均无信心,所能做的大概就是对英妥协。这又与中方自诩为"天朝"的心态密不可分。他们早期都给英方留下了良好的印象,但都是以满足对方的侵略条件为前提的。

---

[1] 擷·义律·宾汉著:《英军在华作战记》,寿纪瑜、齐思和译,见《中国近代史资料丛刊·鸦片战争(五)》,上海:上海人民出版社、上海书店出版社2000年版,第314页。

[2] 擷·义律·宾汉著:《英军在华作战记》,寿纪瑜、齐思和译,见《中国近代史资料丛刊·鸦片战争(五)》,上海:上海人民出版社、上海书店出版社2000年版,第314页。

[3] 擷·义律·宾汉著:《英军在华作战记》,寿纪瑜、齐思和译,见《中国近代史资料丛刊·鸦片战争(五)》,上海:上海人民出版社、上海书店出版社2000年版,第314页。

英方对他们个人除早期有良好的印象外,对他们涉及外交方面的部分言辞颇不以为然,认为他们言辞浮夸,把国事视作家事来处理。但中方又视洋人等同于过去的蛮夷。有趣的是清朝的皇帝甚至称对方为酋、为夷。中国对外交往一度被视作可以从中牟利的机会。是否牟利从后来这些妥协人物受到清廷的处置并被抄家清查等方面可见。在英国人看来,中国军事上没有什么实力又死要面子。撷·义律·宾汉在《英军在华作战记》中称:"由于我们现政府的强有力的措施,已经使我们与天朝的争执胜利地结束了,单凭毁坏沙船与炮台的作用,不及封锁该国商业所产生的压力之来得大。"[①]这是英国军事征服者自己的理解。

---

① 撷·义律·宾汉著:《英军在华作战记》,寿纪瑜、齐思和译,见《中国近代史资料丛刊·鸦片战争(五)》,上海:上海人民出版社、上海书店出版社2000年版,第313页。

不列颠图书馆藏芜湖脱甲山珍稀文献及历史文化名城建设中遗址保护

2011年冬,笔者在不列颠图书馆发现的40余件未刊珍稀文献,事关清代芜湖脱甲山土地买卖及其纠纷诉讼。脱甲山原系明弘光朝廷覆灭前最后的军事据点,而"脱甲山"即芜湖秃矶山。

结合地方志及实地考察,笔者搜集有关秃矶山(笔者注:不列颠图书馆藏珍稀文献称为"脱甲山"或"脱脚山",为乡音所致,后文所涉史料,不再赘释)的文献时,又发现近年的新闻多次提及秃矶山遗址保护存在问题;实地考察时也发现秃矶山自然地理被破坏的情况。为此,笔者结合所整理的珍稀文献,论述秃矶山对于中国历史重要的研究和保护价值。芜湖为江南重镇,中国四大米市之一,也是长江中游的军事要地。鉴于此,笔者建议将秃矶山列入芜湖历史文化名城建设系列,作为重要历史遗址加以保护,并在修复与解决安全风险的过程中,施工单位谨慎施工,比照历史遗址修复条例严格要求,不宜伤及秃矶山的生态环境与人文遗址。相关理由及历史依据,见下文。

一、明清之际芜湖秃矶山具有重要的军事战略地位，有历史研究价值

秃矶山（脱甲山）系明弘光朝廷覆灭的转折性军事据点，其历史涉及明末清初的军政变革。其中，脱甲山的取名与明朝政权颠覆所涉及的"芜湖之战"密切相关。讨论明清易代等"芜湖之战"，不能不提及明末名将黄得功。面对清军的强势南下，南明小朝廷在南京成立。黄得功是史可法手下的重要将领，以镇压农民起义领袖张献忠的军队而知名。1642年驻扎庐州（今合肥）。后清军在芜湖一带发起追杀朱由崧（弘光皇帝）的战事。朱由崧系崇祯皇帝的从兄，原福王，1644年在凤阳总督马士英的拥戴下于南京登基，年号弘光。《明史·黄得功传》载："……福王潜入其营……王曰：非卿无可仗者。得功泣曰：愿效死……（黄得功）佩刀坐小舟，督麾下八总兵结束前迎敌。"《清史稿》载：庚戌，六月辛酉，"豫亲王多铎遣军追故明福王朱由崧于芜湖。明靖国公黄得功逆战，图赖大败之，得功中流矢死。总兵官田雄、马得功执福王及其妃来献，诸将皆降。"[①]南明国运与大江同流去。面对兵败如山倒，芜湖驻军将领或战死或投降，部分士兵丢盔弃甲于这一滨江石矶山，由此得名"脱甲山"，当地人习称"秃矶山"，多系同音。正是这一历史背景造就"脱甲山"的取名，时人汤燕生有文名，他在《赭山怀古》中称："赤铸山头乌不飞，上皇曾此易青衣。无多侍从争投甲，有限生灵但掩扉。""五国城西边月苦，景阳楼下夜钟微。伤心莫唱《淋铃曲》，未得生从蜀道归。"历史上的王朝兴替，景观上的物是人非，由此可见。可以说，朱由崧等兵败芜湖的脱甲山，基本上意味着明朝的寿终正寝，后虽再有鲁王、唐王等抗清，但大多是垂死挣扎的回光返照，灭亡的命运无可挽回。可见脱甲山所涉福王败及被俘大体上可谓南明的历史终点。

---

① （民国）赵尔巽等撰：《清史稿》卷四，北京：中华书局1995年版，第64页。

因此，脱甲山可以说是明王朝覆灭的最重要军事据点，也是明末清初的最后一个时空意义上的分水岭，对于研究明清交替时的战争、军事、政治等有着重要的史料价值。

二、不列颠图书馆所藏相关文献对近代中英关系研究具有重要价值

笔者在不列颠图书馆发现有关芜湖脱甲山土地交易的完整的文献，涉及当时土地交易等社会生态，也反映了西方殖民势力对长江沿线深入渗透的过程，而英美传教士以宗教所谓"无偿捐献"的方式兼并土地，无疑是江南早期农民失地的重要原因。农民的失地及其引发的诉讼由县上诉到省督，亦使芜湖沿江地带走向城镇化。陈师礼在其总纂的《皖政辑要》中称"皖省地势以长江界分南北，而南阻群山，北连大陆，交通不便，风气闭僿，各属分会设立无多，仅恃总会，或虑调查难遍，于是皖南各属复设教育会于芜湖，皖北各属亦设教育研究会于省垣，以补总会之不及"。这些皆说明芜湖的重要性不仅是水上交通的优势，也是人文景观之优势。而目前，脱甲山建筑乃至脱甲山部分山地面临着拆迁，这将削弱芜湖城市的人文景观优势。

不列颠图书馆有关这份土地交易的卷宗，夹有一封写于 1991 年的英文书信，这封书信是英国人专门前往脱甲山考察，以研究近代时期中英在芜湖地区的交往中诸多地契及其现实地理方位等。传教士后代亲往芜湖作实地考察，这更能证明脱甲山在有关近代中英关系历史研究中的重要性。

该封英文书信写于 1991 年 6 月 1 日，信中写道："本文所称的安徽省，包括了临近芜湖水域部分地区，即长江边。"文中还提及"我掌握的一份资料中说道一处名为'房屋'的田边建筑，我希望你能为我解释一下'House 4 chien'这个词语的含义。这所建筑现已然成为浸礼教堂的一个部分，以'宣教屋'之名为人们所知。当然之前所提的建筑还有可能是另外一处所在，这处建筑逆长江数米而上所建，居者在盛夏之际避暑于斯。盖有衙门公章，此处建筑大

约价值八千两白银,而我想知道的是八千两在我国货币中价值几何。"

三、不列颠图书馆所藏珍稀卷宗是研究古近地名乃至历史遗址的重要史料

为了验证史料、书信内容的真伪,笔者曾专门于2012年3月2日前往秃矶山进行实地考察。因近年拆迁加快,笔者也多次考察。在实地访问中,周边居民多有回忆,据说秃矶山过去很大,在老芜湖机械学校这一块,现在是防空洞。笔者登山进行实地勘探,确认西边就是江沿,与文献中的记载一致,也证明其与脱甲山之间的命名关系。考察的时候,询问到很多原地名时,当地人已经不清楚,这是显然的。秃矶山是典型的江南丘陵地貌,山脚下有露出的崖石,靠近长江边,是典型的江边石头山,只是有厚厚的泥土覆盖而已。随着城市逐渐加快的发展步伐,若不是因为秃矶山的防空洞,可能这块山地早已铲平。

而比照历史地理,范罗山,"在县西北五里,毗赭山西麓,近大江"①。而当时的英领事署就在范罗山。"因《烟台条约》,于光绪三年,由英国领事官建筑新式楼房一座,四围绕以垣墙,以为领事官办公之地。"②查《芜湖县志》可知,鹤儿山,"县西北四里,临大江。……西南则与法国天主堂毗连。光绪十二年,有人盗卖与该教堂,邑人鲍世期等禀县详请南洋大臣曾批饬禁止,嗣于十七年议结,芜湖教案订明由华官筑墙围禁"③。"二十九年复有人盗卖,经南洋大臣端饬芜湖道饬县迅商天主堂,退出契纸,收回银条,以清纠葛"④。再县西北五里,殷家山亦类似。殷家山"坟冢甚多,以地……乃克保全"⑤。据《芜湖县志》载:"脱甲山在县西北十里许。"脱甲山的西边是长江,长江向东

---

① (民国)余谊密主修、鲍实总纂:《芜湖县志》,合肥:黄山书社2008年版,第9页。
② (民国)余谊密主修、鲍实总纂:《芜湖县志》,合肥:黄山书社2008年版,第71页。
③ (民国)余谊密主修、鲍实总纂:《芜湖县志》,合肥:黄山书社2008年版,第9页。
④ (民国)余谊密主修、鲍实总纂:《芜湖县志》,合肥:黄山书社2008年版,第9页。
⑤ (民国)余谊密主修、鲍实总纂:《芜湖县志》,合肥:黄山书社2008年版,第10页。

北经过马鞍山,江边有采石矶,后流向南京。脱甲山谐音秃矶山,显然是芜湖江边的小石头山之意。

鉴于以上,强烈建议将秃矶山作为明清易代的重要历史遗迹,列入芜湖历史文化名城创建。文物承载灿烂文明,传承历史文化,维系民族精神,是老祖宗留给我们的宝贵遗产,是加强社会主义精神文明建设的深厚滋养。保护文物功在当代、利在千秋。对于历史文物保护工作,要留住历史根脉,传承中华文明。因此,秃矶山作为极其重要的一处山川形胜,反映中国古代历史、近代历史变迁图景的文化遗迹,也折射出近代中国积贫积弱,受制于列强的历史呈现,结合周边传教士活动的教堂等历史遗迹,当是不可多得的激发国人奋发图强的历史教育基地。同时,对于秃矶山及时、科学的改造和保护,是以"人民至上"、以人民生命安全为第一位的体现,也是践行"绿水青山就是金山银山"的重要精神。处置适当,当体现芜湖市重视生态与历史遗址保护,重视回应百姓心声、建设安全宜居城市、推动"旧城改造"、实现历史文化遗址保护与国情教育的典型案例。因此,建议将秃矶山列入芜湖历史文化名城建设与历史遗址保护,为推动城市文化乃至文明发展、促进芜湖历史研究做出贡献。

从"市场化"到"契约化"：
新发现清代芜湖地契及其交易考释

晚清政府式微及其原因分析，当然关联传统中国社会整体性衰落，两者的关系是近代史学一重大命题。有关"何以中国"分析的角度尤以孔飞力及其弟子杜赞奇为代表。前者强调地方军事化，后者注重文化的权力网络。鉴于两者分析皆有长处且受到各自时空限制，特别提出从经济层面的市场社会分析，市场运转当然离不开诚信，尤其是以诚信为核心的契约合同等合法性的保障，相比之下，大规模契约支撑的社会运转，当然可以定位为契约社会。而保证契约执行的合法性、正当性，当然离不开诉讼。同理，大规模的诉讼官司涉及民法、刑法，而后者可被定义为诉讼社会。"一君万民的皇帝统治构造……可上溯至秦代（公元前三世纪），然而土地买卖的全面化，却只能上溯至宋代（十世纪）。社会关系全面契约化、市场化，或许是明末清初以后（十七世纪）的事。"①从契约层面探究晚清社会及其衰败，当是一个新角度。2011年冬，笔者在不列颠图书馆发现部分文献关于江南社会，幸运的是从不列颠图书馆居然查到笔者出生地芜湖县的珍稀文献。芜湖县脱甲山的材料，涉及地

---

① ［日］寺田浩明著：《清代传统法秩序》，王亚新监译，桂林：广西师范大学出版社2023年版，第10页。

权诉讼关系的档案,近50件。主体内容关联"芜湖县的脱甲山乃至周边的教堂"所涉及的历史纠葛等。相关参照系可见清代台湾土地买卖频率证据,主要依据"最下端最后一回出卖时交给买家保管的、数量庞大的、按照年代顺序以树状图排列的老契(这也是卖方与买方都在家里存放堆积如山的他姓契据的理由)"。① 芜湖县脱甲山的系列地权交易文献涉及乾隆二十一年(1756)部分交易,而1762年7月23日另有交易。契约文书多属于档案,多有社会史特性。地方志涉及地方风土人情,反映地方的特性。有关芜湖未刊山地交易方面的珍稀文献②,涉及脱甲山土地买卖及其纠纷乃至诉讼,事跨清朝中后期150多年,也涉及英美等多种势力在芜湖的角逐。脱甲山这一山地属长江中游重要城市芜湖的军事要地,这从明末易代战争中可见。鸦片战争后,中英、中美围绕芜湖租界附近脱甲山的所有权或产权展开的矛盾或斗争,涉及开埠前后的文契及司法,宜从土地经济、司法纠葛等层面分析。而这些涉及乡土社会中宗法、乡约等权力文化网络概括的范畴。杜赞奇对华北社会进行了很好的分析,并有国际性反响。而华南学派在田野调查上也取得相当业绩。相比之下,孔飞力从地方军事化层面分析清王朝的式微。孔飞力称:"帝国具有军事垄断的本性,所以私人的地方性军事冒险是不能在政治的和意识形态的死角中长期存在下去的。团练制把官僚集团没有树立和不能有效地控制的地方军事领导合法化了。合法性是仅次于控制的最佳物;团练在理论上具有国家辅助武装的地位。它是中介体,地方领袖通过它能使自己与帝国政权融为一体。"③孔飞力认为,19世纪中叶绅权等扩张导致地方军事化,打破传统的中央与地方的平衡,重构了国家与地方的社会关系,而最终导致传统王朝的彻底崩溃。而笔者认为晚清社会崩溃缘于地方军事化引发社会结构变革,江南社会崩溃也有着生产力变革及其关联的社会关系促动。芜湖等

---

① [日]寺田浩明著:《清代传统法秩序》,王亚新监译,桂林:广西师范大学出版社2023年版,第80页。
② 文献文字竖排,繁体。现依据当今行文习惯,改为横排,简体。
③ [美]孔飞力著:《中华帝国晚期的叛乱及其敌人:1796—1864年的军事化与社会结构》,谢亮生、杨品泉、谢思炜译,北京:中国社会科学出版社1990年版,第224页。

典型的江南社会变迁,有着地权交易在内的生产资料乃至生产范式变革的因素。地权交易为重要的驱动力。从市场化社会到契约化社会、诉讼化社会分析晚清芜湖这一江南地域时空,由此探析晚清中央与地方关系的衰变,以及地方治理失序而至整个清政府式微的历史轨迹及其历史成因。

孔飞力的地方军事化理论触及太平天国运动及鸦片战争等内忧外患语境下地方失序及治理。以鸦片战争为分界线,长江中游地区社会发展面临重要转向。这涉及此前的农耕社会维系及徽商迅速发展。此后,芜湖、安庆、铜陵等地因太平天国运动而遭受战火。曾国藩领导湘军及李鸿章领导淮军并迅速推行军事化管控。芜湖此前是美国学者杜赞奇所说的"权力的文化网络",开始"地方军事化"。近代中国社会变迁涉及中国传统社会近代化与西学东渐意义上工业化历程。而近代中国进入区域社会,皖江中游地段属于江南社会的区域空间。而近代区域空间面临着农耕文明转向工业文明,这当中涉及社会化大生产及其关联的土地等固定资产的变化。下文以芜湖为区域空间并结合珍稀文献进行阐释。笔者结合杜赞奇的提法对乡土规范乃至地方组织进行考察。化用杜赞奇的"权力的文化网络"作分析,须结合历史实践,否则过于抽象,缺乏历史的丰富性。探析地权及其在地化历程,探索产权交易过程中礼俗所涉及的规则乃至潜规则,须进入具体的乡土地理空间,从而进入真正的村落话语分析。笔者同时结合孔飞力的"地方军事化"的史学分析框架,探讨太平天国运动前后芜湖地理空间及其在地化,进行学理探索。脱甲山文献涉及芜湖历史地理。不列颠图书馆藏有芜湖脱甲山土地交易的完整文献,包括赤契、白契等,地权交易的在地化转移涉及当时社会生态,也反映了西方势力深入长江沿线的过程。

一、明清易代的关键性地理空间:福王被俘及滨江战略要地"脱甲山"的命名溯源

脱甲山作为重大历史事件的载体,涉及明清易代之际的关键性地理空

间,关系清王朝入主中原的中央与地方观念的定义及重新命名。笔者曾到脱甲山实地考察,脱甲山周边村落是典型的杂姓村落①。脱甲山靠近长江边,是典型的江边石头山,只是有厚厚的泥土覆盖而已。这与芜湖的江南地貌密不可分。其一,有关文件显示,30 年前英国人还关注这些,而目前脱甲山建筑乃至脱甲山本身面临着拆迁。关于脱甲山材料的价值,不列颠图书馆藏有该文档相关说明,即夹有英文书信,译文如下:

(以下为通讯地址及其出售文档的来往书信的地址等。Hang Shan Tang Ltd,即寒山堂,笔者后得到一份寒山堂售书广告,可见系文物交易公司。从不列颠图书馆藏卷宗所存文档来看,经手者为中文部主任吴芳思。)

H. F. M. Sumpter

24 Bolenna Lane

Perranporth

Cornwall TR6 OLB

Tel. Truro(0872)－572869

1st　June 1991.

Ch. Von Der Berg,

Hang Shan Tang Ltd,

717. Fulham Road,

---

① 2012 年 3 月 2 日笔者考察脱甲山。3 月 3 日,笔者在考察札记中写道:"昨天看了脱甲山,现名'秃矶山'。据笔者实地访问,周边居民多有回忆,据说脱甲山过去很大,在老芜湖机械学校这里,现在是防空洞。自己爬山看了一下,西边果然就是江沿。考察的时候,问到很多地名,当地人已经不清楚,这是显然的。山上记得有两间小房子,是发射台,江苏的电缆等。大概有偷盗电缆是犯罪行为这类的话。山上有些杂树,但看不出那些树有百年历史。荒草漫长。是江南丘陵地貌,山脚下有露出的崖石。这大概是矶。城市变化很快,若不是防空洞,可能这块山地早已铲平。山脚下有零星的泥土,有两位妇女在种菜。让人感叹时移境迁,沧海桑田。参观与考察这个历史'活化石'以后,笔者很有感触,江南的历史更多的是侧重于水乡的历史。历史与现实交光互影,当不局限读史明智。"后笔者多次查勘,此地为 1958 年修建从芜湖到无为的 2 号轮渡码头所在。近年修建芜湖长江第三桥,恰将芜湖弋矶山医院与轮渡 2 号码头隔开。

London

S. W. 6 5UL

（以上为出售文档提供交易的联系方式等。）

Dear Mr. Van der Berg,

The documents purport to refer to a AN HWAL（安徽）and said to comprise a waterfront piece of land near WUHU（芜湖）.

Reference is also said to refer to a dwelling built thereon described in a document in my possession. As House 4 chien—which phrase I would like you to translate. Made to a building known as a Mission House used by that part of the Christian Church（基督教堂）as the Baptist Church.

It is also probable that a deed may refer to another dwelling many miles upstream along the Yangtse River, used as a summer residence during the height of the hot weather.（即交涉也有可能涉及长江沿岸上首位置，即热天避暑之地。）have（原文如此）been stamped by the Yamen（衙门）. A price of 8000 TAELS（银票）is also known to have been mentioned and I would like to know how much that represents in our money（roughly）.

As requested I am sending this letter by registered post and with it a cheque for the amount I paid.

I await your comments entirely at your convenience.

I do know that the land at WUHU adjoins an oil refinery（此地在芜湖邻近炼油厂）, and that the Mission House is now a motel but that is all.

      With kind regards,

       Yours sincerely,

Encls.

P. S. You are welcome to phone me reversing the charge.

"本信函所称安徽省,包括临近芜湖水域部分地区",即长江边。函中提及"我掌握的一份资料中说道一处名为'房屋'的田边建筑,我希望你能为我解释一下'四犬屋'这个词语的含义①。这所建筑现已成为浸礼教堂构成部分,并以'宣教屋'之名,为人所知。当然,之前提及建筑还可能系别处,该建筑逆长江数米而上所建,居者在盛夏之际避暑于斯。盖有衙门公章②,该建筑大约价值'八千两白银'。而我想知道的是'八千两'在我国货币中价值几何。"该信件提及的脱甲山地理位置较特殊,是扼守长江的军事要地③。这说明芜湖脱甲山地理位置的重要性。

芜湖在皖江之显要位置早有论述,陈师礼在其总纂的《皖政辑要》中称"皖省地势以长江界分南北,而南阻群山,北连大陆,交通不便,风气闭僿,各属分会设立无多,仅恃总会,或虑调查难遍,于是皖南各属复设教育会于芜湖,皖北各属亦设教育研究会于省垣,以补总会之不及"④。芜湖缘于地理位置重要而成教育基地。芜湖有长江码头,在近代是军事要地。前文述及笔者在不列颠图书馆发现有关芜湖卷宗包括诸多地契交易的珍稀文献,涉及中外势力有关芜湖脱甲山的地权纠葛等。脱甲山在芜湖的地理位置涉及自然地理与人文地理。《芜湖县志》载:"脱甲山在县西北十里许。"⑤考察脱甲山的方位,当有发现。

据《芜湖县志》:"《图经》郡南二十里凤凰山之脉,迤逦入芜湖北境复西,起为神山,为赤铸山,是山之来龙。破山之脉,右出而西者为赭山,为黄山,为褐山;支阜别出江滨者为驿矶,为磺矶,为蓠叶矶。左出而南者为柳家

---

① House 4 chien,法语中 chien 为狗之意,姑且译为"四犬屋"。
② "Yamen"即衙门。
③ 今天仍有废弃的防空洞。其上有通信电缆,该山离长江江面或只有 300 米之遥。
④ (清)冯煦主修、陈师礼总纂:《皖政辑要》,合肥:黄山书社 2005 年版,第 480 页。
⑤ (民国)余谊密主修、鲍实总纂:《芜湖县志》,合肥:黄山书社 2008 年版,第 10 页。

山,是为县后诸山,长河以北之界也。而赭山为最大。"①而赭山:"在县西北四里,高三十丈,周九里。《江南地理志》云:赭山丹赤,故郡名丹阳。右控大江,舳舻云连,俯瞰城郭,历历如绘。每当雨后,岚光缥缈,八景中称赭塔晴岚者即此。山寺自昔香烟最盛,故俗又称为小九华云。"②小赭山:"在赭山北百步许。"③相比较"脱甲山在县西北十里许",赭山与脱甲山相差约6里。

鹤儿山:"在县西北四里,临大江。有亭名八角,崇祯间,榷使王思任本谢朓'天际识归舟'句改名'识舟',最为地方名胜。山为长冈形,东低西高,高处约出平地六七丈,低处约出平地一二丈,陟其冈,右瞰弋矶,左揽白马,后拥范罗,前临大江,西南则与法国天主堂毗连。"④

铁狮山:"在县西北五里,赭山、西凤凰山在铁狮山前。"⑤

范罗山:"俗名饭萝山,在县西北五里,毗赭山西麓,近大江。"⑥

殷家山:"在县西北五里,坟冢甚多,以地近市镇,时有奸民盗卖于外国教堂。经邑人彭萃文等暨保莹会吕志元等先后禀究,自光绪三十一年至宣统三年,迭次由各上宪饬县惩办封禁,乃克保全。又县东南十七里下凤林有殷家山。"⑦

周家山:"在县西北五里,踞驿山左……山之左有大、小官山。"⑧

驿矶山:"在县西北七里许,临大江。南宋特设馆驿,立市肆于此,故名。"⑨

碛矶山:"在县西北十五里,一名七矶。陈周文育袭彭城,徐嗣徽引齐人渡江,据芜湖,列舰于青墩至碛矶,以断文育归路,即此。按:《陈史》作七矶,

---

① (民国)余谊密主修、鲍实总纂:《芜湖县志》,合肥:黄山书社2008年版,第8页。
② (民国)余谊密主修、鲍实总纂:《芜湖县志》,合肥:黄山书社2008年版,第9页。
③ (民国)余谊密主修、鲍实总纂:《芜湖县志》,合肥:黄山书社2008年版,第9页。
④ (民国)余谊密主修、鲍实总纂:《芜湖县志》,合肥:黄山书社2008年版,第9页。
⑤ (民国)余谊密主修、鲍实总纂:《芜湖县志》,合肥:黄山书社2008年版,第9页。
⑥ (民国)余谊密主修、鲍实总纂:《芜湖县志》,合肥:黄山书社2008年版,第9页。
⑦ (民国)余谊密主修、鲍实总纂:《芜湖县志》,合肥:黄山书社2008年版,第10页。
⑧ (民国)余谊密主修、鲍实总纂:《芜湖县志》,合肥:黄山书社2008年版,第10页。
⑨ (民国)余谊密主修、鲍实总纂:《芜湖县志》,合肥:黄山书社2008年版,第10页。

当从史。"①

黄山:"在县西北二十五里。"②

褐山:"在县西北二十五里,山属当涂南麓,在芜西临大江。《五代史》:杨行密攻赵锽,战于褐山,大败之。《九国志》:……宋绍兴二年,命沿江岸置烽火台于褐山,皆此也。"③

由此可见,脱甲山在赭山与褐山之间。具体而言,在驿矶山与碛矶山之间,驿矶山向西北三里,即为脱甲山。脱甲山再向西北五里就是碛矶山。而这两山都有历史遗址。

脱甲山系明朝末年福王被俘之地,福王被俘这一重大历史事件也即明清易代的分水岭。脱甲山取名于明末清初"芜湖之战",与明亡密切相关。明末抗清余流,成立江南小朝廷。"芜湖之战"涉及抗清名将史可法手下重要将领黄得功。黄得功系以镇压农民起义领袖张献忠的军队而知名。1642 年黄得功驻扎庐州(今合肥)。明末清初易代之际,清军在芜湖有追杀朱由崧(弘光皇帝)的兵事。朱由崧系崇祯皇帝从兄,即原福王。1644 年,福王在凤阳总督马士英的拥戴下在南京登基,年号弘光。《明史·黄得功传》述及芜湖之战:"福王潜入其营。……王曰:非卿无可仗者。得功泣曰:愿效死。……(黄得功)佩刀坐小舟,督麾下八总兵结束前迎敌。"《清史稿》载:庚戌,六月辛酉,"豫亲王多铎遣军追故明福王朱由崧于芜湖。明靖国公黄得功逆战,图赖大败之,得功中流矢死。总兵官田雄、马得功执福王及其妃来献,诸将皆降。"④ 黄得功因内讧、内奸出卖而被清兵毙命,而福王等亦由向清军投诚的田雄、马得功所捕获。至此,南明国运可谓与芜湖大江同流去。有关黄得功战死的情况,民国初年所修《芜湖县志》有另一版本,描绘芜湖之战的意义:"顺治二年(1645)五月,清兵渡江,金陵大震。福王夜半跨马出通济门,奔太平府,欲避

---

① (民国)余谊密主修、鲍实总纂:《芜湖县志》,合肥:黄山书社 2008 年版,第 11 页。
② (民国)余谊密主修、鲍实总纂:《芜湖县志》,合肥:黄山书社 2008 年版,第 10 页。
③ (民国)余谊密主修、鲍实总纂:《芜湖县志》,合肥:黄山书社 2008 年版,第 10 页。
④ (民国)赵尔巽等撰:《清史稿》卷四,北京:中华书局 1995 年版,第 64 页。

入城,百姓不纳,乃奔芜湖。芜湖水师总兵黄斌卿先遁去,因就黄得功营。得功惊泣。清兵追至,遣降将刘良佐袭太平。福王登舟,欲渡江,清兵据江口截其去路,护军统领都尔德率兵邀击之,都统阿哈尼堪、护军统领伊尔德顾、纳岱阿尔津佐领费扬、武参领纳都瑚等追击之,败黄得功军。得功为刘良佐伏弩中喉,死。挟福王以降清,兵执福王至南京,分徇郡县,江南悉定。"①即福王卫队看到大势已去,纷纷脱去铠甲,扮作百姓以逃命,后百姓在简述历史过程中将秃矶山易名脱甲山。此外,从不列颠图书馆所藏文献来看,脱甲山名早已有之。而在百姓传闻中,福王在芜湖脱甲山被俘及弘光小朝廷被剿灭,意味着清王朝掌控了江南。秃矶山易名脱甲山,后再名秃矶山,不仅是地理空间上重新命名及定义历史事件的性质,也是明清易代在地理空间上象征性符号的变化,意味着地方性及地方史探索另一套历史叙事。

二、地权交易及传统规训:芜湖开埠前脱甲山及其文契所涉及的"权力的文化网络"

芜湖具有"半城山半城水"的江南丘陵地貌。以水为参照系,脱甲山周边的情况如何呢?据《芜湖县志》:"大江:在县西五里……过长河,经驿矶,下趋褐山,出当涂县境。昔志以县河为《禹贡》中江,按班固《地理志》,以南江从吴县南,北江从毗陵北,中江从芜湖西,至阳羡入海。"②驿矶山向西北三里,即为脱甲山。在驿矶山后有后步港:"一名黄家夹港,在驿矶山后,通大江,水自神山下入江处名小港口。"③脱甲山所在博望乡,有年家渡④、陶家渡⑤。

脱甲山离朱家塘八里路。朱家塘:"在县西北二里,与西湖池毗连。光绪三十二年,由襄垣学校价买,原拟改建校舍,现收藕地租,充作学款。计前段

---

① (民国)余谊密主修、鲍实总纂:《芜湖县志》,合肥:黄山书社2008年版,第132页。
② (民国)余谊密主修、鲍实总纂:《芜湖县志》,合肥:黄山书社2008年版,第16页。
③ (民国)余谊密主修、鲍实总纂:《芜湖县志》,合肥:黄山书社2008年版,第19页。
④ (民国)余谊密主修、鲍实总纂:《芜湖县志》,合肥:黄山书社2008年版,第24页。
⑤ (民国)余谊密主修、鲍实总纂:《芜湖县志》,合肥:黄山书社2008年版,第24页。

大塘一口,西北角园地一块;中段东首小塘一口,西首基地直长十八丈,横阔三丈五尺;后段基地,南自小塘沿起计,直长二十五丈,横阔十丈五尺。内除西首中段,直长十丈,横阔四丈五尺,仍归朱姓作祠墓。西南首至大路,直长四丈,横阔六丈六尺。"①朱家塘毗连西湖池。西湖池:"在县西北,广二十亩。康熙志已载多淤塞,今湖水通花津桥入河。"②脱甲山至陶塘七里路,"陶塘,一名镜湖,在县西北三里,见《古迹志》"③。陶塘向西北行七里路到脱甲山。

脱甲山周边的山水环境也决定了其市场或战略的价值。芜湖发展有自己的主体性与历史惯性,也就是面临着中国农耕社会发展变化的自身主体性与西学东渐语境下外来的"异化"力量冲击,有一个复杂的历时性转化过程。这涉及历史图像复原或重建。而历史文献则是历史叙述的基石。不列颠图书馆藏有关脱甲山土地交易文契,涉及芜湖的行政管理。历史阐释涉及历史的解释框架及其关联的社会风俗变迁的"权力的文化网络"。在文献记载中脱甲山作为芜湖的山,是整个芜湖地方史特色的一部分。曾任芜湖道的袁昶称:"芜地即春秋吴国之鸠兹,又名祝兹,祝鸠一音之转。"他对自己从京城下调芜湖任官,态度是听其自然,"予视居官寺,与精蓝何异?暮鼓晨钟,搬柴运水,了却一日公家事,始可倒身甘寝,勿荒所业也。因自号曰住持,祝兹寺持五戒头陀。谚云:做一日和尚撞一日钟。六祖八个月腰石舂米,破柴踏碓,此便是尽其天职"④。

明清易代之际,芜湖为江南商贸重镇,也是军事要地所在。脱甲山原系明弘光朝廷最后的军事据点,可以说是明末清初时空意义上的分水岭。面对兵败如山倒,芜湖驻军将领或战死或投降,部分士兵丢盔弃甲,这一滨江石矶山由此得名"脱甲山",当地人习称"秃矶山""脱脚山",多系同音。正是这一历史背景造就"脱甲山"的取名,古人汤燕生有文名,他在《赭山怀古》中称:

---

① (民国)余谊密主修、鲍实总纂:《芜湖县志》,合肥:黄山书社2008年版,第20页。
② (民国)余谊密主修、鲍实总纂:《芜湖县志》,合肥:黄山书社2008年版,第20页。
③ (民国)余谊密主修、鲍实总纂:《芜湖县志》,合肥:黄山书社2008年版,第20页。
④ 《袁昶日记》,见《中国近现代稀见史料丛刊》(第五辑),孙之梅整理,南京:凤凰出版社2018年版,第1083页。

"赤铸山头乌不飞,上皇曾此易青衣。无多侍从争投甲,有限生灵但掩扉。"历史过往令人感叹:"五国城西边月苦,景阳楼下夜钟微。伤心莫唱《淋铃曲》,未得生从蜀道归。"钱澄之同名诗,云:"春游无伴独跻攀,北狩曾闻驻此山。燕颔血凝芳草碧(谓黄靖南,即黄得功,原作者注),龙髯泪滴野花斑。"但有不少人认为黄得功战死于板子矶,清古世余《板子矶怀古》云:"黄家战血楚江流,故垒萧萧烟水浮。北望孤忠空拒左,南驱遗恨失吞刘。鼓声夜壮北青峙,荻影风摇白马洲。一代将军无麦饭,丹崖片石已千秋。""黄家",即黄得功所率黄家军。《芜湖县志》载"总兵黄得功墓":"在赭山。得功,辽东人,原籍合肥,初封靖南伯,进侯加封靖国公,死荻港舟次,葬此新城。王司寇诗:'闻道鸠兹郭,犹存骠骑茔。'今土人罕识其处。按《明史》列传:得功驻师荻港,破左梦庚于铜陵,命移家镇太平,一意办贼,后坐小舟迎敌,飞矢中其喉偏左,得功知不可为,拔箭刺吭死。葬仪真方山母墓侧。是芜湖无靖南墓明矣。王诗本谓骠骑营,乃营垒之营,前志引作骠骑茔,故谓其墓在芜,误也。"①虽然源于历史记忆或当地多重传闻,时过境迁,诗人们对黄得功及其战死地点有多重阐发,而朱由崧(弘光皇帝)等兵败脱甲山并被俘,则无疑义。历史上脱甲山关联的王朝兴替,诗学审美意义上人文景观物是人非,由此可见。可以说,黄得功战死板子矶及朱由崧等兵败芜湖脱甲山,基本上意味着明朝的寿终正寝,后有鲁王、唐王等东南抗清,但大多是垂死挣扎,明亡的命运无可挽回。可见脱甲山之战大体上可谓明亡的历史终点或句号。

有清一代,芜湖县的行政管理一度系江南分巡安徽宁池太广道行署把控。有关江南分巡安徽宁池太广道设置等情,可见《皖政辑要》所载安徽巡抚冯煦"奏皖省道缺分别裁改折":"查皖(南)[省]原设二道:一安徽宁池太广道,驻芜湖……同治五年割皖南之安庆,皖北之庐、滁、和三府州,设安庐滁和道,均为巡道。论全皖地势,约分三路:南路界连浙江、江西诸省,山深菁密,土客杂居,又扼长江入皖要冲。所驻之芜湖,华洋互市,交涉事繁,实徽宁池

---

① (民国)余谊密主修、鲍实总纂:《芜湖县志》,合肥:黄山书社2008年版,第262~263页。

太广道主之。"①"奏皖省道缺分别裁改折"提及芜湖"华洋互市,交涉事繁"。相比之下,"皖南道,省宁太池广道改置,兼关务,加提法使衔,驻芜湖"②。关务主要是码头收税等,芜湖也是皖南道行政所在。

就自然而言,芜湖在地理面貌上有"半城山半城水"之谓,为典型的江南丘陵景观。清初就有芜湖是天下四小聚之一的说法,"天下有四聚,北则京师,南则佛山,东则苏州,西则汉口。然东海之滨,苏州而外,更有芜湖、扬州、江宁、杭州以分其势,西则惟汉口耳"。③"《通典》谓扬州之地,自永嘉而后,衣冠多所萃止,文艺儒术为盛,芜庶几焉?今按:芜为水陆通衢,自昔俗尚贸迁。同、光以来,商场尤辟,士大夫家居,恒以农商业自娱而不遑学问,坐是数十年来积学之儒不少概见。自科举停后开通较早,学校之兴出他县右,近更推及四乡,渐臻普及,惟大学成材之士尚属寥寥,刻地方官绅正谋补救之方云。"④就中西交涉而言,开商埠之后的芜湖有"皖之中坚,长江商埠"之称。

芜湖包括土地在内的市场交易有历史传统与礼俗,"市人为隐语,万谓之方,千谓之撇。此语自宋已有之。刘贡父诗话云:今言万为方,千为撇,非讹也,若隐语尔。今市侩隐语通用于粮食牙行者,一由二申,又名中三、人四、工五、大六王,又名陵七主,又名柴八井,又名拐九羊,十仍为由。通用于小本贸易者,一尖、二欠、三代、四长、五神、六牢、七草、八刀、九王、十由"⑤。这些商业行话多流行于小米行以及小本买卖。

芜湖半城山半城水的特色对交通商贸有影响,"黄礼云:芜湖附河距麓,舟车之多,货殖之富,殆与州郡埒。今城中外,市廛鳞次,百物翔集,文彩布帛,鱼盐裸至而辐凑,市声若潮,至夕不得休。其居厚实,操缓急以权利成富者多旁郡县人,土著者仅小小兴贩,无西贾秦翟、北贾燕代之俗。居人入市左

---

① (清)冯煦主修、陈师礼总纂:《皖政辑要》,合肥:黄山书社2005年版,第66页。
② (民国)赵尔巽等撰:《清史稿》卷一百十六,北京:中华书局1977年版,第3353页。
③ (清)刘献廷:《广阳杂记》,见《芜湖通史(古近代部分)》,合肥:黄山书社2011年版,第170页。
④ (民国)余谊密主修、鲍实总纂:《芜湖县志》,合肥:黄山书社2008年版,第37页。
⑤ (民国)余谊密主修、鲍实总纂:《芜湖县志》,合肥:黄山书社2008年版,第48页。

右望皆家人,需莫不以为便,然甘食美服,日耗金钱,居人亦坐是敝,不可深长思欤。今按:同、光以来,邑人以商业致富者颇不乏人,较之旧俗,大有进步,然城镇乡各处,大率业耷坊者居多,此外各业仍不若客籍之占优胜,要不外团体不坚,不相维持,以致堕落,无可讳也。"①实际上,徽商等汇聚的根据地芜湖虽商业繁荣但受太平军战事重创。缘于战乱,芜湖土地多荒芜。战后,芜湖一些地方出现永佃制,即地主押田底权,而佃农押有田面权。土地周转中所有权与使用权分离,此为土地交易中"白契"盛行奠定基础。地契乃至地权在中国农耕社会中运行已久,关系到产权等,涉及以自然经济为主体的封建社会及其运转,当然关联宗法礼俗在内的家族分产等"权力的文化网络"及其在地化运转。

(一)清代早期脱甲山地契交易:赋税及其关联的礼俗

脱甲山周边的市镇环境往往决定了其市场价值及地权交易的必然性。首先是脱甲山部分地权关联的地界涉及陶家沟。而县衙门西门外商埠涉及陶家沟。据《芜湖县志》云:"在县治前,由新市街出弼赋门,西抵江口,名十里长街,阛阓之盛,甲于江左。今按:咸丰兵燹,肆廛为墟,通商以后繁盛,视昔有加。江口一带米、木商及行栈居多,长街百货咸集,殷实商铺亦萃于此。东南北三门,商务较逊,二街马路则茶楼、酒肆、梨园、歌馆环绕镜湖堤边,类皆光绪季年所新辟也。宣统二年,安徽巡抚朱派委会同关道赵丈量西门外商埠,东至县城,西至江沿,南至大河,北至蒲草塘电灯公司、陶家沟,计东西六百十五丈九尺,南北平均三百四十九丈七尺,共计面积二十一万五千三百八十方二尺三寸,合六方里零二万九百八十方二尺三寸。"②其次,脱甲山居芜湖租界北部,离租界较近,地理范畴上涉及陶家沟。后文将有所论述,此处略。

脱甲山也关联"乡铺",《芜湖县志》云:"昔以都图等名目区别县境,今则

---

① (民国)余谊密主修、鲍实总纂:《芜湖县志》,合肥:黄山书社2008年版,第38页。
② (民国)余谊密主修、鲍实总纂:《芜湖县志》,合肥:黄山书社2008年版,第27页。

改称为铺,间有旧名可称述者,为注于乡下,不复能考其全矣。城内旧俗以共一土地祠为一社,然皆无社名,今可数者北廓铺、旧文昌宫西首有彭义社,此外麻浦铺有新定社、山黄社,咸辛铺有结东社,白沙圩有白沙社,移风铺有鉴里社、故宅社、芦溪社,余皆不可考。"①脱甲山所涉及为博望乡,"在今北乡。旧有一五都,即今上下一五铺,二都在今陶阳铺,三都在今玩鞭铺,四都在今官徒铺,六都在今十里铺"。②脱甲山地权买卖及其纠葛主要涉及"旧有一五都,即今上下一五铺",上一五铺:"在赭山东保兴埠及陶塘马路一带。赋田七千亩零一分九厘九毫。"下一五铺:"在保兴埠及赭山、弋矶山、鸡窝街、租界一带。赋田四千四百九十九亩七厘二毫。按:下一五铺地方与商埠租界毗连,地纠葛之案层见迭出。"③

一方水土养一方人,脱甲山所涉及的风俗属于芜湖整体风俗一部分,"昔志称士质而静,又云士习诗书,故往来衢巷必綦步正襟,遇长者谦肃不敢先。平居以廉耻相厉,或言动诡异则群姗笑之。为仕宦率勉为清素,归里则杜门养高,不轻至公庭,为乡邑望"④。芜湖大致为"七分水田,三分山地",据"《方舆汇编》云:芜鲜山乡,率山农三,而泽农七,水旱迭为,苦乐而有获,必倍于他邑则用力之綦勤也"⑤。"《太平图经》云:当涂重农,民而农者十之八,芜、繁半之,其农无一亩三圳。原田易治之塍,菖蒲有花,即簸选种粒,渍水七昼夜卯萌乃析,又三日而附土,十五日而亩青矣。由是菔芰粮莠,疏其郁滞,凡三致力,而秋乃成。居城食田之家,召农耕佃之,计亩定为额,视岁之丰歉而增减其数。率主人三之,佃作五之,出纳之际盖亦断断矣。田功既毕,乡人皆醵金赛神,丛祠社鼓,村落阗然,既事饮福,醉饱狼藉,虽曰田农拙业殆,亦自有其乐乎!""今按:西北乡妇子向不缠足,其力作与男子无异,春夏之交栽插秧苗,田中尽为妇子,秋冬则以稻草编成鞋荐等件,入市售卖,似此男女并作,宜

---

① (民国)余谊密主修、鲍实总纂:《芜湖县志》,合肥:黄山书社 2008 年版,第 33 页。
② (民国)余谊密主修、鲍实总纂:《芜湖县志》,合肥:黄山书社 2008 年版,第 33 页。
③ (民国)余谊密主修、鲍实总纂:《芜湖县志》,合肥:黄山书社 2008 年版,第 34~35 页。
④ (民国)余谊密主修、鲍实总纂:《芜湖县志》,合肥:黄山书社 2008 年版,第 37 页。
⑤ (民国)余谊密主修、鲍实总纂:《芜湖县志》,合肥:黄山书社 2008 年版,第 37 页。

乎收入之丰。然西北乡贫瘠特甚,反不若东南乡之富饶,盖以女子勤而男子遂惰,且地近城市,消耗其多,不可不知其原而亟起矫正。"①"贫瘠特甚"的西北乡,主要是指代芜湖县治西北诸乡,农耕上山地多,水田少。包括脱甲山在内的家庭妇女多从事手工业以补贴家用。

比照芜湖手工业生产,"芜工人素朴拙无他技巧,而攻木、攻革、刮摩、搏植之工皆备,然不能为良。惟铁工为异于他县,居市廛治钢业者数十家……工以此食于主人,倍其曹而恒称其术。今按:通商以后,洋商以机炉炼出之钢输入,此业遂辍。又有锤铁为画者治之使薄且缕析之,以意屈伸,为山水,为竹石,为败荷,为衰柳,为蝴蟒郭索,点缀位置……今按:通商以来,各种工业进步甚速,迩来织布机坊多至七百余家,各种土布,花样翻新,邻近市镇多购用之。此外,如藤木各器以及毛巾机鞋等,尤为本埠工业出产大宗,他县均不能及也"②。

方言往往反映地理风貌及其人文,"县境西北有地,土人谓之姚家䝉,音近绷,去声。按此字音义无考,《史记·天官书》唐张守节正义云:辰星,一名细极,一名钩星,一名䝉星。亦不载音义,不知此地何以名此,疑误也。旧闻老人云原作浜,布耕切,音崩。考《集韵》:浜,安船沟也。此地前后多沟池,或初时通大水,可以纳舟欤。今邑东南乡有荆招港、李招埠二地名,招俗读召,又读若照,然字书查无此字,疑即沼字之讹,以皆因水得名也"③。而脱甲山在芜湖西北地,从特殊的地名字义也可见其水沟可通船只等。

就脱甲山地权交易本身而言,地租及其影响非常关键。亚当·斯密花了很大精力与篇幅论述了地租及其影响。他认为:"作为使用土地的代价的地租,当然是一种垄断价格。它完全不和地主改良土地所支出的费用或地主所

---

① (民国)余谊密主修、鲍实总纂:《芜湖县志》,合肥:黄山书社2008年版,第37页。
② (民国)余谊密主修、鲍实总纂:《芜湖县志》,合肥:黄山书社2008年版,第37~38页。
③ (民国)余谊密主修、鲍实总纂:《芜湖县志》,合肥:黄山书社2008年版,第46页。

能收取的数额成比例,而和租地人所能缴纳的数额成比例。"①地主对待地租当然设想的是利益最大化原则。亚当·斯密认为:"挪威及苏格兰的荒凉旷野,产有一种牧草。以这种牧草饲养牲畜,所得的乳汁与繁殖出来的牲畜,除了足够维持畜牲所需要的一切劳动,并支给畜牲者或畜群者所有人的普通利润外,还有小额剩余,作为地主的地租。"②新发现的脱甲山文献亦涉及征收赋税。此亦涉及国库的收入及百姓的土地经营自由度的问题。③ 中国历史专制意义上王朝盛衰周期律往往与农民起义及新陈代谢中新王朝的轻徭薄赋政策相联系。清帝国赋税中重要的一部分就是土地及房产交易契税,涉及赤契和白契,关联官方认可或民间私自交易。而面对内忧外患,需要大量财政投入,清政府试图保证税赋收入快速增长,苛捐杂税遂成常规,脱甲山相关交易涉及多数百姓以签订白契方式"捐给"教会。交易尽量避免签订赤契,避税是重要意图。以上是从学理上的探讨,下文从史料层面勾勒具体案例及其历史场景。

在脱甲山地权交易过程中白契或赤契的运作,系在安徽规定的行政系统范围内。比照《皖政辑要》相关辑录:安徽将田房契税归入度支科杂税,"顺治四年(1647)定例,凡买卖田地、房屋,必用契尾,每两输银三分有奇。(契价银一两,完税正银三分,耗银三厘。)"安徽的田房交易及契税征收从侧面呈现出中央与地方的经济关系。作为中央的清王朝,其经济规则及其建立有个历史过程。就历史变迁而言,顺治属清王朝"打天下"的建制时期。顺治十八年(1661),作为中央的清廷公布全国丁银数,"直省徭里银 3008900 两 9 钱,米 12570 石 1 斗",大体上以丁口征税。但中央决策落实到地方,其弊端明显,

---

① [英]亚当·斯密著:《国民财富的性质和原因的研究》(上卷),郭大力、王亚南译,北京:商务印书馆1972年版,第138页。

② [英]亚当·斯密著:《国民财富的性质和原因的研究》(上卷),郭大力、王亚南译,北京:商务印书馆1972年版,第139页。

③ 赋税的收入涉及国家、国民富裕的问题。孟德斯鸠对此有深刻的阐释:"如果国家把自己的财富和个人的财富的关系调剂得相称适宜的话,则个人的富裕将很快增加国家的富裕。" [法]孟德斯鸠著:《论法的精神》(上册),张雁深译,北京:商务印书馆1961年版,第216页。

山西布政使高成龄有奏折称:"富者田连阡陌,竟少丁差,贫民地无立锥,反多徭役。"而更小的"地方",问题愈加具体。康熙初年,灵寿县知县陆陇其称:"查旧例,人丁五年一审,分为九则,上上则征银九钱,递减至下下则征银一钱,以家之贫富为丁银之多寡,新生者添入,死亡者开除,此成法也。无如有司未必能留心稽查……且又相沿旧习,每遇编审,有司务博户口加增之名,不顾民之疾痛,必求溢于前额,故应删者不删,不应增者而增,甚则人已亡而不肯开除,子初生而责其登籍,沟中之瘠犹是册上之丁,黄口之儿已是追呼之檄,始而包赔,既而逃亡,势所必然。"地方的问题汇聚到中央,决策者有更多分析及决策,涉及顶层设计。康熙四十二年(1703),康熙帝称:"朕四次经历山东,于民间生计无不深知。东省与他省不同,田野小民俱系与有身家之人耕种。丰年则有身家之人所得者多,而穷民所得之分甚少;一遇凶年,自身并无田地产业,强壮者流离四方,老弱者即死于沟壑。"四十三年(1704),康熙帝又称:"为民牧者若能爱善而少取之,则民亦渐臻丰裕。今乃苛索无艺,将终年之力作而竭取之,彼小民何以为生?"康熙五十一年(1712),康熙帝下旨以康熙五十年(1711)的人丁数作为征收丁税的固定数,以后"滋生人丁,永不加赋",废除新生人口的人头税。康熙摊丁入亩政策对封建经济繁荣起了重要作用,此也暗合马尔萨斯的人口经济学传入中国所阐发的价值取向。

地产与人口的关系,涉及人口经济学,更涉及中央政策落实到地方的"在地化"过程。清顺治十四年(1657),芜湖有9273户,人口16022人。芜湖行政负责人为知县,"职正七品,授阶文林郎,岁俸四十五两,本邑养廉八百两,列入冲繁,疲难中缺"①。作为地理要冲、行政事务繁杂的行政区域,芜湖的契税征收有定额,但作为整体性的安徽税收调控也有另外情况,"康熙十六年,题准增各省契税。皖省州县,自五百两至百两不等,惟霍山、临淮、五河、怀远、定远、灵璧、虹县等处无定额。四十三年,复准田房税契用司颁契尾。立簿颁发州县,令填征收实数,按季造册,呈司报部查核"②。从康熙到雍正,

---

① (民国)余谊密主修、鲍实总纂:《芜湖县志》,合肥:黄山书社2008年版,第312页。
② (清)冯煦主修、陈师礼总纂:《皖政辑要》,合肥:黄山书社2005年版,第354页。

封建经济中兴,但经济政策施行颇有沿革。雍正元年(1723)"摊丁入亩"广为执行。康熙实行摊丁入亩,同时也加强对契税的管控。皖地税赋后来又有变化,当然这一变化亦是全国性的,当然中原与江浙乃至鲁东等亦有不同,"雍正六年,河南总督田文镜请饬各省布政司印发契纸、契根给各州县。存契根于官,以契纸发各纸铺,听民购用立契,俟过户纳税之时,令买主照契填入契根,各用州县之印,将契纸仍发纳户收执,契根于解税时解司核对。典业亦如卖契例,地方官能报出税银至千两以上者,交部分别议叙,得旨准行。十三年十二月初六日,奉上谕停止。自是,契纸、契根之法不行,典业不复投税,地方官收税多者亦停其议叙"①。而《嘉兴府志》称:"田亩起丁,田多则丁多,田少则丁少,计亩科算,无从欺隐,其利一;民间无包赔之苦,其利二;编审之年,照例造册,无须再加稽核,其利三;各完各田之丁……不能上下其手,其利四。"再有乾隆《济宁州志》称:"济之改九则(即三等九则制)行条鞭已百年矣……然时役在赋中,时或役在赋外。《会典》云:直省丁徭有分三等九则者,有一条鞭者,有丁随甲派者,有丁从丁派者,一省之内,则例各殊……至此始归划一,从古未有之善政也。"可见康熙年间施行的摊丁入亩政策有力地刺激了地方经济发展,释放了人口经济的红利。

  清代人口经济发展离不开"权力的文化网络"运转,关联地权交易及其社会礼俗。芜湖有传统的六项税则:"一曰青峰场租,系草山坪原地租之类。二曰黄马场租,系前清军营养马地租。三曰牧马场租,系前清县署、驿站养马地租。四曰麻翎,系白麻翎毛,向纳课租之类。五曰胶勘胶,系前清应贡之鱼线胶,摊入杂项钱粮,勘系前清虞衡司衙门所纳打猎经费,后亦摊入钱粮。六曰鱼课。完纳时,分上、中、下三则,四乡各异。上则每亩完银九分,中则每亩完银七分,下则每亩完银六分。以上六项税则,通行于芜湖、南陵等县,完纳时,亦由征收机关发给串票。"而太平天国战火导致芜湖很多地权方面的文契丢失,"自前清洪、杨乱后,人民契据多半遗失,诉讼当事人除执有老契、补契或

---

① (清)冯煦主修、陈师礼总纂:《皖政辑要》,合肥:黄山书社2005年版,第355页。

粮串可以证明权利外,而完纳六项税课之申票亦可采为案证。"①

新发现的脱甲山文献涉及赤契、白契及其税收,有其历史背景。乾隆年间的法规提及:"乾隆元年,定民间置产投税仍照旧例行使,契尾由布政司给属,粘连民契之后,钤印给执。十三年奏准令布政司多颁契尾,编列字号于骑缝处,盖印发各州县,俟民间投税之时填注业户姓名、契价、税银各数,一存州县备案,一随季册送司查核。如有不请粘契尾者,经人首报,即照漏税例办理。"乾隆元年即1736年,十三年即1748年。② 脱甲山珍稀档案中的首笔交易发生在乾隆年间,摊丁入亩已经得到较为彻底的执行,即原来主要赋税按照人口征收,即按丁征收,改为总人口按照康熙五十年(1711)人口数固定下来,分摊田亩中征收,且标榜永不加赋,实行两千余年的丁税(人头税)废除。但上有政策,下有对策。占地连顷的大户家族,则往往采取虚拟过户的方法,将长杂草山地或坟地卖给无地者或少地者,从而在摊丁入亩上合理避税或逃避服兵役、劳役等。

从中国社会关系关联的礼俗在区域历史及地理空间上的呈现与展示来看,芜湖当是江南社会重要案例。为明了芜湖脱甲山地权所涉西方人传教及兼并山地等事件概要,先看不列颠图书馆藏芜湖脱甲山土地买卖契约之契尾字号:

> 江南安徽等处承宣布政使司为遵旨议奏事,奉督抚部院牌,准户部咨开,嗣后布政司颁发给民契尾格式,编列号数,前半幅照常细书业户等姓名,买卖田房数目,价银、税银若干;后半幅于空白处预钤司印,以备(按:此与道光年间不同)投税时将契价税银数目大字填写钤印之处,令业户看明,当面骑字截开,前幅给业户收执(按:此与道光年间不同),后幅同季册汇送布政司查核等因,奉旨依议,钦此钦遵,咨院行司,奉此合印契尾颁发。凡有业户呈契投税,务遵定

---

① (民国)余谊密主修、鲍实总纂:《芜湖县志》,合肥:黄山书社2008年版,第43~44页。
② (清)冯煦主修、陈师礼总纂:《皖政辑要》,合肥:黄山书社2005年版,第354~355页。

例,照格登填,仍全(按:错字,应为"令")业户看明,当面骑字截开,前幅粘给业户收执,后幅汇同季册送司查核,转报部院(按:道光年间为院部)毋违,须至契尾者。

　　计开:业户(印刷体)黄(毛笔字)买杭幼蕃田亩、房间,用价银陆(毛笔字)两,纳税壹钱捌分。

　　布字贰千七百叁拾号。右给业户。

　　准此

　　乾隆　年　月　　日

　　所谓"江南安徽等处"涉及清初时事。为了荡平明末南京作为朱明王朝的陪都的历史余绪,顺治二年(1645)六月改南京为江南省的江宁府。康熙年间开始酝酿筹建安徽行省,康熙六年(1667)明确江南左承宣布政使为"安、徽、宁、池、太、庐、凤、滁、和、广等处承宣布政使司",大体以"安""徽"简称。当时地权转让文书的统一格式呈现出国家话语之下地方经济合同的规范性。从官府颁发的尾契来看,"业户黄买杭幼蕃",涉及拥有权,用价银陆两,纳税壹钱捌分。至于乾隆多少年,并没有交代。但下文文契是乾隆二十一年(1756)的部分交易,而1761年7月23日另有交易。比照乾隆二十二年(1757)休宁县汪阿郑卖地契相关格式①,再比照同一时期休宁大批量的卖地交易文契格式,可见皖南休宁县相关土地交易契约与同一时期芜湖契约格式一致。另一芜湖县卖地文契,长宽各约两尺,两块红印章,白纸墨迹,印刷体并有毛笔字迹,有英语书写:Old deed is purchased from Hwang by Mr Alexandes Duffy(即屠善宰),Hoh-Riah-Shan(脱甲山),黄 WuHu, An(Anhui province),即黄(黄姓或作王姓,上古王、黄同音。后王改成黄。一种说法,黄得功的贵州后人认为黄得功原为王得功。待考)②,当指从芜湖大姓家

―――――――――

　　① 原契录自北京大学图书馆藏休宁县吴氏清抄本《契底簿》,参见张传玺主编:《中国历代契约会编考释》(下册),北京:北京大学出版社1995年版,第1258~1259页。

　　② 周光智:《高原上的明末遗事》,载《贵阳文史》2017年第2期。

族杭幼蕃等手中购买脱甲山的事宜。大体可见,英国内地会在华传教士屠善宰通过购买的方式兼并脱甲山,相关地权买卖纠葛卷宗可追溯到乾隆年间"祖遗受分"最初的相关文契。

立绝卖文契(印刷体)人杭幼蕃、杭万兴、杭青华,为因正用,愿将自己后开将祖遗受分内坐落脱甲山民田,受水取泥沙沟一段,又公分稻场一面,内有杭德和一半于乾隆二十一年卖于黄姓执业,今身稻场一半,计场地五分,执实纳赋贰分五厘。又有脱甲山一座,四至均以界碑为界。

凭中邹明远、袁良义、杭德和等绝卖黄名下为业,当日得受价银陆两(墨迹),一并收足。自卖之后,听从执业完编,并无亲房及上首再言加赎枝节。此系两厢情愿,各无反悔。恐后无凭,立此绝卖文契为据。

计开四至:

沙沟一段:东至郑田埂,南至买主与郑田埂。北至张田埂。

稻场一面:东至叶田,西至杭山脚,南至杭山地脚,北至叶浮沟。

杭万兴(画押)

乾隆二十七年六月初三日。立绝卖文契人:杭幼蕃(画押)

杭青华(画押)

保正

凭中:袁良义(画押)

  邹明远(画押)

  王宗道(画押)

  袁克绥(画押)

  查廷一

  杭德和(画押)

  王韶宗

"立绝卖文契"中"绝卖",指一旦交付便无法取消的、永远成立的"绝"(断绝与自己的关系)①。画押当为会写字的人,而不会写字的则代之以画"十"字,当作自己的签名②。可见参与地权交易的多为识字读书人,往往为大姓家族。由此也可见围绕脱甲山地权交易的多为读书人家。执业完编,"执业"指从事管业,"完编"指代完成土地入籍系统。文契中买主"黄姓"(此为"有姓无名")并未画押。卖主杭万兴、杭幼蕃、杭青华当为一个家族,且"杭德和"作保,也大体上可以说是属于杭姓家族。杭姓家族在芜湖当属大姓,杭家富有,从诸多文契中提及"杭家花园""芜湖县城外下一五铺,杭家山"③等字眼大体可见。此为祖宗传下来的山地,同时涉及"受水取泥沙沟"以及"公分稻场"等,反映江南丘陵兼有山地与水田,具体而言,脱甲山一部分被开辟为公用稻场。稻场与山地之间有泄水等水沟。此件送官府备案,即尾契属红契。但"黄姓"可谓有姓无名,或为瞒骗官府从而逃避摊丁入亩,随便拟一黄姓,或黄姓为无足轻重的"下人",无须署名。该文契明确须交纳文契中载明的全额的土地税。另一种研判:黄姓或有可能系明末黄得功宗亲,所购山地,紧临滨江炮台。

黄得功后驻扎芜湖,并在芜湖建"炮台"于临江山上:"县西滨江。明总兵黄得功建。其下滩地为徽临两郡商堆贩水植之所。"此地当为脱甲山山脚。山顶架炮台,可遏长江,可控县衙门,当都在射程范围内。故文契交易所以称黄姓,可能来自芜湖黄氏家族。大姓财力雄厚,往往建有祠堂。查《芜湖县志》,芜湖黄氏宗祠有三处,一在永城圩西南埂外;一在县西鲁港镇奢坊场;一在官陡铺刘村,光绪二十九年(1903)重建。从离脱甲山的地理位置远近判断,此处黄姓极有可能为"县西鲁港镇奢坊场"。芜湖黄姓有影响人物为黄钺(1750—1841),字左田,当涂人。"先世七代家于芜湖。乾隆庚戌进士,授主

---

① [日]寺田浩明著:《清代传统法秩序》,王亚新监译,桂林:广西师范大学出版社2023年版,第77页。
② [日]寺田浩明著:《清代传统法秩序》,王亚新监译,桂林:广西师范大学出版社2023年版,第72页。
③ (民国)余谊密主修、鲍实总纂:《芜湖县志》,合肥:黄山书社2008年版,第81页。

事,签分户部。时和珅管部务,钺告归。嘉庆四年,仁宗睿皇帝亲政,以安徽巡抚朱珪荐,召见养心殿,谕曰:'朕在藩邸,即知汝,汝因何告假?'钺据实陈奏。相传钺成进士未殿试,和珅即使人招之,钺以鼎甲,笑不答。珅恨甚,遂失馆选,其试卷实前十本也,有句云:'驰驱九陌逐下风,不肯轻投一人刺。'奉命懋勤殿行走,由主事改擢赞善,直南书房,未补缺,特旨与考试差,嗣是典湖北、山东、顺天乡试,任山西、山东学政。密折奏事,由赞善洊擢至礼部尚书,赐紫禁城骑马,肩舆入直。二十五年,充会试正考官,榜首陈继昌以三元及第,时称盛事。……宣宗命加太子少保衔,在军机大臣上行走,调户部尚书。钺敬共所事,实力匡襄,京察议叙。道光三年,赐宴玉澜堂。绘像,钺为十五老臣之一。御制诗褒之云:'岂独文章禁省冠,一德密勿惟几康。'四年,仁宗睿皇帝圣德神功碑恭代书成,拜蟒服大缎之赐。五年,乞休,温旨慰留。六年,屡申前请,情词肫切,予告回芜湖。在家支食半俸。濒行暨十八年两次恩赏葆枝,谕曰:'知卿不假葆苓之力,聊申眷念,卿其善自静摄。'二十一年卒于芜湖,年九十二。初,钺幼丧父母,鞠于外家。乾隆中以禀贡挑誊录,议叙吏目,两次召试二等。年四十一始为部员,数月即归,掌教皖南北书院者十载。其后不次超擢,屡司文枋。仁宗谕云:'汝本寒士,因石君荐拔,遂至于此,能法石君先生人品学业,必能永沐朕恩。'钺感激图报,矢勤矢慎,内廷宣力二十有七年,克尽厥职,故能渥荷两朝恩眷。嘉庆、道光年间,两次赐第内城,三次太医视疾。妻丧,朱谕赐慰:'切勿过有哀伤。'七十、八十、九十生日,叠蒙御书福寿扁联、寿佛如意、朝珠、珍玩、文绮,用迓福祉。又蒙恩谕伊子礼部小京官黄富民,加恩作为该部主事,俾闻之益增庆慰。皆异数也。遗疏奏闻,宣宗成皇帝悼惜有'学问优长,持躬端谨,密勿宣勤'之谕,晋赠太子太保衔,入祀贤良祠,照尚书例赐恤,原任内一切处分悉加开复。予谥勤敏。史馆立传,谕赐祭葬碑文,葬当涂南褐山下。先是道光辛卯,安徽滨临江淮州县水灾,钺首捐千金助赈。癸巳,复水损百金助赈。乙未,芜湖洊饥,倡建丰备仓,储谷千石,仓旁造乡塾课生童,乡人德之。及是请入祀当涂、芜湖两县乡贤祠,奉旨允准。生平工书善画,所进画幅,久邀睿赏,与富阳相国,称董、黄二家。内府名迹均经其鉴定,晚岁名益重,赝作杂出,有购者转求其自定真伪。年九十余目失明,自号盲左,尤能作书。著有《壹斋集》四十卷、《画品》一卷。"①

芜湖另一黄姓名人即黄得功。黄得功在江边一山地即脱甲山脚下缘于抗清建炮台,此处山地在明末清初混乱之际,当归黄家军。但清亡,黄家一支迁向大西南云贵高原的贵州,据贵州黄氏后人口述,黄得功作为始祖改名为"黄德盛",此当在1776年前。乾隆四十一年(1776),乾隆下旨表彰明末殉节诸臣,称"各为其主、义烈可嘉",目的是"褒阐忠良、风示未来"。同时刊行《钦定圣朝殉节诸臣录》,谥号旌奖33人,统一谥号1395人,无谥号但祀于忠义祠者2294人。黄得功享专谥且在表彰前列,被评曰:"材昭武劲,性戆朴忠,卫主殒身,克明大义,今谥忠桓。"从此,黄得功作为抗清志士名满天下,没有必要易名。脱甲山卖主杭万兴、杭幼蕃、杭青华若卖给黄姓,时间为乾隆二十七年(1762)六月初三,四年后黄得功抗清事迹得到表彰。而脱甲山山脚下炮台这一部分下滩"遗址于光绪间,地方士绅奉令就地筹款办学,禀官变价充作经费"②。乾隆三十年(1765),李世杰任芜湖道,筹办中江书院于河南蔡庙巷。附近即有育婴堂。1793年宋镕任芜湖道,"多惠政"。若黄姓是黄得功后人,当属"回购"。有关"黄姓"购买芜湖脱甲山山地,待进一步史料考释。

涉及地权交易的文化网络在以芜湖为核心的皖江地带有着礼俗社会的情景。英国基督教传教士吉伯特·威尔士于19世纪末来华传教并在华生活了38年,他撰写的《中国的礼俗》第16部分题为"如何买地、租房、建教堂",第17部分题为"通过抵押转让土地财产","契约送往衙门备案后,就在它上面再粘贴一张有官印的纸,叫做'契尾',载有买主和卖主的姓名、土地所在的位置、这块土地的官方登记号、转让的总价款以及每年应缴纳的土地税额。在两页纸粘在一块儿的地方盖上另一个印,在契约中载明价款金额的地方盖

---

① (民国)余谊密主修、鲍实总纂:《芜湖县志》,合肥:黄山书社2008年版,第593~595页。
② (民国)余谊密主修、鲍实总纂:《芜湖县志》,合肥:黄山书社2008年版,第257页。

上第三个印"①。当然这些历史叙述有着"陌生化的社会写真",而这有助于本土史学工作者对"熟人社会"进行另类分析。他称:"契约应由卖主提供,由他和中间人签署,中间人至少为两位,其中一人代表买方;中文中'找个中间人'的意思有时会指找来8到10个中间人。买主并不签署契约,所有的安排都由中间人与买卖各方单独磋商而达成。"②该文契有保中、凭中,"在中国几乎干所有的事都要请中间人,在土地转让中他们通常是利益相关方的朋友或邻居,有些情况下他们被召来并不是因为他们能够提供任何帮助,而是为了防止他们反对这桩买卖。他们不仅作为订立契约的中间人和代理人,也作为这买卖的证人。有时也需要请来当地的'地保'在契约上盖上他的印章,才能送往衙门备案,为此他可获得一小笔赏钱"③。当然,这些作保的中间人往往可以获得佣金。"所有的这些佣金都应由购买者支付"。④ 这些他者的历史描述以及外来的传教士身份之考察,为下文分析脱甲山地权买卖方面的契约文书提供了历史语境。

芜湖西滨之山地买卖文契,关联地权之文化网络,涉及文化网络运作背后历史情景追溯。脱甲山地权买卖方面契约文书的来龙去脉涉及历史追溯,见下列嘉庆二十四年(1819)文书:

芜字第二千四百八十七号

绝卖文契存照

祖遗坟山壹块,坐落方家巷西南,山名脱脚山。日字号稨银伍

---

① [英]吉伯特·威尔士著:《中国的礼俗》,刘一君译,见《龙旗下的臣民:近代中国社会与礼俗》(该书包括两本书,其中一本为《中国的礼俗》),北京:光明日报出版社2000年版,第100页。

② [英]吉伯特·威尔士等著:《中国的礼俗》,刘一君等译,见《龙旗下的臣民:近代中国社会与礼俗》,北京:光明日报出版社2000年版,第98页。

③ [英]吉伯特·威尔士等著:《中国的礼俗》,刘一君等译,见《龙旗下的臣民:近代中国社会与礼俗》,北京:光明日报出版社2000年版,第100页。

④ [英]吉伯特·威尔士等著:《中国的礼俗》,刘一君等译,见《龙旗下的臣民:近代中国社会与礼俗》,北京:光明日报出版社2000年版,第100～101页。

分,卖主比收粞银壹两生息,每年代办,日后脱漏不干买主之事。凭中(韦万成、陈浚川)等绝卖于(缺损)王宗泰、王善能、王可印名下为业,当日得受价□(银?)曹平拾两整,一并收足。自卖之后,买主执业,择穴山,日后[听]从迁葬,培补峰水无阻,并无亲房及上首再言加赎枝节,此系两厢情愿,各无反悔,恐后无凭,立此一并绝卖文契存照。

计开:

东至袁姓坟地,西至耿姓坟地,南至杭姓田山,北至卖主坟。弓丈:上横量贰文丈,中横量贰丈贰尺,下横量贰丈。左墅长陆丈五尺,右墅长陆丈五尺,中墅长柒丈。四至埋石为界,并无包占他人寸土在内,今恐后无凭,立此绝卖文契,永远发福存照。

该系年 字号 户名□□□□□

芜湖县官契纸正堂张霭□芜字第七拾五号(红印章内容)

嘉庆二十四年 月 日　　立绝卖文契人徐荣贵＋

系正立自杜卖山契存照。凭中:韦万成

　　　　　　　　陈浚川(画押)

　　　　　　　　常盛禄(画押)

　　　　　　　　韦金玉(画押)

　　　　　　　　李定富(画押)

　　　　　　绝卖文契存照
　　　　　　□□□□□

"粞"本义为烧稻取米,在芜湖地区,"粞"为糯米,从文契中可见要交税。当时,芜湖县正堂为"张霭□",见文契可知。查《芜湖县志》有关芜湖职官志中知县这部分内容:张秉机,嘉定人,举人,嘉庆十四年(1809)任。刘鸿翥,潍县(山东)人,进士,嘉庆二十五年(1820)任,有传。① 可见,此经过官府,赤契经手人为张秉机,张霭□即张秉机。从"芜字第二千四百八十七号"的绝卖文契到"芜字第七拾五号"官契纸,显示此类交易及其经过地方政府的案例数。此从侧面反映地权转移所关联的社会经济活跃程度。芜湖系长江中游重要的滨江县城所在,徽商活跃,但地权买卖屈指可数。此亦可见传统农耕经济的约束。

综合不列颠图书馆藏的芜湖脱甲山卷宗可见,脱甲山因土地分成诸多小块,分属不同姓氏,故产权兼并也有个过程。该文契提及脱甲山"袁姓坟地,西至耿姓坟地,南至杭姓田山",大体上可以判断袁姓、耿姓、杭姓可能为周边家族或大姓,后面的文契提及这一点。所卖之地界线"南至杭姓田山,北至卖主坟",可见杭兴隆等杭姓的田地与徐荣贵家坟地是临近的关系。徐荣贵"自卖之后,买主执业,择穴山,日后[听]从迁葬,培补峰水无阻",买主王宗泰、王善能、王可印属芜湖大姓家族,有坟茔迁移处置权,并没有给徐荣贵家坟地相应的权利。

该文契提及"无亲房及上首再言加赎枝节,此系两厢情愿",所谓亲房、上首,涉及家族及其相关礼俗。尽管如此,脱甲山土地交易中还是出现了纠纷。脱甲山的第二笔交易发生在嘉庆年间,有"芜湖县官契"(字迹多不清楚)为证明。该官契右上有"地契"字样,右上自第二行有"凡业一经成交,□时投税。倘有隐,若察出,照价一半入官充公,毋违";官契左下有半个印章。由此可见地权交易中官府以苛责来保证交易的信用度,也见地方政府严控地权的民间交易。这也是该卷宗白契多而赤契少的重要原因。该官契正文内容与上契完全相同。

此正式绝卖文契,当为地权"过户"留存。就土地买卖的性质而言,有清一代,可分为"绝卖"与"活卖"两种。就内容来看,脱甲山早年部分土地主要为村民的祖坟地。与上述文契相联系的另有一份白契。关于白契,西方来华

---

① (民国)余谊密主修、鲍实总纂:《芜湖县志》,合肥:黄山书社 2008 年版,第 321 页。

传教士有论述,称:"不在衙门中登记的契约就是'白契'。"① 一般而言,赤契与白契内容完全一致,若不一致,当有曲直或猫腻。只有白契而无赤契,一般为没有经过官府认可,多为逃税而签。不列颠图书馆藏的脱甲山文契以民间私下交易的白契居多,背后涉及土地购买纠纷。而土地交易传统的赤契或白契,涉及官方认可或民间私自交易,白契盛行或为利益所驱动。西方来华传教士利用乡人避税层面的间隙,兼并脱甲山。

(二)不列颠图书馆藏的脱甲山地契及其关联的家族析产

参酌杜赞奇的"权力的文化网络"分析中国乡土社会,涉及农耕社会宗法秩序下祖产及其分配乃至交易,也关联地方政府充公证者以及审判者的角色。地权交易关系地主与农民之间的关系,是农耕社会尤其重要的社会关系,处理不好,资本主义萌芽或于此得以突破。与封建制度关联的礼俗社会由此土崩瓦解。由此,地方政府非常重视民间地权交易产生的纠纷。不列颠图书馆藏的芜湖脱甲山卷宗呈现了这些历史迹象。以下白契为一白纸片,宽约六寸,长约一尺三寸,系墨迹文契,涉及嘉庆二十四年(1819)购地及道光八年(1828)扞葬并有诉讼到芜湖县公堂,由知县张秉机经手,相关诉讼一直延续到知县杨大搢(直隶献县人,举人,道光五年任)经手②:

> 立绝卖文契人徐荣贵,为因正用不足,将祖遗脱脚山一块,凭中韦方成、陈浚川等出卖与王善能、王宗泰、王可印名下为业。听凭买主择穴扞葬、培补夙然以外,余言不赘。

> 嘉庆二十四年买,道光八年扞葬寅山申向
> 计开:
> 东至袁(有涂改,又写一小号稍小"袁"字)姓坟地,西至耿姓坟

---

① [英]吉伯特·威尔士等著:《中国的礼俗》,刘一君等译,见《龙旗下的臣民:近代中国社会与礼俗》,北京:光明日报出版社2000年版,第100页。
② (民国)余谊密主修、鲍实总纂:《芜湖县志》,合肥:黄山书社2008年版,第321页。

地,南至陈姓田,北至卖主坟。弓丈:上横量贰丈,中横量贰丈贰尺,下横量贰丈。左墅长陆丈伍尺,右长陆丈伍尺,中墅长柒丈,四至埋石为界,并无包占他人寸土在内。

又靠右首,买杭马氏仝子马印保山一块,上至山顶,下至田边,南至受产,北至出产。弓丈:下横阔二丈五尺,中横阔三丈,上横阔四丈五尺。

凭侄杭兴隆,凭亲马天林。

以上二契两纸,均照赤契抄来,丈尺以及四至并无虚浮,兼有宗谱坟图为据。祈望老先生鉴察分明,幸勿听一面之词语。不多叙。托(特)此拜上。当邑王小公堂全具。

"寅山申向",涉及阳宅风水二十四山向。《周易》八卦将360度方位分为24个方位,每个方位占15度。用方位确定坐山和朝向,这在宅基地与墓葬上有重要知识地图的作用。杭兴隆系杭马氏侄子。此涉及第二笔交易。脱甲山多次交易并引发官司,此由"当邑(当涂县)王小公堂同具",宗谱坟图显示宗法谱系及相关坟地归属等,"祈望老先生鉴察分明,幸勿听一面之词语",可见纠葛存在。

所谓"赤契",当是缴纳契税并由官府认可的文契,与民间交易的"白契"相对而言。两者内容大致相同,但其中往往有猫腻,据当时传教士描述中国社会地权交易:"有时会拟定两份契约,一份载明实际价款,另一份则是专为送往衙门而拟就,把价款数额大大减少,以逃避全额的土地税。购买者要仔细审阅买卖契约,一定要确保土地的丈量描述得很清楚,边界划定得很明确。也一定要坚持写明实际价款……"[1]嘉庆二十四年(1819)买徐荣贵祖遗脱脚山山地,道光八年(1828)王善能、王宗泰、王可印方将家坟茔扦葬"寅山申向",此当补记,非常规所为。

---

[1] [英]吉伯特·威尔士等著:《中国的礼俗》,刘一君等译,见《龙旗下的臣民:近代中国社会与礼俗》,北京:光明日报出版社2000年版,第100页。

土地契约及其过户正常涉及县衙等过户手续,其时经过官府审验的"契尾"有规定:

> 江南安徽等处承宣布政使司为遵旨议奏事,奉督抚部院牌,准户部咨开,嗣后布政司颁发给民契尾格式,编列号数,前半幅照常细书业户等姓名,买卖田房数目,价银、税银若干;后半幅于空白处预钤司印,以便投税时将契价税银数目大字填写钤印之处,令业户看明,当面骑字截开,前幅给业户收执,后幅同季册汇送布政司查核等因,奉旨依议,钦此钦遵,咨院行司,奉此合印契尾颁发。凡有业户呈契投税,务遵定例,照格登填,仍令业户看明,当面骑字截开,前幅粘给业户收执,后幅汇同季册送司查核,转报部院毋违,须至契尾者。
>
> 计开:业户 方 买何可均田亩、房间,用价银贰两捌钱,纳税捌分四厘。
>
> 布字壹百　肆拾贰号。右给业户。
>
> 道光　年　月　　日

此大体为安徽有关契尾的规定格式,契约文本行文相当严密,亦呈现出清代民法的规范化。比照道光四年(1824)休宁县许元宫等卖山地红契相关格式①,可见皖南相关土地交易契约与同一时期芜湖契约格式一致。而芜湖作为长江中游重要码头,滨江山地距离县衙门很近,理当属于县城重要管辖之地。相关山地的地权交易当受到相当重视。脱甲山相关的地权交易类似"城中村"相关交易。由实际地契及其呈现的地权转让等情形可见,脱甲山虽为滨江山地,但在治理意义上处于松散状态。

不列颠图书馆藏的相关卷宗,包含清代安徽有关"契尾字号"两份,均是道光年间的。其中一份涉及"脱甲山"交易:

---

① 张传玺主编:《中国历代契约会编考释》(下册),北京:北京大学出版社1995年版,第1330~1331页。

江南安徽等处承宣布政使司为遵旨议奏事,奉督抚部院牌,准户部咨开,嗣后布政司颁发给民契尾格式,编列号数,前半幅照常细书业户等姓名,买卖田房数目,价银、税银若干;后半幅于空白处预钤司印,以备(按:此与前不同)投税时将契价税银数目大字填写钤印之处,令业户看明,当面骑字截开,前幅给业户收税(按:此与前不同),后幅同季册汇送布政司查核等因,奉旨依议,钦此钦遵,咨院行司,奉此合印契尾颁发。凡有业户呈契投税,务遵定例,照格登填,仍令业户看明,当面骑字截开,前幅粘给业户收执,后幅汇同季册送司查核,转报部院毋违,须至契尾者。

计开:业户 方 买何可均,田亩、房间,用价银贰两捌钱,纳税捌分四厘。

布字壹百 肆拾贰号。右给业户。

道光 年 月 日

此当为经官府过户所需的契尾,正式发布为142号。下文亦当为正式过户的契尾:

江南安徽等处承宣布政使司为遵旨议奏事,奉督抚部院牌,准户部咨开,嗣后布政司颁发给民契尾格式,编列号数,前半幅照常细书业户等姓名,买卖田房数目,价银、税银若干;后半幅于空白处预钤司印,以备投税时将契价税银数目大字填写钤印之处,令业户看明,当面骑字截开,前幅给业户收税,后幅同季册汇送布政司查核等因,奉旨依议,钦此钦遵,咨院行司,奉此合印契尾颁发。凡有业户呈契投税,务遵定例,照格登填,仍令业户看明,当面骑字截开,前幅粘给业户收执,后幅汇同季册送司查核,转报院部毋违,须至契尾者。

计开:业户(印刷体)王善能(毛笔字)买徐荣贵,田亩、房间,用价银拾两(毛笔字)两,纳税叁分。

布字陆百陆拾壹号。右给业户。

准此

道光　年　月　日

从"业户王善能买徐荣贵,田亩、房间,用价银拾两两,纳税叁分",可见此为正式缴纳契税的契尾。

总之,相关系列文契有道光字样,但无具体年份及月日等。而布政司的编列号涉及徐荣贵关于脱甲山的拥有权,通过交易卖给了王宗泰、王善能、王可印。前录文书,是"二契两纸",第一契是徐荣贵卖地;第二契是杭马氏卖地,与徐无关,"凭侄杭兴隆,凭亲……"是杭马氏的凭。据宗法社会聚族而居的特点研判,王姓为原当涂县一个家族。后杭姓兄弟在脱甲山土地交易中另有波折。以上分析多涉及静态发展的江南社会,与杜赞奇分析华北社会的"权力的文化网络",有异曲同工之妙。

三、"大变局"与"小纠纷"呈现的地方军事化:脱甲山文契及其交易纠纷关联军政化及社会结构

晚清芜湖是近代江南社会历史大变局的一部分。近代中国历史大变局的开启,涉及两次鸦片战争与太平天国运动。江南大姓家族"兄弟析产"乃至"自然村"转向"行政村"等相关社会结构变动往往从土地交易开始。下文讨论不列颠图书馆藏的芜湖脱甲山文契。脱甲山这一山地在芜湖属于军事要地,这从明末战争中可以看得出来,而围绕租界附近脱甲山的所有权或产权展开的矛盾或斗争,涉及司法。探讨脱甲山地权及其交易的历史变迁,主线在地理空间上也很明确,都是围绕脱甲山地权及其周边人口,历史时段切分也明显,早些时候是围绕脱甲山周边的大姓或大户人家有关地权的交易,有着明显的宗法色彩。此大体上可以归结为宗法语境下社会的契约化。而新发现的芜湖契约文书与皖南休宁的土地契约文书及其关联的内容,基本上一致。据有江南生活经验的英国基督教传教士吉伯特·威尔士记载:"在卖主

父亲过世的情况下,契约要有所有利益相关人的名字,比如兄弟、父母、叔叔等,即使是家里的土地已分过了也得这样做。因为一个人如果没有他的兄弟们等的同意,就不得出卖他自己独占的土地等财产,哪怕这桩买卖一点儿也不涉及他的兄弟们各自独占土地。"①这反映了宗法语境下家族共有财产在晚清契约化江南社会仍然得到礼俗尊重。

其一,脱甲山文契所反映的文化礼俗及社会革新趋向。中国传统礼俗社会地权交易涉及地方行政以及社会礼俗共同作用。芜湖脱甲山地权交易呈现了地方行政及宗法礼俗。道光十五年(1835)前后的地契,地方政府经手者是芜湖知县蒋兆鸿(江苏吴县人,道光十二年任)②。以下文契,涉及芜湖大姓杭姓将脱甲山地权卖给另一大姓家族黄姓的肇始,反映兄弟二人中"一人卖地,另人作保"的情况。此为第4件文书。右上角有"Alexande, Duffy, 4, Wuhu. An. Hoh, Riah-shan",亚历山大。

> 立杜卖山地契人杭兴富,今因正用,愿将祖遗山地一块,坐落芜湖县北乡下一五都脱甲山,坐西朝东,计上上横一丈二尺二寸,上横阔一丈六尺,中横阔二丈,下横阔二丈五尺。
>
> 卖主地为界:左直长十丈零四尺,右直长十一丈五尺。东至塘,南至张界,西至山顶,北至陶地为界。
>
> 凭中出卖与何名下为业,当日得受足制钱叁仟文整,比即钱契两交。自卖之后,听凭买主迁葬挑培、栽养树木,不得异言。倘有亲族人等前来争论,系身一力承担,与买主无涉。今欲有凭,立此杜卖地契为据。
>
> 其地钱粮,卖主永远代纳,倘有遗漏,与买主无涉。又照平心。
>
> 道光十五年十二月十五日。
>
> 立杜卖山地人杭兴富、杭兴隆平心。

---

① [英]吉伯特·威尔士等著:《中国的礼俗》,刘一君等译,见《龙旗下的臣民:近代中国社会与礼俗》,北京:光明日报出版社2000年版,第101页。

② (民国)余谊密主修、鲍实总纂:《芜湖县志》,合肥:黄山书社2008年版,第322页。

凭中:杭兴隆(画押)王宗秀(画押)、李廷万(画押)、何有忠(画押)。

地　契　永　远　大　发

可见,该地权买卖名义上卖主为杭兴富、杭兴隆兄弟,且杭兴隆画押。真正卖主为杭兴富,山地明确为"脱甲山",而非"脱脚山"。又一文契内容同此文契。

上述两契内容相同,但前一契为画押契。"杜卖山地"中"杜卖"为一词,指代彻底出售权益。地权交易的契约文书中"祖遗山地一块,坐落芜湖县北乡下一五都脱甲山,坐西朝东",涉及具体的地理方位,系徽商等交易密集区域,也是租界所在地。据《芜湖县志》卷七《地理志·乡铺》载:"博望乡,在今北乡,旧有一五都,即今上下一五铺,二都在今陶阳铺,三都在今玩鞭铺……"①分析这些,主要是看交易所涉及山地与县衙门的距离,关联保甲及租界。芜湖县城徽商等云集,商业较为繁荣,但从这些文书来看,县城周边滨江地带仍是普通的山地种植区。后文的交易文契,涉及杭家花园,或与杭兴富、杭兴隆有联系。地权交易所涉及的买卖山地,系墓地及其周边植树等,其地理方位与地方志所载亦大体一致。"其地钱粮,卖主永远代纳",可见这份地契卖的是经营权,卖的是地面权益,而地根权益当仍然存在。文契中"道光十五年十二月十五日"即1836年2月1日。再有,签订时间临近中国春节,此当年终之举,算是"清了"。

大体而言,不列颠图书馆藏的芜湖脱甲山卖地契约说明此为祖传私有财产,后立文契交易。其时,鸦片战争尚未爆发,中国仍属"天朝上国"的农耕社会。诸如交易合同用语"平心"有发誓的性质。文契对于交易的范围界定得十分明确。对契约的权利与义务也规定周详。签订契约有三位见证者,说明交易有见证人。而"地契永远大发"则说明了民众希望好运并将其与发财联系在一起。这些地契所呈现的交易纠纷正如孟德斯鸠在《论法的精神》中所

---

① (民国)余谊密主修、鲍实总纂:《芜湖县志》,合肥:黄山书社2008年版,第33页。

称:"法律应该和国家的自然状态有关系;和寒、热、温的气候有关系;和土地的质量、形势与面积有关系;和农、猎、牧各种人民的生活方式有关系。法律应该和政制所能容忍的自由程度有关系;和居民的宗教、性癖、财富、人口、贸易、风俗、习惯相适应。最后,法律和法律之间也有关系,法律和它们的渊源,和立法者的目的,以及和作为法律建立的基础的事物的秩序也有关系。应该从所有这些观点去考察法律。"①新发现的不列颠图书馆藏的芜湖地区的契约关联的法的精神旨趣也作如此观。文契表达"其地钱粮,卖主永远代纳,倘有遗漏与买主无涉",说明"杜卖山地契"并不彻底。这造成山地已卖,但赋税钱粮仍然由卖主缴纳。地权交易"其中存在着的,与其说是土地所有权、土地用益权和担保权三种制度,另一种看法是更恰当的,即运用'通过来历(前主写立并交付给他的契据)赋予管业基础'这一简单的(低成本的、分散性的、社会性的)结构,使占有收益者完全变更或者虽然不至于此但能满足各种生活上的需求(融资及其各种担保)的办法。这种办法之一是区分'绝'与'活',此外还有以来历链为前提写立附停止条件的卖契,同时将老契作为担保交付给对方保存的'押'的方法"②。"当然,如果这样进行整理,那么反过来看,有时也可以见到脱离现实占有的土地归属意识(比如将出典中的、并未实际管业的人仍然称为业主),其基础便成为问题所在。只是即使在这种制度环境下,人们日常也会意识到成为目前权利关系基点的最新'绝业主'是谁,并且这一信息是邻近的人所共有的。那么,即便存在以此为基础(超越现实用益)的权利归属和转移观念,也不是不可思议的事情。就此而言,实体所有权的概念,并不是存在于制度之中,毋宁说是存在于人们普遍共识性的日常意识之中。"③正如有"中国通"之称的传教士称:"中国的名言有云'头是死的,尾是活的',换句话说,抵押契约的前一部分将此项转让当成是永久的、不可改变

---

① [法]孟德斯鸠著:《论法的精神》(上),张雁深译,北京:商务印书馆1961年版,第7页。
② [日]寺田浩明著:《清代传统法秩序》,王亚新监译,桂林:广西师范大学出版社2023年版,第80~81页。
③ [日]寺田浩明著:《清代传统法秩序》,王亚新监译,桂林:广西师范大学出版社2023年版,第81页。

的,但最后一款又给予了弹性和调节的可能。"①

其二,市场化语境下地权买卖及礼俗纠葛。脱甲山临近徽商进行水产交易的芜湖码头,故周边滨江山地地权交易频繁。因地权交易涉及市场,与此同时,这些山地与周边家族遗产密不可分,故在交易过程中市场化与礼俗社会的矛盾日益增多。仍以不列颠图书馆所藏脱甲山地权交易的文契为例,1836年2月1日之后的3个月内,何姓(何可均,见下文契可知)土地亦转手卖出,方姓购买脱甲山山地。时间如此之短,转手倒卖,当有意图。比照徽商在芜湖滨江沿岸经商的历史,可见徽商买地的重要目的是建店铺及仓库囤积货物。立杜卖山地文契一份,长宽各约二尺,白纸,正楷书写,有两红印。该文契正文如下:

> 立杜卖山地文契人何可均,今因正用,愿将自置山地壹块,坐落芜湖县北乡下一五都脱甲山杭家花园,坐西朝东,计上上横阔壹丈二尺二寸,上横阔壹丈陆尺,中横阔二丈,下横阔二丈伍尺。左直长十丈肆尺,右直长拾壹丈伍尺。东至塘沿,南至张界,西至杭姓地为界,北至陶地为界。凭中出卖与方名下为业,当日得受时值价足制钱贰仟捌佰文整,比即钱契两交。自卖之后,听凭买主迁葬挑培、兴栽树木,不得异言。倘有亲族及上首人等前来争论,系身一力承担,与买主无涉。今欲有凭,立此杜卖文契,永远存照。
>
> 当将上首正契一纸,捡付买主收执。又照(画押)
>
> 道光十六年二月　　日。立杜卖山地文契人 何可均(画押)
>
> 　　　　　　　　凭中 俞均元(画押)
>
> 　　　　　　　　　　 李延万(画押)
>
> 　　　　　　　　　　 徐金堂(画押)
>
> 　　　　　　　　　　 吴凤廷(画押)

---

① [英]吉伯特·威尔士等著:《中国的礼俗》,刘一君等译,见《龙旗下的臣民:近代中国社会与礼俗》,北京:光明日报出版社2000年版,第103页。

杭兴富（画押）

永　远　大　发

此契契尾见前文所述道光年间相关业户收执。自置山地，可能是自己开垦或自己购置。从原有地产所有人"杭兴富"做担保来看，何可均卖地，与上一文契密切关联，大致可以确定为同一块地，并在3个月内即转手出售，中间可能是倒卖。芜湖县北乡下一五都脱甲山，特别是杭家花园所在，因为距离徽商云集的商业码头以及租界很近，地价当有利可图，土地买卖常有纠纷。以下为道光十六年(1836)十月的另一卖地文契，大致可见两地相临近。由买卖文契可见，兼并地权较为明显。

立杜卖山地文契人陶振有，今因正用，愿将祖遗山地壹块，坐落芜湖县下北乡一五都脱甲山杭家花园，坐西朝东，计上上横阔七丈，上横阔七丈，中横阔二丈四尺，下横阔三尺。左直长七丈，右直长曲长拾弍丈。东至杭姓地为界，南至买主祖坟为界，西至张地为界，北至杭地为界。凭中出卖与方名下为业，当日得受时值价足制钱贰仟五百文整，比即钱契两交。自卖之后，听凭买主扦葬挑培、兴栽树木，不得异言。倘有亲族及上首人等前来争论，系身一力承担，与买主无涉。今欲有凭，立此杜卖文契，永远存照。

其地编银粮米系身卖主永远代纳，不另立收立钱粮。又照 十

道光十六年十月　　日。立杜卖山地文契人陶振有十

凭中 俞均元

杭兴富

王培业 十

永　远　大　发

"地编银粮米系身卖主永远代纳，不另立收立钱粮"，可见出卖的是地面权益，地根权益当仍然存在。比照上文契"杭兴富"作"中人"这一事实，杭兴隆本人亦售卖脱甲山土地，卖给"方姓"。

立杜卖山地文契人杭兴隆,今因正用,愿将祖遗山地壹块,坐落芜湖县北乡下一五都脱甲山杭家花园,坐西朝东,计上横阔壹丈,中横阔壹丈,下横阔壹丈。左直长　　右直长

　　凭中出卖与方名下为业,当日得受时值价足制钱仟百文整,比即钱契两交。自卖之后,听凭买主扦葬挑培与栽树木,不得异言。倘有亲族及上首人等前来争论,系身一力承担,与买主无涉。

　　今欲有凭,立此杜卖文契。永远存照。

　　东至杭地,西至卖主地,南至塘沿,北至山头。

　　其他编银粮米系身卖主永远代纳,不另立收字。又照(画押)

　　道光二十七年十一月　　日。立杜卖山地文契人杭兴隆

　　　　　　凭中　许盛坤(画押)

　　　　　　　　　李秀堂(画押)

　　　　　　　　　上汇亭(画押)

　　　　　　　　　刘培之(画押)

　　　永　　远　　大　　发

　　杭兴隆出手竟将脱甲山相关山地售出,此地濒临徽商等卖水产品之地,是一商业繁华之地。由地权交易的地契可见,此地也是上一文契中方姓,当为同一买主。"方姓"为神秘买主,多次未出全名,可能有意为之,可能是其时走贩徽州商人。

四、脱甲山交易再起及芜湖社会结构变动: 杭姓卖地及湘军、淮军掌控下地方的军事化

　　不列颠图书馆藏的脱甲山地权交易卷宗,跨越清朝数代。脱甲山地权涉及滨江商业码头,而码头正是徽州等地商人贩卖鱼米的重要地点。故商人私下购买脱甲山也在情理之中。脱甲山地权等土地交易也涉及芜湖地方治理及知县业绩考核。1840年鸦片战争爆发时,芜湖知县为晏淳一。查找民国

所修《芜湖县志》，竟缺晏淳一有关地方治理的相关说明①，但依据不列颠图书馆藏的另一珍稀文献《各府清册》有详细说明，见"道光二十年十月 日"，署知府王友仁造呈："芜湖县知县晏淳一，现年四十五岁。江西吉安府庐陵县人，由增生中式，道光戊子科举人，乙未科会试中式进士引见，以知县即用签掣安徽。道光十五年到省奉委署宁国府太平县。十八年奉文补授今职，五月二十七日到任。""操守：廉洁；性情：坦率；才识：中等"。"署"为"代理"之意。"政绩"方面："查道光十九年，江水漫溢该县境内，低洼田庐俱被淹没，小民殊形困苦。该令查办抚恤及冬春两赏口粮均属核实散放，并无浮滥。民沾实惠。本年夏间，江水泛涨，圩堤危险之极。该令亲往督押抢护。各大圩均未冲坡，田获有收。尚属尽心民事。"考语："心地朴实，悃愊无华，尚属书生本色。惟芜邑地当冲途，商贾云集，政务冲繁。该员才具不甚开展。虽公事并无贻误，而于冲繁之缺治理，究形竭蹶。"此大体可见，芜湖知县晏淳一面对长江码头芜湖，处理政务不太能干。芜湖县有徽州商人云集的长江码头，"政务冲繁"。在清代行政治理上芜湖属于"繁、冲、难"之地，开埠通商后也是"中、洋"杂处之要冲。据1845年英国公理会传教士麦都思（Walter Henry Medhurst）江南考察的日记，3月27日他从上海吴淞口出发，途经丝绸及茶叶之乡，5月9日中午抵达太平府的芜湖县，此后抵达芜湖长江边的东梁山，后进入长江支流水阳江。②"芜湖的城墙也建于万历年间，周长为5里，高30英尺。芜湖有海关（应译为：常关），所有经过的船只都要到那里接受检查。"③麦都思称相关海关人员对他们考察人员进行了宽松的检查，之后"我们在扬子江的另一边看到了这个城市的另一面，许多皇家的平底船装满了谷物，固定在那里，等待着潮汐起风，或是其他船只的到来，然后和它们一起向北航行。这些船从雷州（误译？）出发，经过裕溪和其他邻近的地方，然后几天

---

① （民国）余谊密主修、鲍实总纂：《芜湖县志》，合肥：黄山书社2008年版，第322页。
② ［英］麦都思著：《丝绸及绿茶之乡见闻》，王海、乔飞译，北京：中央编译出版社2024年版，第10页。
③ ［英］麦都思著：《丝绸及绿茶之乡见闻》，王海、乔飞译，北京：中央编译出版社2024年版，第239页。

后就会朝着东北方向出发……向位于南京的大运河河口驶去"①。咸丰年间内忧外患,第二次鸦片战争及太平天国运动爆发。此对滨江的芜湖县城及其周边地区也有冲击。作为扼长江之喉的险要军事战略要地,脱甲山地权变更受王朝兴替的影响。

内忧外患之下社会危机重重,芜湖脱甲山地权频繁易手,有其历史语境。鸦片战争后,内忧外患的清王朝亦有新变数。②芜湖脱甲山交易文契及其纠纷,正如孔飞力研究员所阐述的,反映出清廷已经无力量从全国有效动用地方各种资源以应对,唯有依靠湘军、淮军等军政利益集团,而曾国藩、李鸿章等从事地方团练,并能动员地方新型绅士,从而有力地为清王朝国家机器运转续命。盛极一时的芜湖长江码头及徽商集中地尤其受到太平军战事冲击,特别是徽商用心经营的吴楚商贸被迫中断。由此,芜湖乃至整个徽商式微。太平天国后期的芜湖成为清廷与太平军博弈的重要据点,几经易手。1853年3月3日,太平军克芜湖,次日攻打东梁山、西梁山,为打金陵奠基。与此同时,慈禧之父惠征逃亡镇江,为江苏巡抚杨文定收留并掌管钱粮。二月十

---

① [英]麦都思著:《丝绸及绿茶之乡见闻》,王海、乔飞译,北京:中央编译出版社2024年版,第240页。

② 光绪二十九年(1903)刻本《太平府志》卷五十八《杂识·遗事》,涉及慈禧与芜湖:"咸丰三年惠征任芜关道时,慈禧皇太后尚在闺阁,随侍任所。适粤寇(太平军)犯境,仓卒出奔,太后弱不能行。邑人有王某者(莫知其名字,业锡工,为漕坊蒸锅最精。性嗜酒,人因呼为王烧酒云),负之而趋,遂免于难。及入都,应选正位西宫,至文宗、德宗两朝,垂帘听政四十余年。而王某沉湎于酒,佯狂里市,不获邀沐恩施,亦数奇也。"此系传闻,慈禧系咸丰元年(1851)入宫。因受到太平军的冲击,战火余烧下,芜湖残破不堪。后慈禧之父任职芜湖。据清宫档案《内阁京察册》载,慈禧之父惠征系镶蓝旗人,道光十一年(1831)任吏部笔帖式。道光二十六年(1846),惠征调任吏部文选司主事,次年二月,道光帝圈惠征为京察一等,交军机处记名,以道府用。道光二十九年(1849)闰四月,惠征调任山西归绥道道员。咸丰元年(1851),道光皇帝第四子爱新觉罗·奕詝登基,挑选八旗秀女,17岁的惠征长女应征并选定,二月初六日,咸丰帝调惠征任安徽宁池太广道道员。二月二十一日,咸丰帝发谕旨,命慈禧进宫。据朱批奏折载,五月初九日,惠征将慈禧送入皇宫,往太平府芜湖县赴任,七月,正式接印。1853年2月,洪秀全、杨秀清自武昌沿长江南下,克芜湖。时惠征任皖南道员不足五月,太平军沿长江向南京进发,两江总督陆建瀛与福山镇总兵陈胜元、皖南道道员惠征筹划守备。清政府派惠征负责粮台。

日,咸丰帝派刑部左侍郎李嘉端接任安徽巡抚。李嘉端参奏逃官,其中涉及惠征"附片"上报奏参:"惠征分巡江南六属,地方一切事务责无旁贷,何以所属被贼蹂躏,该道竟置之不理。即护饷东下,而两月之久。大江南北并非文报不通,乃迄今并无片纸禀函,其为避居别境已可概见。"可见惠征虽为慈禧之父,也受追责。咸丰帝震怒:"惠征身任监司,于所属地方被贼蹂躏,何以携带银两、印信避至镇江、泾县等处。"惠征被革职查办。六月三日,惠征病死于镇江府丹徒县。后太平军控制下的芜湖为宁江郡治所在。同年6月4日太平军西征部队过当涂,经芜湖。1854年1月14日,庐州失陷,安徽巡抚江忠源被矛伤而死。同年1月22日,福济被清廷任命为安徽巡抚。1856年6月太平军破江南、江北大营,安徽大部分地区为太平军掌控。1856年"天京事变",太平天国内讧爆发。1858年,时局又有变化,英法联军进犯大沽口。1858年9月至11月,芜湖大部分辖区为太平军侍天福王李世贤所掌控。正是在这一纷繁复杂的地方军事化的历史场景中,脱甲山地权交易所涉及杭兴隆将"祖遗山地壹块,坐落北乡脱甲山,凭中出卖与杨长锡",见咸丰八年十月十五日(1858年11月20日)地权交易文书(毛边纸,陈旧,有墨迹沾水但未化开,系薄宣纸,长、宽各一尺五寸,此纸张也可见此属于匆忙中的私下交易):

> 立杜卖山地契人杭兴隆,因乏正用,愿将祖遗山地壹块,坐落北乡脱甲山,凭中出卖与杨长锡名下为杜业,当日得受时值价洋钱叁元整,比即是身亲手一并收讫,不另立收字。自卖之后,不得另生枝节,借端加找,以及上首亲房人等如有异言,系身一力承担,与杨姓毫无干涉。恐口无凭,立卖山地契字。永远存照。
> 四至:上至拜台,下至田横,东至王姓,西至火山。
> 咸丰八年拾月十五日。立卖山地契字杭兴隆悉。
> 凭中:后榜元(画押),杨林川 十,林沼 十,许盛坤(画押)。
> 　　　　永　远　存　照

文书中的"火山"后成为脱甲山地权交易的纠葛所在，后文将涉及。"拜台"当为祭祀祖坟之地。由卖地人"杭兴隆悉"大体上可见，卖契是他人代书。从保人来看，并无"杭姓"，且声明"自卖之后，不得另生枝节，借端加找以及上首亲房人等如有异言，系身一力承担"。且收的是洋钱"叁元"，数额极少。这些说明交易发生在私下场合，背后有更多的缘由，估计杨长锡或为洋商。时芜湖主要由太平军掌控，杭兴隆卖地或缘于战乱。

不列颠图书馆藏的这批事关脱甲山土地交易文契，还涉及宗法意义上"分家分地"等，背后涉及西方来华传教士兼并土地，鱼肉民利。咸丰八年（1858），第二次鸦片战争及太平天国运动还在进行中。而英国在华传教士屠善宰在芜湖购地传教，事见《皖政辑要》。《皖政辑要》记录了安徽传教士、教堂等情况："中国允许西人租地建堂，实始咸丰庚申之约。……当明之季，开堂者十三省中已有十三处，而江南一省为最多。……查皖省设立教堂，以五河为最早，实创于道光季年。度其教必自淮扬传入，观于泗属教堂仍有隶扬郡司铎管理可知也。嗣是教堂日增，保护日亟。"[1]1861年3月28日，第二次鸦片战争英方军队重要翻译官巴夏礼访问了芜湖，并称："芜湖在距扬子江一英里的地方。因为占据着有利的地形，它长期以扬子江上的一大商业中心而闻名。但是，现在，这座城市所有的大门和城墙都被拆毁了，只有南面的一些街道还作为市场保留着，为少量的居民提供日常生活必需品。一小部分未能跟上大部队的士兵是这座城市里唯一的军队。他们的马驹很漂亮，一些打扮入时的起义军将领佩戴着外国人的来复枪。乞讨者人数众多，许多躺在街道上，非常可怜。"[2]1862年3月底，太平军与湘军在芜湖鏖战。5月20日，芜湖为湘军攻陷。作为军事重镇及通商口岸，芜湖后受太平天国运动的冲击并成为太平军与清军重要战场，巴夏礼记载的芜湖显系破败。此与长江中游对外交往及其重要的军事交通线密切相关。

---

[1] （清）冯煦主修、陈师礼总纂：《皖政辑要》，合肥：黄山书社2005年版，第28～29页。
[2] ［英］斯坦利·莱恩-普尔、弗雷德里克·维克多·狄更斯著：《巴夏礼在中国》，金莹译，桂林：广西师范大学出版社，2008年版，第282页。

芜湖在湘军、淮军镇压太平天国运动中发生了地方军事化,由此,芜湖的商业结构乃至社会生活发生了巨变。1863 年,曾国藩与税务司赫德有开放芜湖商埠之议,参见《曾文正公日记》:"同治元年十一月廿日巳正,英吉利总税务司赫德来见,议安庆、大通、芜湖新添三口之事,午初余出城至船上回拜。"时即同治元年十一月廿日(1863 年 1 月 9 日)10 时。在地方军事化过程中,曾国藩主要从筹办军费层面考察安庆、芜湖、大通等开埠与否及其利弊,这当然涉及中外通商等洋务及其关税征收。曾国藩面对洋务通商及其关税征收有个适应的过程,参见《曾文正公书札》中《复官中堂》:"长江皖境新开三口之事,荩(尽)虑周密,为敝处代谋万全,感激何可言喻!鄙人于洋务关税等事向未谙究,利弊得失,均未洞晰。又拙于言辞,不克以片语剖决。前接总理衙门函咨,皆就所知者略为陈覆。税司呈文,亦曾备札覆之。兹将三件钞达冰案。是否错误,务实切实指示。"当时,曾国藩驻扎在安庆,安庆虽为长江边重要的军事重镇,但"安庆并非泊船马(码)头,生意冷淡。六安茶亦不由此出江,尽可以实告之。不必添此新口。大通生意较盛,徽、池之茶,由此出江,又为淮盐畅销之所"。相比之下,大通为铜陵所在长江边的重要码头,"若立一新口,于洋商自有大益。于敝处厘务则有大损"。可见曾国藩在地方军事化过程中首先想到的是利用关税乃至厘务,筹备军饷。芜湖徽商因湘军与太平军的战事而遭遇重创,由此芜湖商贸也冷淡。"芜湖目下生意,亦极寂寥。薛星使言《金陵本约》(即《南京条约》)有一口,若添芜湖,则裁金陵。留金陵则不添芜湖。俟查明旧约再行酌议。其安庆、大通二口,能借阁下之力全停极妙。若万不能,则只许大通一口,该处厘金每月四万余串,实敝军养命之源。新口既开之后,一切仍照常抽厘,俾将士沾此微利,不致饥溃。俟军务稍松,再将应停之厘停止。盖弟舍此,别无筹饷之路也。"

伴随着西方坚船利炮,传教士进入长江流域。芜湖一度被西方来华传教士视作最为重要的江南传教基地。同治三年(1864),芜湖知县为曾化南。曾化南系曾国藩幕府要员,系曾国藩军政利益集团阵营中的人。曾国藩利用自己的政治影响力,在芜湖乃至安徽多地推行地方军事化。问题是西方来华传教士已经深入长江中游地区。1865年英国在伦敦成立内地会,致力于对华传教,尤其以苏、浙、皖、赣为主,并一度有意将芜湖建成重要传教基地。美国在芜湖则有美以美会、圣公会等。① 而脱甲山地权交易,由市场化运作发展到诉讼的地步,笔者另文探讨。

五、市场—契约与军事化、礼俗化交融互构视角下芜湖契约文书及其交易的价值

从市场社会、契约社会、诉讼社会等维度探讨地契在内的地方档案、地方志与社会发展关系乃至现代化程度,涉及档案、地方志与人的关系、与空间的关系、与时间的关系、与事件的关系。而时间与空间往往涉及地域场景。不列颠图书馆藏的这批未刊珍稀文献,呈现出西学东渐之背景下中国地权转移及西方在华势力兼并土地的过程,比照西方学者有关中国乡土分析的学理参照,涉及孔飞力有关太平天国运动的中国地方军事化的分析,以及杜赞奇从文化的权力网络探讨华北乡土社会。参酌中国社会科学院近代史所原所长王庆成评价孔飞力代表作《中华帝国晚期的叛乱及其敌人:1796—1864年的军事化与社会结构》,称:"本书以主要篇幅讨论19世纪中叶起出现的各种类型和形式的地方武装问题,着重研究由正统的名流——绅士创办的各类团练的形式、规模、财政基础、同氏族的关系,尤其是同官方的官僚政治制度如保甲、里甲、地方治安和征税网络之间的关系问题。"在学理框架上,孔飞力极为重视晚清的地方军事化在中国历史上的意义。他认为,"中国传统政治制度稳定延续的社会根源,在于王朝与地方名流——绅士间的协调,在于官僚和地方社会之间的利益冲突能够以最低限度的纠纷来解决。这样,名流——绅士凭借他们的社会影响、正统的学术传统以及伦理观念,使传统政权得以反

---

① (清)冯煦主修、陈师礼总纂:《皖政辑要》,合肥:黄山书社2005年版,第43~44页。

复重建"①。晚清动乱,情况有所不同,名流为着自己的利益,也为着王朝的利益,在镇压王朝内部敌人中起带头作用,使王朝得以渡过危机而继续生存,但这一结果的代价是中央政府权力的缩小和名流势力的扩张。名流在王朝体系中,特别是在地方政府中开始正式行使权力,名流领导的地方武力开始作为官方的机构承担保甲、里甲等职能。地方权力旁落到名流——绅士之手的趋势,成了咸丰朝及以后中国农村的共同特征,其影响直至20世纪前期中国的行政和社会。由此孔飞力认为,"这标志着传统国家的崩溃,中国的政治和社会再也不能按老的模式重建,因而是中国近代史的开始"②。

孔飞力称:针对"'军事化的阶梯'在政治和宇宙观方面不论是正统的还是异端的,都大致呈现同样的形态"这一论点,"这些军事化形式在政治色彩上有很大差别……流动商贩形式内部的那些军事化形式在政治组合上也有差别"。"在勾画近期中国历史中军事化和冲突的特点时,社会形式已经比政治倾向更为重要。"③"只有在商业中心,名流才能认识到他们自己与农业村社的利害关系的一致;正是集市社会才使地方社会能够超越村庄和氏族的狭隘利益。"④脱甲山的珍稀文献考释与史学探索的广度、深度往往密切相关。

芜湖脱甲山地权相关档案关系诸多宗法意义上名门望族围绕土地兼并展开的角逐。这些地权交易文书分为赤契与白契。档案文献既可以是个人的也可以是单位的,还可以是某个领域的、专题的。围绕脱甲山地权展开的

---

① 王庆成:《前言》,见[美]孔飞力著:《中华帝国晚期的叛乱及其敌人:1796—1864年的军事化与社会结构》,谢亮生、杨品泉、谢思炜译,北京:中国社会科学出版社1990年版,第2页。
② 王庆成:《前言》,见[美]孔飞力著:《中华帝国晚期的叛乱及其敌人:1796—1864年的军事化与社会结构》,谢亮生、杨品泉、谢思炜译,北京:中国社会科学出版社1990年版,第2~3页。
③ 孔飞力:《平装本序言》,见[美]孔飞力著:《中华帝国晚期的叛乱及其敌人:1796—1864年的军事化与社会结构》,谢亮生、杨品泉、谢思炜译,北京:中国社会科学出版社1990年版,第8页。
④ [美]孔飞力著:《中华帝国晚期的叛乱及其敌人:1796—1864年的军事化与社会结构》,谢亮生、杨品泉、谢思炜译,北京:中国社会科学出版社1990年版,第86页。

权益分割涉及民间与官府,交易涉及官场登记及其征税,也涉及私下交易或小范围内的秘密操作。这是赤契与白契差别所在。

探讨脱甲山地权及其交易涉及文书的长时段历史变迁。主线在地理空间上很明确,都是围绕脱甲山地权及其周边人口,历史时段切分也明显,早些时候是围绕脱甲山周边的大姓或大户人家有关地权的交易,有着明显的宗法色彩。孔飞力认为,帝国具有军事垄断的本性,团练在理论上具有国家辅助武装的地位。它是中介体,地方领袖通过它能使自己与帝国政权融为一体。而笔者认为,芜湖等典型的江南社会崩溃,有着地权交易在内的生产资料乃至生产范式变革的因素,而地权交易为重要的驱动力。

地权交易"在地化"情境：
芜湖开埠及传教士插手脱甲山土地兼并

近代芜湖城镇发展研究属于较为典型的区域史学的范畴。美国汉学界经历了从"刺激—回应"模式到中国中心观的区域史学，再到全球化语境中国别史学的定位。而与此相对应，中国史学经历了从以阶级斗争为中心的革命史学到近代化乃至现代化史观。而近年中国学者多在区域史学探索中辅以近代化史学探索。区域史学大到东北、华北乃至江南等，小到城乡分析，再小到村落史学分析。而研究视角涉及文化的维度，也关联政治—经济的维度。当然，两者可在近代国家与社会关系重构的范畴内加以细化。此既涉及孔飞力的学生杜赞奇的文化的权力网络分析，也涉及近代区域社会的军事化研究。后者尤以孔飞力教授为代表。

一、地方军事化的学理框架及其经济分析的限度

清末地方军事化分析框架的形成，有个学术积累的过程，其中尤其以孔飞力为代表。孔飞力的区域社会的军事化观点涉及军事与宗教层面，他在修订版《中华帝国晚期的叛乱及其敌人：1796—1864年的军事化与社会结构》的《序言》中称："我现在考虑有两个要点：（1）19世纪50年代的军事化与19

世纪 20 和 30 年代社会紧张局势的关系;(2) 根据北方教派传统的新知识来衡量我的总分析构思的贴切性。"①孔飞力有关地区军事化与晚清社会衰败关系的讨论,涉及他的一些新的想法:其一,"关于清朝地方控制衰落的时间。……权力何时开始下放和在此过程中军事化的相对重要性的问题,现在被詹姆斯·波拉切克的论述 19 世纪 20 年代时期地方名流的能动性的重要研究著作弄得复杂化了。情况显然是漕运制度中的附加税率的增加引起了长江下游某些地区的一批低级功名拥有者(生员和监生)的抵制。到了 19 世纪 20 年代,这些人组织了地方的合作网络,不但用标准的包揽的方法抗缴过高的税赋,而且通过'京控'的渠道去控告地方当局。这类地方网络成了官府镇压的目标;所以这种运动从未能顺利进行。"从经济运转及其关联的社会动员层次,"我至少倾向于认为,漕运制助长的地方能动性象征着一种更广泛地参与地方管理的趋势和能力。低级的名流早就能够参与这种管理了。他们的管理权能在一代人以后江南的名流抵抗太平军时变得合法了"②。其二,"重新考虑地方组织的原则。……施坚雅(G. William Skinner)的论区域贸易体系和城市等级组织的著作已经提出了对地方社会形式进行分类的可能性,这些形式的不同与经济组织的地区类型——每个'自然地理大区'有从中心区直到边缘区的几种类型——有关"。孔飞力试图在施坚雅的区域经济发展模式的基础上有所推进,"根据施坚雅的模式提出的合理的主张必须先经过军事化材料的检验,才能够使本书反映出最新的研究成果。首要之事是要更精确地确定在军事化最早发展起来的交界地区的社会和经济特点,以及军事化从交界地区扩大到大区的中心区的系统特征"。论及地方军事化可能的新意,孔飞力称:"对这一研究的另一个——也许是更重要的——提高大概是有

---

① 孔飞力:《平装本序言》,见[美]孔飞力著:《中华帝国晚期的叛乱及其敌人:1796—1864 年的军事化与社会结构》,谢亮生、杨品泉、谢思炜译,北京:中国社会科学出版社 1990 年版,第 1 页。

② 孔飞力:《平装本序言》,见[美]孔飞力著:《中华帝国晚期的叛乱及其敌人:1796—1864 年的军事化与社会结构》,谢亮生、杨品泉、谢思炜译,北京:中国社会科学出版社 1990 年版,第 2 页。

条理地探讨中国北方和南方的差别。尤其我要修改我称之为地方社会中'正统的和异端的'组织形式之间的同型性的某些不花力气的概括。"①孔飞力的地方军事化概念对探究包括太平天国运动在内的晚清社会历史趋向,颇有新意。但地方军事化能否在具体的地理区域得到证实?笔者以为,衡量地方发展的一个重要指标是社会生产力及其关联的社会关系变动的新趋向。下文将以不列颠图书馆藏的脱甲山地权交易文献,分析芜湖山地交易从契约化到诉讼化,由此分析江南社会新陈代谢的历史变迁及其动因,并试图在学理框架上有所阐释。

  就近代江南乡村社会变迁侧影进行的考察,陈翰笙等领导的无锡调查结果,有别于西方学者总结的中国经验。而芜湖作为晚清全国四大米市之一,清末广东商人、潮州商人、烟台商人、宁波商人等纷纷在芜湖设立米号②的江南经验无疑有重大社会实践价值及学理分析意义。就芜湖历史空间而言,脱甲山相关文献既涉及地方又关联全国。只有是地方的,才能谈得上是全国的。笔者从不列颠图书馆得到的资料与文献,属于成系统的稀见契约文书,有助于分析芜湖近代开埠的历史脉络及得失。对芜湖等乡村社会史的研究需要微观层面的学术深描。透过乡村研究去解析区域社会历史的变迁,在明确社会性质的基础上提出中国乡土社会重建的方案,是近代至今的历史学、社会学研究者共同的期望。有关中国近代农村问题,早期西方在华传教士就作了颇有格局的揭示。1899年,美国公理会传教士明恩溥在中国做记者,接触了中国社会的方方面面,出版了《中国乡村生活》。该书受到西方社会精英人物乃至中国学界的高度重视。明恩溥在《前言》中称:"中国乡村是这个帝国的缩影,通过对它的考察,我们将会更好地提出纠错改正的建议。……应当说,任何有助于更好地了解中国人的作品都会增进人们对中国问题的理

---

  ① 孔飞力:《平装本序言》,见[美]孔飞力著:《中华帝国晚期的叛乱及其敌人:1796—1864年的军事化与社会结构》,谢亮生、杨品泉、谢思炜译,北京:中国社会科学出版社1990年版,第3页。
  ② 芜湖市政协学习和文史资料委员会等编:《芜湖通史(古近代部分)》,合肥:黄山书社2011年版,第265页。

解。本书的完稿,即是作者在这方面所做的一个粗陋的贡献。"①作者的写作涉及总体意义上的中国乡村,具体涉及中国乡村的结构、名称,诸如道路、渡口、水井、商店等等,也包括涉及乡村教化的戏剧等,对相关横截面的剖析也涉及中国乡村的学堂以及游方书生,由此论及中国的科举制度及教育改革。作者讨论了乡村庙宇和宗教团体,涉及宗教仪式的协作,还分析了与乡村关联的市场及集会的协作、协作的贷款团体、看护农作物的团体等。作者写作涉及乡村仪式等,诸如乡村和城市的求雨、乡村狩猎、乡村婚礼和葬礼、乡村新年等。就社会圈子而言,作者花了相当大的篇幅讨论乡村中人的活动,诸如乡村地痞、乡村头面人物、乡村男孩和成年男子,以及与此相对应的乡村女孩和成年妇女等。全书涉及主体乡村社会生活,作者定位为"乡村生活的单调和贫乏",由此论及"中国家庭不牢靠的平衡""家庭的不稳定性"。最后,《中国乡村生活》呈现出明恩溥作为传教士的眼光,"基督教能为中国做些什么?"该书对中国社会深度书写可谓有材料、有学理,出版后受到中国文豪鲁迅及社会学家潘光旦等的高度评价。明恩溥所撰写的《中国乡村生活》反映了以安徽、江苏为核心的江南行省的社会风貌,为以芜湖为代表的商埠及其契约精神分析提供了历史背景材料。

  清季特别是中英《烟台条约》签订以后,作为约开商埠,芜湖在江南经济发展过程中发挥着重要作用。芜湖的重要性不仅是地理上的优势,还是人文景观之优势。研究历史涉及历史传统与历史变动等,时代的变动往往会产生新鲜的事实,在当时可以视作新闻,后来者则往往将之视作即将变动的预兆。因此充分地发掘资料是十分关键的。不列颠图书馆藏的芜湖脱甲山地权交易文献,涉及英国内地会传教士屠善宰购买当地居民的山地及申诉过程中形成的诸多文契,其中,涉及西方传教士在华兼并土地等权益及其形成的中外纠葛,故笔者研读文契时注意西方来华传教士"彼时彼刻"对芜湖或相关文契背景知识的描述,特别是对"地方性知识"的阐述,以求得对历史同情之理解,

---

① 明恩溥:《前言》,见[美]明恩溥著:《中国乡村生活》,陈午晴、唐军译,北京:中华书局2006年版,第1页。

从而重建脱甲山地权交易的"在地化"情境。芜湖地权纠葛涉及淮系李鸿章军政利益集团,李鸿章系庐州人,故又称"李合肥",其幕府及淮军是军政利益集团的构成主体。李鸿章在镇压太平天国运动中功成名就。1859年李鸿章任福建道台,1862年升任江苏巡抚,兼交涉长江中下游洋务。而第二次鸦片战争爆发,《泰晤士报》云:"帝国的权力阶层代表和上海的外国人才在江苏省共同签署了友好条约。"①所谓"友好条约",系卖国条约,涉及1858年11月8日《中英通商章程善后条约》,系《天津条约》的补充,附有《海关税则》。对英国名记者而言,1863年3月,李鸿章与洋枪队第四任首领戈登领导的"常胜军"系合作②关系。次年7月,太平天国运动进入尾声。1865年,李鸿章署两江总督,辖区涉及芜湖。1872年,曾国藩去世,李鸿章及其幕府成为最有影响力的军政利益集团。李氏家族在安徽芜湖广置田地,实际上是以军政势力深入江南鱼米之乡并大力兼并土地。而李鸿章的老师曾国藩的幕府及湘军在推行地方军事化过程中也是如此。这些军政利益集团本身由地方势力团练起家,领导者有科举翰林身份,与进入芜湖的徽商"贾而好儒"的"徽骆驼"精神相比,是军政意义上另一缙绅集团。而徽商云集的芜湖码头及租界附近地权交易无疑有这些"看不见的势力"多方博弈。

二、约开商埠芜湖及其土地兼并

随着西方商品及资本进入江南,皖省乃至江埠芜湖的位置日益重要,参见清季安徽巡抚冯煦相关奏折及其主修的《皖政辑要》。该书《交涉科·商约一》称:"交涉为全国国际争存之要义。而或因一隅以变换全局者,多在沿边;或因全局以进趋一隅者,多在腹地。"他从国际外交层面探讨沿边与腹地。就

---

① 《李鸿章》,《泰晤士报》1901年11月8日,见方激编译:《帝国的回忆:〈泰晤士报〉晚清改革观察记》,重庆:重庆出版社2014年版,第25页。
② 《李鸿章》,《泰晤士报》1901年11月8日,见方激编译:《帝国的回忆:〈泰晤士报〉晚清改革观察记》,重庆:重庆出版社2014年版,第26页。

安徽的地理空间而言,"皖据长江之中,左苏右赣,首鄂尾宁,雄富虽亚于汉、沪,而游历之客轮舰之往来,上至赣、鄂以上,下至宁、苏以下,道必径于是。以是有约之国,约允之件,文传络绎,滋益以繁"。可见"皖江"交通之重要性。就安徽行政历史变迁而言,"先是咸、同之间,但以驻省安庐道兼理其事。逮光绪二年烟台英约成,巡抚裕禄奏请于省城特设洋务局,遴委深于交涉者候补道一员为之坐办,仍会同安庐道遵章办理。自坐办以下设翻译二员,应对二员,差遣四员:书记、收发、学习、行走称是"。这些属于封疆大吏裕禄的洋务局的顶层设计及其实践,"自局之设,三年一考其成,援例叙劳,择尤请奖"。"三十年来江面无洋氛。中间国际之争,荦荦大者,非皖一省之故。自皖而纪交涉,特条约之互见者尔,不则其别出者尔。"①1876 年 9 月 13 日,中英《烟台条约》签订,宜昌、芜湖、温州、北海辟为通商口岸。由此徽州商人、广东商人、潮州商人、烟台商人、宁波商人等云集芜湖米市,而此后芜湖作为长江水运的商业码头迎来转机,离徽商贩卖水产品及租界很近的脱甲山地权交易进入另一时段。

《烟台条约》的签订标志着英国的租界和租借地政策发生变化。此前大部分的条约口岸都有一块英租界,只要各地政策允许,由英国政府"承租"建设用地,然后"转租"给英国公民。②此后,新的外国人定居点会继续建立,但建新楼所用的土地,将直接从中国土地所有者手中承租,而不是从拥有租赁权的英国政府那里转租。"尽管这一转变无疑是受经济发展因素的推动,但同样也是在中国人日益高涨的民族主义情绪下,从政治层面出发的审慎决定。"③"与长江边其他小的条约口岸——镇江和九江一样,芜湖仍然在沉睡之中,尽管当地有数量庞大的水运贸易。外国侨民住在一个美丽的湖边,四周是当地蘑菇形状的茅草房,他们中的大部分是传教士,也许是因为芜湖尚

---

① (清)冯煦主修、陈师礼总纂:《皖政辑要》,合肥:黄山书社 2005 年版,第 1 页。
② [英]吴芳思著:《口岸往事:海外侨民在中国的迷梦与生活(1843—1943)》,柯卉译,北京:新星出版社 2018 年版,第 118 页。
③ [英]吴芳思著:《口岸往事:海外侨民在中国的迷梦与生活(1843—1943)》,柯卉译,北京:新星出版社 2018 年版,第 118 页。

未觉醒,它也吸引了不成比例的大量的鸦片贩子——据说基本上是犹太人,他们因为出生在印度,便声称自己是英国人。"①"美丽的湖边"当指当今的镜湖公园,周边多为使馆、税务司以及传教士所在地等。所谓"沉睡"主要是指西方在芜湖等通商口岸最大化攫取殖民利益的筹划过程,这实际上是个静默期。此从芜湖脱甲山地权交易处于相对悬置状态可以窥见一斑。

近代商人云集的芜湖属于皖江区域核心地带,《烟台条约》签订以后,"皖省交通之埠三:有已设关开埠者一,芜湖是也"。"皖省交通之埠"是安庆与大通(今铜陵之重要集镇),比照安徽对外贸易史,"溯查互市通商之约,始于道光壬寅白门之役(约),实始有沿海五口而未及内港"。"烟台之约,北洋大臣李鸿章与英使威妥玛议定。约内开,芜湖允开口岸"。"皖之有交通商埠视各省为稍后矣。……芜湖关一开,屹然与上九下镇鼎立为长江巨埠"②。道光壬寅即1842年。白门之役,当为白门之约,即《南京条约》。后中英有《五口通商章程》,即《议定广州、福州、厦门、宁波、上海五港通商章程》。而《烟台条约》签订后芜湖为约开通商口岸。此可见"约开商埠"芜湖为长江中游要扼,地理位置重要。随着洋务展开,巡抚裕禄奏请于安徽省城安庆特设洋务局,以办理中外交涉。1877年,李鸿章奏开芜湖为米市,此涉及江南大米贸易中心由镇江迁移到芜湖。这一中心迁移不仅是经济发展的结果,还有政治运作的成分,时芜湖道兼海关监督张荫桓在其中扮演了重要角色,张荫桓系李鸿章及其军政利益集团的重要亲信。芜湖成全国四大米市之一,皖江水利成黄金航线,作为沿江要地的脱甲山的地权交易尤有价值。

1876年中英《烟台条约》中规定芜湖为约开商埠,而税收成为利数所在,"关开于约,允之明年二月十八日。其监督关防文曰:芜湖关监督兼管,新设税务之关防,即以该管道员兼充,逐年税入按结申报抚院,奏咨解部"③。芜

---

① [英]吴芳思著:《口岸往事:海外侨民在中国的迷梦与生活(1843—1943)》,柯卉译,北京:新星出版社2018年版,第118页。
② (清)冯煦主修、陈师礼总纂:《皖政辑要》,合肥:黄山书社2005年版,第2页。
③ (清)冯煦主修、陈师礼总纂:《皖政辑要》,合肥:黄山书社2005年版,第2页。

湖关道系通商收税之所，"是关所议十八则，初名《试办章程》，其中如与旧开之汉、镇、九三关，新开之宜昌一关轮收船钞一节，均经抚署及南洋大臣迭次函电与英驻使磋商往复，始经就绪"①。光绪三年（1877）二月十八日，芜湖预备开埠通洋商。1877年4月1日，芜湖新关按期开关，第一任税务司系美国人吴德禄。时安徽巡抚为满籍要员裕禄，南洋通商大臣兼两江总督沈葆桢系禁烟名臣林则徐的外甥。芜湖海关主要为英人所把持，"厥后二十八年乃有修改《长江统共章程》之约，按之芜湖专章，歧异尚鲜。兹以专章为主，其修改各章分注于各条之右，俾备参考而资遵守云"②。《长江统共章程》为简称，全称为《长江统共通商章程》，或称《长江收税章程》，涉及芜湖洋务有规定："凡洋商船只，只准在芜湖西门外小河北岸沿江离东岸在一里路之限内，陶家沟之北、弋矶之南停泊起下货物。"而陶家沟外商下货地点的划定，涉及滨江的战略要地脱甲山地权交易及其市场化趋向。

义和团运动及八国联军侵华后，长江流域关税条款有了变化。1902年修改后的"新章"："凡船只进口，务遵理船厅指定之处照章停泊。其本口停船之界，由各口酌情自定注明。其进口时，尚未停泊以前，一切拨船、舢板等小艇均不准驶傍该船。按，此未泊以前各艇不准驶傍该船，系增修。"③这些实际上是对芜湖长江码头涉及外贸航运船只的停靠地点的具体规定。所以阐释这些，主要是脱甲山在地理位置上靠近芜湖对外商埠之地。

自《烟台条约》签订后，芜湖被辟为对外商埠。对外通商之后，芜湖商贸涉及海关、租界等，"芜湖当长江之冲，贾贸四集，阛城溢巷。各国轮舟上下，而侨寓通商之地始尚阙如。光绪三年，英领事达文波商请监督芜湖关道刘传祺开办租界。勘定县治西门外沿江宿、太木商滩地，南自陶家沟起，北抵弋矶山脚止，东自普同塔山脚起，西抵大江边止，作为各国公共租界，任各国洋商

---

① （清）冯煦主修、陈师礼总纂：《皖政辑要》，合肥：黄山书社2005年版，第2页。
② （清）冯煦主修、陈师礼总纂：《皖政辑要》，合肥：黄山书社2005年版，第2页。
③ （清）冯煦主修、陈师礼总纂：《皖政辑要》，合肥：黄山书社2005年版，第2页。

在界内指段划租"①。可见1877年前后,时任英国驻烟台领事达文波所谓"商请","租界"西抵长江,即长江东为租界,"租界内地址共六百八十九亩零,每亩议价洋一百八十圆,外加四成迁费七十二圆,各国商人一律照行"②。建设租界,需要拆迁。所谓"迁费"涉及华人及其祖坟等,"如在界租地,须先行报明各该国领事,照会监督芜湖关道委员会勘,指租某地段若干丈,查明妥办,缴价存官,由官立契成交,方准建造房屋"③。由此可见,芜湖海关等购地盖房等办事程序先要英国在芜湖领事同意,再照会清政府芜湖关道,再由芜湖地方政府具体执行。处在芜湖之北的脱甲山离陶家沟很近,税务司拟建关署,涉及用地重新规划与定位,"现在陶家沟滩地税务司拟租定修建关署"。由此大体可见,当时英人在租界仍占据主导地位。

租界属地关联芜湖海关及税务司,涉及长江关卡税务等,相关驻所及办公也涉及在芜湖购地等,而与此比邻的,即有耶稣堂及脱甲山土地等所有权的变迁。与当地行政乃至主管部门也发生关系,后有"税务司租购范罗、磨盘两山成案",1879年5月前后,即"光绪五年四月,总理衙门咨行南北洋大臣、安徽巡抚,转饬芜湖道遵照办理"④。就职权而言,芜湖道即徽宁池太广道,又称"皖南道",下辖芜湖县等。光绪五年(1879),芜湖知县系屈承福。总理衙门1862年即已成立,此时已运行17年,而芜湖税务司购地案涉及相关租地条约。咨称:"税务司为帮理稽查税务之员,需买地造屋居住,与洋商租地造屋开设市坊者不同。应由芜湖道妥为代购,以冀永久相安。"⑤与脱甲山地权交易出现纠纷类似,"现查芜湖范罗、磨盘两山基地可以创置税务司房屋。拟定价洋八千圆,饬该税务司先缴定价本洋五百元,其[余]七千五百元,一俟所售两山内坟墓一律迁净并各业户之红白契纸汇齐交出,再行全数付清等

---

① (清)冯煦主修、陈师礼总纂:《皖政辑要》,合肥:黄山书社2005年版,第8页。
② (清)冯煦主修、陈师礼总纂:《皖政辑要》,合肥:黄山书社2005年版,第8页。
③ (清)冯煦主修、陈师礼总纂:《皖政辑要》,合肥:黄山书社2005年版,第8页。
④ (清)冯煦主修、陈师礼总纂:《皖政辑要》,合肥:黄山书社2005年版,第10页。
⑤ (清)冯煦主修、陈师礼总纂:《皖政辑要》,合肥:黄山书社2005年版,第10页。

因"。《芜湖县志》载:"范罗山俗名饭萝山,在县西北五里,毗赭山西麓,近大江。"①考察地形,这两地靠山望江,属于中国传统意义上的风水宝地。但英方掌控的税务司相关意图一旦落实,即有纠葛或矛盾。"旋据芜湖县印委各员禀报,该两山坟冢累累,共有六百余茔,其中有主无主之坟错杂其内,必须分别办理,方臻妥协。"②这涉及芜湖县相关地方坟地迁移等,"其有主者应由各坟主自行报明,领费迁葬。无主者应购置义山,由官迁葬,以妥枯骸。拟定章程,请出示晓谕,比由芜湖县给费迁坟,有主者各给四圆,其无棺者加恤一圆,无主者由官迁葬义山,均在半月限内一律迁净"。光绪五年(1879)七月,"经芜湖关道详报,已由新关税务司班谟先后送到地价洋银七千五百元,分给坟主及各业户,皆系情愿出售地段,并无盗卖各情,合共甘结四十一纸。旋饬印委各员会同丈量弓尺亩数,该山基地周围五百零八号平方,核算七十五亩二分四厘七毫八丝。租契一样两纸,盖用监督骑缝关防,一存芜湖道署,一存税务司"③。"甘结"指代法庭诉讼中达成一致意见,休庭后,全体出庭者将分别提交《遵依甘结状》④。《遵依甘结状》的内容大部分是抄写堂谕。让全体出庭者各自亲口复述同一堂谕的内容,就是这一文书的意义所在。⑤ 引文中的"甘结"是坟主和业户出具的保证书,保证"系情愿出售地段,并无盗卖各情"。他们领钱迁坟,写下保证书作为凭据,如若撒谎,"甘受处罚"。1879年,山海关代理税务司义理迩离任,班谟任代理税务司,旋任芜湖新关税务司。由此大体可见,事经芜湖县衙及税务司,亦见租界土地买卖及其办理文契等方面的规制等。交代这些,缘于脱甲山与范罗山、磨盘山相距甚近,围绕脱甲山购地所涉中外纠葛及相关诉讼在历史背景上多有重合。

---

① (民国)余谊密主修、鲍实总纂:《芜湖县志》,合肥:黄山书社2008年版,第9页。
② (清)冯煦主修、陈师礼总纂:《皖政辑要》,合肥:黄山书社2005年版,第10页。
③ (清)冯煦主修、陈师礼总纂:《皖政辑要》,合肥:黄山书社2005年版,第10页。
④ [日]寺田浩明著:《清代传统法秩序》,王亚新监译,桂林:广西师范大学出版社2023年版,第248页。
⑤ [日]寺田浩明著:《清代传统法秩序》,王亚新监译,桂林:广西师范大学出版社2023年版,第250页。

三、李鸿章军政利益集团政治运作与芜湖建成米市

1877年为芜湖关键一年,随着1876年中英《烟台条约》签订,芜湖华洋杂处,风气大变,"芜湖自光绪初元,立约通商,华洋糅杂,趋利者不惜扫庐舍,元丘垄以填外人之壑,荒江断岸,森列楼台,于是士女习骄奢忘礼谊,风俗迁流"①。芜湖之奢靡又见风俗,"光绪初元,城外开设茶园,仿京师卖座收价,至马路开辟,则梨园歌馆,弦歌不绝,然不外京调、秦腔。而旧俗相传,有所谓滩簧者,音调既佳,词出亦雅,故士大夫多好之。又有所谓泥簧者,词甚俚俗,杂以小曲,盖为盲女弹词者流,人有喜庆辄招之,视为营业云"②。

西方传教士在芜湖脱甲山大量兼并土地并有加快的趋势,此与芜湖建成米市并迅猛发展密切相关。芜湖米市经济地位的取得与以镇压太平军起家的重要人物、淮军首脑李鸿章的筹划密不可分。张荫桓就芜湖米市建设之事与曾经的幕主李鸿章多有书信往来。张荫桓,字樵野,广东南海人,同治三年(1864),捐纳并往山东得任知县,任职才干受巡抚阎敬铭、丁宝桢、李鸿章等赏识,同治七年(1868)荐至道员,赴湖北总督李瀚章幕任总办营务。李瀚章(1821—1899)系李鸿章胞兄。同治十三年(1874),张荫桓调回山东,荐为登莱青道员,累任山东盐运使。1882年,任芜湖关道员。正是在芜湖关道员任上,张荫桓联络李鸿章,将芜湖建成米市,从而取代镇江。而李鸿章家族在芜湖势力迅猛发展,李鸿章之继长子李经方在芜湖沿河路设源德裕砻坊(即加工大米作坊);在河南富民桥建恒丰粮仓。李瀚章之子李仲浩开鼎玉典当铺、宝善长钱庄,兼任芜湖招商局总办。这与曾国藩及其湘军推行"地方军事化"并插手地方经济发展模式差不多。李鸿章及其淮军在功成名就后,又在"军事化地区"恢复社会化大生产。芜湖乃至安庆等地长江码头仍是李鸿章军政

---

① 余谊密:《芜湖县志序》,见(民国)余谊密主修、鲍实总纂:《芜湖县志》,合肥:黄山书社2008年版,第2~3页。

② (民国)余谊密主修、鲍实总纂:《芜湖县志》,合肥:黄山书社2008年版,第41页。

利益集团掌控地方经济的重要枢纽。

芜湖米市的发展背后关联中央与地方的相互渗透,更与西方对华资本渗透以及经济掌控密不可分。所以芜湖的经济地理及其筹划背后有着复杂的中外关系。据《芜湖县志》,"自南关至浮桥皆米行,谓之南市"。1884年6月10日,总税务司赫德致信中国海关驻伦敦办事处主任金登干:"昨天芜湖道台被召见,太后问他:'中国究竟应该做什么?'他答称'向外国学习'。他的朋友认为他是个没有希望的人,竟敢在宫中说这样的话。一小时后,下达了一道谕旨,把他提升并调到(总理)衙门任职。事事都倾向于显示出我们现在有了转机,新的一派确实是要和平和进步的。"慈禧太后对向西方学习提议高度重视,此也呈现出中央政府对太平天国之后已经发展20年的芜湖及其道台高度重视。李鸿章与慈禧太后关系密切,英国《泰晤士报》评论:"许多事情将手腕精明的总督和他的皇太后绑在了一起,让他们在众多的隐藏在紫禁城红墙之内的黑暗秘密上达成了共识。"[1]1884年受到提拔的张荫桓即在总理衙门学习行走,1885年经李鸿章举荐,充驻美国、西班牙、秘鲁三国公使。据张荫桓任公使期间日记:1886年6月30日(二十九日辛酉),"晴。阅《申报》:芜湖关道梁钦辰开缺,接任为双福,总署总办章京也。前年例保,余列衔,具疏不三年,荣擢,窃为之喜。总署自恭声云后,满员久未得缺,亦无以示鼓励。"[2]作为曾经的芜湖道台,他对曾国藩军政利益集团乃至李鸿章军政利益集团掌控下的芜湖官吏任免关心,可以理解。次日,张荫桓见到了曾与李鸿章签订《烟台条约》的英方代表威妥玛,即"三十日壬戌(7月1日),晴。英使威士来谈,携示《烟台条约》之续订者,此间已得曾劼侯书矣。英使又言,前在钵伦与华人相处甚欢……李傅相曩言银行章程美国最善,属觅精本,顷承弥坚地见惠,拟即寄津"。李鸿章作为洋务派代表人物,主张筹办银行以取代传统的钱庄等,当然李鸿章更有在江南军事化地理空间中安庆、芜湖等地重

---

[1] 《李鸿章》,见《泰晤士报》1901年11月8日,参见方激编译:《帝国的回忆:〈泰晤士报〉晚清改革观察记》,重庆:重庆出版社2014年版,第30页。

[2] 《张荫桓日记》,上海:上海书店出版社2004年版,第33页。

构军政—经济的关联性,并试图从洋务民用工业层面出发,发展地方经济。"傅相欲创设银行,朝论多不洽,《申报》所刊浮议滋甚。荫桓上年八月二十七日召对曾蒙垂问及此,初不知傅相建议,因奏言:此事有真资本又任用得人,可以周转;反是则大有流弊。续谒傅相,谓此为富强要义,行年已老,来日苦短,须为公家浚一利源,用心良苦。客有进言者,请将地丁、盐课、关税、厘金四项稍为厘剔,丁盐正供仍循向章,由司解部,不收银票;税厘两项专隶银行营运,户部每年只收银票三百万两,随收随放,户部不存留票纸,不致骇人听闻。傅相未置可否。"①可见,有着任职芜湖经历的张荫桓与曾经的幕主李鸿章讨论富强之策及其相关经济方略。这涉及中央与地方在军事、经济等方面的利益分歧及格局重组。建成米市后,在李鸿章军政利益集团控制下的芜湖在多方面得到发展。

四、芜湖道袁昶的好官标准及其应酬

芜湖米市及其发展显然离不开地方行政及其官吏经营。而地方官吏属于地方权势网络的核心。地方官吏无疑也是芜湖政治舞台上的重要人物,从用人来看基本上是从总理衙门或军机处空降,关系涉及皇亲国戚或有人脉的科举新锐。这些人往往是传统文化培养出来的,但往往排除西学或西方行政经验,且为人为官往往是儒家伦理的范式,他们的站位往往有相当的政治高度。无论是微观市场交易层面的"经济伦理化",还是中观治理层面的"政治伦理化",无论是地权交易的长时段分析,还是从中央下降到地方层面的政治眼光,都涉及微观层面的从下而上以及中观层面的由上而下两重视角的交融,更有站位与格局的问题。

芜湖道继任者袁昶与李鸿章、张之洞等军政利益集团密切关联。光绪十七年(1891)四月初三日,芜湖教案发生,时在总理衙门任职的袁昶与清流派

---

① 《张荫桓日记》,上海:上海书店出版社2004年版,第33页。

人物黄体芳、李慈铭等多有往来。黄体芳与张佩纶、张之洞等为晚清清流派。袁昶同时与外交人物薛福成、黎庶昌、洪钧谈中英、中日外交关系。光绪十七年(1891),袁昶任职于总理衙门乃至天文算学馆。袁昶属于游走在张之洞与李鸿章官僚集团之间的重要人物,与张之洞幕府联系尤多,并尊张之洞为师座。袁昶精通官场上的人情世故。同年十一月,据《袁昶日记》:初七日参加张荫桓做东的酒宴①,"代人作《合肥相公七十寿叙》草稿讫,漫不可省视,皆藻绘满眼语也,气不疏而无质干,是文家大病。恽子居设所云,设色乃非也"②。李鸿章在这一年是69岁。代人作《合肥相公七十寿叙》草稿,系代张荫桓草拟,但张荫桓不敢书,未采纳③,后袁昶"甚愤,自以活字板制送合肥"④。光绪十八年(1892)正月十四日,袁昶收到李鸿章来函致谢。《李鸿章全集》载有致谢函,"一时得见两奇文,大喜过望矣"⑤。可见李鸿章对袁昶贺寿文的肯定。

光绪十八年(1892)七月,袁昶将自己在总理衙门乃至天文算术馆的工作定位为大管家,"此一年中为管库之吏,正如介甫为群牧司判官时。库中有二蠹吏,一阴恶,一阳恶,如附骨之疽,骤不可去,姑用元万松老人主圣安寺方丈法,观衅而动,可乎?此二蠹不除,一库之政,无清明之色也"⑥。王安石字介甫,《宋史·王安石传》记载:"修以其须禄养言于朝,用为群牧判官,请知常州。"即欧阳修将王安石需要俸禄养家糊口之事特向朝廷解释,朝廷遂任命王安石为群牧判官。此也呈现出袁昶当官是为了养家糊口。圣安寺即北京报恩寺。万松行秀禅师,姓蔡,自号万松野老,系金代河内人。15岁,在荆州出

---

① 朱家英撰:《袁昶年谱长编》,北京:中华书局2023年版,第539页。
② 《袁昶日记》,见《中国近现代稀见史料丛刊》(第五辑),孙之梅整理,南京:凤凰出版社2018年版,第938页。
③ 朱家英撰:《袁昶年谱长编》,北京:中华书局2023年版,第540页。
④ 朱家英撰:《袁昶年谱长编》,北京:中华书局2023年版,第541页。
⑤ 朱家英撰:《袁昶年谱长编》,北京:中华书局2023年版,第545页。
⑥ 《袁昶日记》,见《中国近现代稀见史料丛刊》(第五辑),孙之梅整理,南京:凤凰出版社2018年版,第971页。

家,云游天下,寻师访友,参究禅宗。尤其精通《华严经》。金章宗于1193年召见,询问佛道。他所提的"以儒治国,以佛治心"影响耶律楚材。1197年,万松行秀禅师到西郊栖隐寺,81岁圆寂。万松行秀禅师有《从容录》《清益后录》《万寿语录》等。袁昶任职总理衙门当然涉及外交。光绪十八年(1892)十月,"英圭黎国使臣赍其国书,及叩肯汗所撰国史进呈乙览。上御承光殿,受朝仪卫,肃然礼毕,大臣引行人摈介退出"①。英圭黎即英吉利,指代英国。但袁昶很快得到权力中枢消息,将外放到安徽任职。十二月廿三日辰正,"枢垣南屋有信来,云'蒙恩擢为皖南兵备'"。枢垣指权力中枢,枢垣南屋指代军机处。"小臣素自忖度才庸资浅,不胜外吏之任,思以京曹藏拙,今忽蒙除目,皇悚无似。南皮师亦手谕及此,知弟莫若师也"。袁昶老师张之洞多有劝慰。同月二十四日袁昶"遽折入谢。是晨昧爽,上御乾清宫西暖阁,北向坐,蒙恩召对,约二刻许。上垂询农、译两曹事,及里贯、科目、出身,并该管道职掌甚悉"。袁昶对自己在总理衙门的本职工作非常熟练,回答具体准确,1892年列强对边疆日益觊觎,特别是西北、西南边疆。"圣心尤注念新疆、滇缅两处界务利病,谨以现办情形奏对。饥虱小臣初次独对,几至陨越。是日贵大司寇裕少空亦召见,幸蒙钱丈及两公教,得免失仪。孔子曰:'三人行必有师。'老子云:'贵其师,爱其资。'圣言若蓍烛,良不我欺哉!"②袁昶称:"古今成败由人,穷达有命,事业成乎见地,人为之也。虽曰天运,岂非人事哉。福泽系于因地,因地果还生。天为之也。尽人事以听天命,在量力守分,养性抱朴,内自重而外物轻,躬躬如畏,不改常度,绵绵若存,勿渝其素。故《传》曰:豫若冬涉川,犹若畏四邻。慎之至也。合肥师相再赐燕(宴),见多垂语时事。昔人称文潞公年九十,而视听不衰,处事精决,少壮人莫及也。富郑公八十馀而

---

① 《袁昶日记》,见《中国近现代稀见史料丛刊》(第五辑),孙之梅整理,南京:凤凰出版社2018年版,第980页。

② 《袁昶日记》,见《中国近现代稀见史料丛刊》(第五辑),孙之梅整理,南京:凤凰出版社2018年版,第988页。

守口如瓶,防意如城,畏天命敬人事之至也。今于师相见之矣。"①合肥师相,指李鸿章,为袁昶就任芜湖道专门送别,并就时事多有评点,即将就任徽宁池太广道的袁昶颇有感触。

光绪十八年(1892)十二月二十三日,袁昶以员外郎简放安徽,任徽宁池太广道,兼"皖南兵备"②。徽宁池太广道沿革如下:雍正十一年(1733)十二月设置安徽宁池太广道,领安庆府、徽州府、池州府、太平府、宁国府、广德直隶州。行政中心在安庆府,雍正十二年(1734)十月,迁往芜湖县。咸丰五年(1855)十月将安庆府归并于庐凤道,易名徽宁池太广道,行政中心设在宁国府。该道带兵备衔,加按察使衔,可专折奏事。咸丰十年(1860),行政中心设在徽州府祁门县,后复迁往太平府芜湖县。同治四年(1865),慈禧之父惠征任徽宁池太广道道员。太平天国运动期间,芜湖失守,惠征革职。光绪十八年(1892)三月,《袁昶日记》载:"孝达师所作《合肥使相七十寿叙》,几五千言,真所谓穿天心出月胁,捕龙蛇而与角,引星辰而上浮,开拓万古之心胸,推倒一时之智勇者,余子所作,真如郝苴矣。"③张之洞(1837—1909),字孝达。李鸿章比张之洞大14岁。是年张之洞作《合肥使相七十寿叙》,作为官场应酬唱和,也在情理之中。

光绪十九年(1893)正月初二日,李鸿章有《复新授芜湖关道台袁》④,提及芜湖乃至皖南历史与现状,谈到芜湖道相对而言是一肥缺,"今春开河必早,闻台从月内出都,是否就便之任? 良晤非遥,统容面罄"⑤。初十日,袁昶抵达天津,拜见李鸿章,"垂询公私近事,久之乃退"⑥。次日,再次拜见李鸿

---

① 《袁昶日记》,见《中国近现代稀见史料丛刊》(第五辑),孙之梅整理,南京:凤凰出版社2018年版,第1003页。
② 朱家英撰:《袁昶年谱长编》,北京:中华书局2023年版,第565页。
③ 《袁昶日记》,见《中国近现代稀见史料丛刊》(第五辑),孙之梅整理,南京:凤凰出版社2018年版,第948页。
④ 朱家英撰:《袁昶年谱长编》,北京:中华书局2023年版,第557页。
⑤ 朱家英撰:《袁昶年谱长编》,北京:中华书局2023年版,第565页。
⑥ 朱家英撰:《袁昶年谱长编》,北京:中华书局2023年版,第566页。

章。十二日,李鸿章招饮,淮军名将作陪。① 十五日,袁昶向李鸿章辞行。② 三月初一日,帝师翁同龢招饮袁昶,曾任芜湖道的张荫桓在座。③ 三月十九日,袁昶赴任途中见李鸿章。四月初四日,袁昶至江宁见两江总督刘坤一,提及地方治理要务,刘坤一"首肯"。初九日,抵达安庆,十一日,拜见安徽巡抚沈秉成,又见安徽布政使、按察使等。十八日,抵达芜湖,二十三日,接印视事。

四月,袁昶"初到芜湖,诸事未有条理,分派各家人、胥吏,各执一事,亦未熨帖,同僚及文武印委人情,亦未浃洽,绅士亦未拜往。此事随分相度,事宜有客主之形。齐于髡之礼,从他或谦或倨;邹忌之礼,不得不挥抑自下,理势然也"④。"绅士亦未拜往",反映他很明白地方绅士在为官理政中的重要作用。袁昶对于当官涉及裙带关系,还不以为然,"多见僚吏,又纷纷来谋事者甚多,烦苶不胜。篁西规予以省事清心为养疴之本,予意湘乡公云:'却病之方,莫如以志气帅,以静制动。'欲求自强不息,正须扫除惛志,振刷精神也"⑤。五月十一日,李经方来访,"合肥李伯行星使枉谈"⑥。同月二十三日,"至江干"送李经方,时李经方扶李鸿章夫人棺,将往巢湖归葬。⑦ 十一月初五日,袁昶设宴招待李经方等,称赞李经方"通知四国之事"⑧。实际上袁昶就任前,李鸿章就叮嘱有关芜湖治理可咨询李经方。李经方能讲一口流利的英语,他住在芜湖的"一座装修精致、欧式风格的房子中,有电灯照明,还有舒

---

① 朱家英撰:《袁昶年谱长编》,北京:中华书局2023年版,第567页。
② 朱家英撰:《袁昶年谱长编》,北京:中华书局2023年版,第568页。
③ 朱家英撰:《袁昶年谱长编》,北京:中华书局2023年版,第570页。
④ 《袁昶日记》,见《中国近现代稀见史料丛刊》(第五辑),孙之梅整理,南京:凤凰出版社2018年版,第1013页。
⑤ 《袁昶日记》,见《中国近现代稀见史料丛刊》(第五辑),孙之梅整理,南京:凤凰出版社2018年版,第1013页。
⑥ 朱家英撰:《袁昶年谱长编》,北京:中华书局2023年版,第575页。
⑦ 朱家英撰:《袁昶年谱长编》,北京:中华书局2023年版,第576页。
⑧ 朱家英撰:《袁昶年谱长编》,北京:中华书局2023年版,第579页。

服的扶手椅和沙发"①。可见李经方洋派形象给传教士等留下深刻印象。

为了公务,袁昶给自己订立八条规矩。光绪十九年(1893)五月,《袁昶日记》载:"每日仍定常课八条,曰办公,曰对客,曰检阅案卷,曰读书,曰早晚不拘何时,闭目静坐四刻,数息百入,曰作字,曰课子,曰圈阅《经世文编》。未必力能一一做遍,则先务默坐澄心,存养真宰为主。"②其对自己工作范畴有着清醒的认识,"于职分应为之事,深愧未能尽力。而税务百弊丛生,不可爬梳,智非研桑,殊难久处兹任也"③。"初习虑因于听断之法,未得肯綮,性素不习律令故也。"④芜湖道重要职责是征税与在中外宗教冲突语境下社会维稳。

其一,征税。芜湖征税涉及官场斗争。官僚斗争,光绪二十年(1894)四月,"日前为榷台王某所中伤,簸弄索借解款四万金。大府信其逸言,符下催提,为之窘迫,计无所出,惟有挂冠远祸耳。今仰蒙神祐,事幸得稍缓,或可中止,然王某之仇似不可无以报之,有如江水矣。对鲁家言,不能不示之意。《传》曰:'日中必熭,操刀必割。'又曰:'兼弱攻昧,取乱侮亡。'《军志》有之云:'宁我薄人,毋人薄我。'彼儒家妇人之仁,决不可用也"⑤。此时大府系李秉衡。光绪二十年(1894)六月中日战争爆发。七月十六日,蒙古族正红旗倭仁之侄福润接替李秉衡任安徽巡抚。李秉衡任安徽巡抚,系张之洞等大力推荐。甲午战争爆发,李秉衡调任山东巡抚。好在李秉衡调任后,情况得以缓解。李秉衡系李鸿章及其军政势力集团的反对派。芜湖道袁昶的官场运作空间颇受挤压。

---

① [英]吴芳思著:《口岸往事:海外侨民在中国的迷梦与生活(1843—1943)》,柯卉译,北京:新星出版社2018年版,第118页。
② 《袁昶日记》,见《中国近现代稀见史料丛刊》(第五辑),孙之梅整理,南京:凤凰出版社2018年版,第1013页。
③ 《袁昶日记》,见《中国近现代稀见史料丛刊》(第五辑),孙之梅整理,南京:凤凰出版社2018年版,第1013页。
④ 《袁昶日记》,见《中国近现代稀见史料丛刊》(第五辑),孙之梅整理,南京:凤凰出版社2018年版,第1013页。
⑤ 《袁昶日记》,见《中国近现代稀见史料丛刊》(第五辑),孙之梅整理,南京:凤凰出版社2018年版,第1065页。

地权交易"在地化"情境：芜湖开埠及传教士插手脱甲山土地兼并

袁昶任职芜湖道的重要任务就是助力清政府征税。芜湖是长江中游重要贸易码头，取代镇江成为米市。二十年（1894）四月，《袁昶日记》载：中英、中日、中俄外交涉及茶叶贸易，由此关联桑麻、糖业、铅业贸易。"英人东印度大吉岭种茶日旺，日本亦艺茶，而我闽歙之业茶者，利息减薄，业户以牙厘榷重坐困，第仰俄人汉口买茶，年增至九百万箱，赖有此以润鄂湘茶商耳。然俄茶浸销蒙古及新疆北路，仍夺我晋茶之命，乃利中之大害也。英法人育蚕种桑，而我苏浙蚕蛹多病。今年桑叶每百斤价止值泉二百文，业缫丝之户亦困，而洋商又买茧开锅自缫，犯土货毋得改造之禁。倭夺我流虬三十六岛，以北岛为冲绳县，广植甘蔗，又攘夺我台澎之糖利。又买中国之铅，开炉化分，滤成黑白二色铅，售与我户工部，宝源、宝泉二局鼓铸之用此，皆中国之利为外洋所侵噬者也"。袁昶从实业乃至币制改革层面分析近代中国寻求富强之道，"史公曰：本富为上，末富次之，奸富为下。今本富长算操之洋人，我所营之织布棉纱局，名曰夺洋商之利，而实则朘削民间之利，仍为末富耳。至华商困于厘金之苛征暴敛，避而冒附洋商以射利，则奸富之糜耳。此中外利权消息之大关键也。我以银铜二者铸币，币色尤恶。丁漕折色之入，俸饷役食之出，吏缘为奸，而英法铸金银铜三品之币，以御其轻重，操其奇赢，今镑价日昂，刀布之商受其朘削。光绪十二三年，镑一个易银三两六七钱不等。今金镑价骤涨至每个银六两左右，出使大臣先受巨累。凡中国买外洋机器铁轨兵船枪弹，必买镑交易，彼高抬镑价，正以困我。我不改造弊法，必不能支。此谋求中国之贫弱者当知也"①。中日甲午战争前夕，筹备军饷成为长江商埠税收的重要任务。

其二，袁昶对芜湖税务司等外事人员的居住环境感叹有加。脱甲山在下一五铺，邻近有范罗山等。清季英领事署在范罗山，"因《烟台条约》，于光绪三年，由英国领事官建筑新式楼房一座，四围绕以垣墙，以为领事官办公之

---

① 《袁昶日记》，见《中国近现代稀见史料丛刊》（第五辑），孙之梅整理，南京：凤凰出版社2018年版，第1066~1067页。

地"①。后者是英国在芜湖的税务司别墅区及办公区。中日甲午海战后芜湖海关税收重要任务就是支付日本赔款。英方控制之下的芜湖税务司建在范罗山。芜湖税务司所居住的滨江方位,袁昶有深刻印象,二十一年(1895)三月:袁昶"答拜班税司所居山墅,本踞一方之胜,桂岩荑泮,榭径菘畦,位置高下,皆适其宜,春林秀发,茸茸可爱。道旁有松二株,花如璎珞,现寿者相,尤为佳妙。如得此沃墅,真不啻十洲三岛,置身其间,世乐何足耽著哉?主人为特设鸡黍,殷勤把盏,唉胡饼少许,无异汪伦潭水矣。"②班税司指班谟,同治五年(1866)入中国海关任职,曾任镇江代理税务司。汪伦潭水指"桃花潭水深千尺,不及汪伦送我情",可见两者关系融洽。二十二年(1896)十月,"会拜班税司,导游范山绝顶六角亭,山径磐纡曲折,高处四望萧远,江流如带,形胜雄壮。有英兵舶一泊岸打猎,税司以酒、果、山鸡脯、白粲饭供予一饱,海客殊多情也"③。范山系范罗山,登范罗山最高处六角亭,可以眺望长江海关及其码头等。二十二年(1896)十一月,"税司班伯谋辟墅饭罗山,奇花异草,种满山谷,予往游眺,辄为治鸡黍。四年之间,周旋既久,不觉潭水情深。今班假归西海,对此林园殊有别意,小瑶林将易主者,又不禁念岁月迁流,人事不恒,感慨系之"④。袁昶再次重申"潭水情深"。光绪二十二年(1896)七月,"举头见窗外寒竹千挺,高梧两株,亦有班嗣一丘之意。此中亦可隐,何必黄山与天台"⑤。袁昶非常羡慕税务司及其别墅所营造的隐逸生活。而脱甲山离英国税务司的别墅及办公区约两公里,相距很近。

其三,袁昶多次向英美外交人员阐发他对宗教的理解。脱甲山地权交易

---

① (民国)余谊密主修、鲍实总纂:《芜湖县志》,合肥:黄山书社2008年版,第71页。
② 《袁昶日记》,见《中国近现代稀见史料丛刊》(第五辑),孙之梅整理,南京:凤凰出版社2018年版,第1131页。
③ 《袁昶日记》,见《中国近现代稀见史料丛刊》(第五辑),孙之梅整理,南京:凤凰出版社2018年版,第1216页。
④ 《袁昶日记》,见《中国近现代稀见史料丛刊》(第五辑),孙之梅整理,南京:凤凰出版社2018年版,第1229页。
⑤ 《袁昶日记》,见《中国近现代稀见史料丛刊》(第五辑),孙之梅整理,南京:凤凰出版社2018年版,第1204页。

涉及英国传教士与美国传教士在芜湖兼并土地而形成的利益冲突。而传教士本身关涉宗教信仰及在华人际交往圈层。法国传教士史式徽在其所著《江南传教史》中称："好几个城市虽然是属县一级的,例如上海、芜湖、无锡等,却是人口稠密、政务集中的要地。"① 中国人多信仰佛教,一些不知名的庙宇也甚多,《穿蓝色长袍的国度》对芜湖的佛教庙宇也有涉及。《烟台条约》签订之后,有诸多名目繁杂的教会在江城芜湖活动。1887 年,作为江南教区西部中心的若瑟院在鹤儿山筹建,1889 年 8 月,易名为芜湖总铎区。其时芜湖有 183 名天主教徒。② 1889 年,天主教堂举行奠基礼,在筹建过程中暴发"芜湖教案"。1891 年 5 月 10 日,针对教会育婴堂强收幼童事件,芜湖天主教总本堂中神父滕伯禄与知县王焕熙多有交涉。同年,负责编撰《江南新教区通史》的费赖神父病逝,相关资料被移交给芜湖夏鸣雷神父处,后因失火而遭焚毁。③ 5 月 12 日,事态升级为火烧鹤儿山天主堂。后中方赔款白银 12 万余两,重建教堂并有所扩大,1895 年 6 月完工。徽宁池太广道袁昶与在芜湖的领事及传教士等也有往来,特别是英国驻扎在芜湖的领事福格林来访,光绪二十年(1894)二月午刻,"英圭黎领事来,为析论祆教、景教、唐碑、道教、释教、天主、天方、婆罗门各教源流异同、分合之故以晓之。弹指兰阇,王茂宏之术略,一用之世法、出世法,皆有权有实,予姑偶寓权指也。然慎收敛示人,杜德机勿常用"④。这涉及袁昶习知的"道可道,非常道"及其宗教意义上的天机不可泄露,当然更多的是中外宗教比较的眼光与格局。

面对西方列强的坚船利炮及救世救心并用的传教,袁昶对此颇有提防。而中日甲午海战,滨江芜湖防守任务也重。袁昶多次会见英美军事将领,商

---

① [法]史式徽著:《江南传教史》(第一卷),天主教上海教区史料译写组译,上海:上海译文出版社 1983 年版,第 4 页。
② 翁飞等著:《安徽近代史》,合肥:安徽人民出版社 1990 年版,第 296 页。
③ [法]史式徽著:《江南传教史》(第一卷),《原序》,天主教上海教区史料译写组译,上海:上海译文出版社 1983 年版,第 1 页。
④ 《袁昶日记》,见《中国近现代稀见史料丛刊》(第五辑),孙之梅整理,南京:凤凰出版社 2018 年版,第 1044 页。

请英美军舰保护芜湖通商口岸。光绪二十年(1894)十一月十八日,袁昶携英国驻芜湖领事福格林会见美兵船水师参将葛雷池,并参观美舰,"葛参将与职道问答良久,并问儒、佛、景教、袄教、加特力、天方、黄教各教源流,又蜡丁、埃及、拉提诺、唐古忒各种文字,满蒙汉三合文字流别,职道一一将梗概具答之,葛甚悦。旋声炮十二,出相送,遂归。是日北风,江心浪极大,所坐炮划,掀簸几覆,幸而获济"①。(眉批)按:拉提诺似即拉丁,为欧西各国文字之祖。② 葛参将即美国海军将军葛雷池。可见有关宗教及其关联中西文化对比,是驻扎芜湖的英国领事、军事将领乃至传教士共同关心的话题。二十一年(1895)八月,"答拜班税司、福领事、滕司铎,论袄神景教、摩西教、希腊教、加特力教以及天方教、释教婆罗门各教源流,此用茂宏兰阁之术也"③。"英领事富美基来,与之言各教源流,地球大势,并议机器砮坊事。富领事言:挪威国有天文生,裹粮往北冰海之北,探北极度数穷处,此君可谓畴人子弟之雄,单千金之家以学屠龙者已。"④话题由宗教到世界大势,以及在芜湖中江附近大砮坊筹办机器等。二十一年(1895)十二月二十九日,张之洞有《保荐人才折并清单》,称袁昶"任芜湖关道后,于洋关税务司及领事等俱能驾驭有法,操纵合宜。而在任裁汰陋规浮费万余金,俭约刻励,其廉洁可风,尤为人之所难"⑤。

芜湖道袁昶多次与在华西人谈论宗教及其源流问题。二十二年(1896)七月,"晤拂棶主教、倪君怀纶,与谈三教流别及景教、天方教规源流久之"⑥。

---

① 《袁昶日记》,见《中国近现代稀见史料丛刊》(第五辑),孙之梅整理,南京:凤凰出版社2018年版,第1100页。
② 《袁昶日记》,见《中国近现代稀见史料丛刊》(第五辑),孙之梅整理,南京:凤凰出版社2018年版,第1100页。
③ 《袁昶日记》,见《中国近现代稀见史料丛刊》(第五辑),孙之梅整理,南京:凤凰出版社2018年版,第1152页。
④ 《袁昶日记》,见《中国近现代稀见史料丛刊》(第五辑),孙之梅整理,南京:凤凰出版社2018年版,第1258页。
⑤ 朱家英撰:《袁昶年谱长编》,北京:中华书局2023年版,第623页。
⑥ 《袁昶日记》,见《中国近现代稀见史料丛刊》(第五辑),孙之梅整理,南京:凤凰出版社2018年版,第1198页。

二十二年(1896)九月,"前税司班谟出示唐书佛罗汉、文殊四、毗沙十馀幅,皆工致,云以贱值得之日本。倭向事佛,明治维新以来,事耶稣天主教而斥儒佛二教,于此一事可见"①。安徽教案也是他关注的焦点,二十二年(1896)十一月,"法国兵船弁薛孟克露尔,以六安教堂案要挟赔款一千五百两,又强令撤王牧懋勋之任,又以前中丞福不予延见为口实,新帅不得已接见法弁并答拜。委候倅陈宏莲伴送法教士费骞起六安,乃得了事。中夏之受侮,不止一事。此善审洋情者随机处之,勿存书生胶柱之见可也。王州牧粥丞来,言渠因六安苏家坡教士被殴案,罟误开缺之冤"②。

大体而言,中日甲午战争后,李鸿章军政利益集团虽然遭遇重大挫折,李鸿章落魄,芜湖道袁昶称李经方为"和仲"(卖国贼秦桧养子)③,《袁昶日记》载:"闻李鉴堂中丞赴山东任,轿车三辆,随从四人,行箧萧然,甚于寒素。墨吏望风战栗,东省风气为之一变矣。惜其不来枞阳,枞阳人之不幸,东人之福也。"④刘坤一催芜湖关提供军饷,"岘帅因募兵催饷甚急,羽电络绎,现库储极绌,前以奉部文趣解浙饷三十余万,业已罗掘一空,顷勉在常关应解部之饷,凑集三万金,禀请奏明提拨,殊有捉襟露肘之困"⑤。岘帅指两江总督刘坤一。芜湖已经在洋务方面很有声色。芜湖道袁昶在芜湖引进机器上颇为用心,但又担心机器与民力竞争,导致民工失业。二十三年(1897)九月,"以奸商冒充洋商,开设机器砻坊事,往与英领事富美基订立章程三条办法,谕许

---

① 《袁昶日记》,见《中国近现代稀见史料丛刊》(第五辑),孙之梅整理,南京:凤凰出版社2018年版,第1209页。
② 《袁昶日记》,见《中国近现代稀见史料丛刊》(第五辑),孙之梅整理,南京:凤凰出版社2018年版,第1225页。
③ 朱家英撰:《袁昶年谱长编》,北京:中华书局2023年版,第640页。
④ 《袁昶日记》,见《中国近现代稀见史料丛刊》(第五辑),孙之梅整理,南京:凤凰出版社2018年版,第1085~1086页。
⑤ 《袁昶日记》,见《中国近现代稀见史料丛刊》(第五辑),孙之梅整理,南京:凤凰出版社2018年版,第1086页。

久乃归"①。1898年,《皖报》在芜湖创办,旨在办成"务实维新之报",系安徽近代第一份报纸,可见芜湖鼓吹维新风气在安徽之领先地位。而芜湖社会重构经历从徽商云集到太平天国运动中后期徽商衰败,再到西方商人及传教士开疆拓土,有个历史坎坷不平的经历。

探讨芜湖脱甲山及其关联的地权交易,由此分析芜湖与安徽乃至江南的关系,涉及文本的载体有日记、档案及地方志。芜湖县的地方志受到地方官吏的高度重视,《袁昶日记》就记载了他阅读《芜湖县志》的情况,从他所记载的芜湖古迹名胜来看,有多处传闻来自地方志。他所要修建的中江书院及其空间设计乃至规划,很多来自地方志。芜湖地方志与全国地方志在体例上基本上是一致的,不同的是内容上对地方概要及其特色的呈现。芜湖属于滨江城镇,当然有很多水灾救济方面的内容。芜湖发展当然离不开李鸿章及其家族,可以说米市从镇江移到芜湖,基本上就是李鸿章及其军政利益集团操控的。而袁昶曾在总理衙门行走的位置,成为李鸿章与张之洞看好的对象,因为袁昶与张之洞有师生关系,特别是后来张之洞出任两江总督,变成了袁昶的上司,关系更是非同一般。袁昶在芜湖文教方面的建树一方面效法张之洞的举措,一方面是来自芜湖地方志提供的历史资政。袁昶早年一直坚持记事修身,此大体上不变。与英美等外交使节乃至英美兵舰的交往,涉及西学乃至相关的教育内容,也呈现在他的日记中。从袁昶执政芜湖来看,人生下半场越是向后,他接触报纸获取资讯越来越多。

五、美英在芜湖传教利益分殊与脱甲山地权的流动

芜湖在洋务运动后很快因交通便利等成为商业与传教要地。实际上,自1877年芜湖约开商埠,作为"新关",进出口贸易额为1586682两,至1899年

---

① 《袁昶日记》,见《中国近现代稀见史料丛刊》(第五辑),孙之梅整理,南京:凤凰出版社2018年版,第1265页。

急增为20281849两,增长近12.79倍,洋货增长为7.79倍。① 洋货对土货的冲击不仅使芜湖农耕经济自然解体,更意味着新社会生活方式的到来。当然涉及马克思所说的宗教是麻醉人民的鸦片,西方宗教在安徽沿江传播很快。面对芜湖有利可居,西方列强在进行商战时,试图以宗教改造中国人。英美内地会在皖传教活动,有个发展变化的动态过程。"除了经营鸦片的英国人,传教士也让芜湖的领事馆官员头疼不已。中国内地会像它的名字所表露的那样,远比外国官吏更热衷于深入中国腹地。内地会的传教士时常从长江边的口岸出发,去勇敢地面对危险。"② 英国在皖内地会传教有个过程。据《芜湖市志》:1869年,英国人戴德生来芜行医并办教会,此即芜湖早期内地会。1870年,在芜湖中二街270号建立布道所,鼓吹基督教。戴德生在芜湖内地会任职,后由英国籍传教士屠善宰和安东籍朱国英共同负责6年。据《中国近代期刊篇目汇录》,颇有笔墨才能的屠善宰在1903年4月《中西教会报》上刊有《种子叹息论》等文。屠善宰早年传教于芜湖英耶稣总堂。除英耶稣总堂外,尚有"英内地会教堂":"在西乡下一五铺小友山,洋式瓦屋二重。光绪十八年价买杜姓之屋。教士胡立礼,英人。"《皖政辑要》提及英国传教士在芜湖建教堂,"英耶稣总堂:在西城外百家铺二街,华洋兼式瓦屋二重。光绪五年价买刘、汪二姓之屋。教士屠善宰,英人"③。西城,多滨江。英籍内地会传教士屠善宰为笔者在不列颠图书馆新发现文献的涉事人。据黄光域编《基督教传行中国纪年(1807—1949)》,1888年,内地会教士屠善宰来华布道,驻安徽来安。屠善宰婚姻亦缘于其在华传教的同行④:1890年,内地会女教士

---

① 相关数据统计折算参见翁飞等著:《安徽近代史》,合肥:安徽人民出版社1990年版,第224、225页。
② [英]吴芳思著:《口岸往事:海外侨民在中国的迷梦与生活(1843—1943)》,柯卉译,北京:新星出版社2018年版,第118~119页。
③ (清)冯煦主修、陈师礼总纂:《皖政辑要》,合肥:黄山书社2005年版,第43页。
④ 黄光域编:《基督教传行中国纪年(1807—1949)》,桂林:广西师范大学出版社2017年版,第109页。

S. Jane Stedman 来华,初在扬州研习汉语,旋派安徽布道,后嫁给屠善宰。①据《皖政辑要》,屠善宰在皖布道期间一度任职内地会芜湖总堂,其传教行迹见于中国多地。屠善宰等参与英国内地会在华有组织的传教活动。后屠善宰成为总管,在兼并芜湖军事及商贸战略要地脱甲山过程中扮演重要角色。在这一背景下,西方传教士关注土地收益。

具体而言,在维新运动期间,西方传教士在江南地区日益活跃。芜湖面临西方宗教的冲击,由此引发社会结构分解与重构。而西方在华传教士也有教派之分,这些传教士不仅在精神层面对华侵蚀,甚至涉及兼并地权。土地是最为基本的生产资料,关系社会生产的变革。西方传教士在江南建立诸多的传教基地,而内忧外患对芜湖颇有冲击并引发芜湖一些宗法意义上大家庭的解体。下面来看一份合议文契②:

> 立合议字黄在邦、象龙、配义、聚齐、义恭,缘我等五房因兵燹后同居未便,于咸丰八年奉母命分居各爨,当凭亲友将祖遗田房,除提产及私置产业外,概作五股,品搭阄分清白,比立分家书五本,各执一本为据。彼此均无异言。惟有脱甲山、弋矶山、石龙山及清风楼下滩地,均行未分,倘日后变卖,均作五股摊派,不得一人私相授受,如有一人背公私卖,查出即作吞公论,听凭四人执字禀官究治。但我等祖遗产业各项字据甚多,倘有遗留,各房日后检出亦行归公,不得私揩。此系各愿,毫无异说。恐后无凭,立此合议字,一样五纸,各执一纸为据。
>
> 光绪贰拾四年二月初三日。立合议字黄象龙　（画押）
>
> 　　　　　　　　　　　　　　在邦　（画押）
>
> 　　　　　　　　　　　　　　配义　（画押）
>
> 　　　　　　　　　　　　　　聚齐　（画押）
>
> 　　　　　　　　　　　　　　义恭　（画押）

---

① 黄光域编:《基督教传行中国纪年(1807—1949)》,桂林:广西师范大学出版社2017年版,第124页。

② 白纸墨迹,宽5寸,长1尺半左右。

黄姓在芜湖县城当为大姓家族。此从脱甲山、弋矶山、石龙山及清风楼下滩地为家族山地可见。具体而言,清风楼在旧《芜湖县志》的"租界图"中可见,位于"芜湖医院"以南,"芜湖医院"南面为弋矶山,五马路,再南,即为清风楼遗址。① 这说明1898年脱甲山土地买卖纠纷中尚有大姓家族黄姓土地的存在,涉及黄在邦、黄象龙等五房兄弟。此当为较为早期的"杭姓"等卖给"黄姓",而黄姓后人包括黄在邦、黄象龙、黄配义、黄聚齐、黄义恭。从占有各处山地来看,"黄姓"当为大户人家或名门之后。黄家遗产中有弋矶山、石龙山及清风楼下滩地,比照芜湖相关地图,可见"清风楼遗址"南向租界拾区,即和记租界,含地甚广,可见黄姓"家大业大"。脱甲山、弋矶山(旧作驿矶山)在县西北十里许,临大江,南宋特设馆驿,立市肆于此,故名②。脱甲山相关土地文契之声明,称咸丰八年(1858)太平天国战火烧到芜湖等情,可见脱甲山地权交易中颇有曲折,部分交易合同当有私下交易,部分内容甚至为捏造,由此发生的官司诉讼主要是"黄姓"将土地"捐赠"给教堂,涉及西方在华传教士利用"捐赠"及"收买"等方式兼并芜湖军事战略要地脱甲山。就芜湖脱甲山涉及乡土社会而言,围绕地权交易涉及杜姓、袁姓、黄姓、朱姓、崔姓、雍姓。参照芜湖县地方志,可见县南有陶家巷,县北有官铺巷,县东有箫家巷,县西有方家巷,弼赋门(芜湖县城四大正门之一,建有城楼③)外有袁家巷。这些显示他们都是大姓或大户人家。④ 这些参与地权交易的相关姓氏,涉及父子、叔侄的关系,也有间接的亲戚关系,但关系网络的连接点往往在外村外姓之间的地权交易。乡村土地的重要性涉及产权等,所谓土地的权利涉及挖土取泥等。比照稀见文献,滨江部分农民生火做饭用的柴草来自脱甲山。脱甲山附近也有一牧马场田⑤,芜湖养马,当为军事用途,这也再次证明了脱甲山附近为驻军所在,脱甲山本身就是军事要地。比照相关文契以及不列颠图书馆

---

① (民国)余谊密主修、鲍实总纂:《芜湖县志》,合肥:黄山书社2008年版,第10页。
② (民国)余谊密主修、鲍实总纂:《芜湖县志》,合肥:黄山书社2008年版,第10页。
③ (民国)余谊密主修、鲍实总纂:《芜湖县志》,合肥:黄山书社2008年版,第54页。
④ (民国)余谊密主修、鲍实总纂:《芜湖县志》,合肥:黄山书社2008年版,第33,34页。
⑤ (民国)余谊密主修、鲍实总纂:《芜湖县志》,合肥:黄山书社2008年版,第158页。

收藏的整个卷宗,此为八国联军侵华后芜湖一些地方人士为避税而名义上将山地"捐给"西方传教士埋下伏笔。脱甲山属于典型的江南丘陵,滨西为长江,雨水及滨江水汽等颇为湿润,脱甲山多长杂草,或作坟地,诸如山地打草权,"芜湖县境内湖地最多,其割取柴草,各有地段,大抵以刀数为持分标准,于某湖草场内占几把刀,即于该湖草场内有几把刀打草之权,其权力转移时,契约内亦注有此等字样"①。地权交易合同交代了脱甲山的相关用途。结合近代芜湖城市发展史,内地会、美以美会等在芜湖传教界、医疗界及慈善界颇有影响。传教士兼并土地,无疑是造成流民的重要原因。伴随着农民的失地进程,即近代芜湖沿江地带走向城镇化的过程,一部分流民成为芜湖米市或渔业加工产业工人等重要来源。

脱甲山文献涉及芜湖重要的市场乃至军事要地,兼并地权涉及美英传教士内部矛盾,同时也涉及脱甲山地权关联的地方缙绅之间的矛盾。脱甲山地权官司的根源是地权逃税问题等。所以部分地权拥有者将地权捐献给教堂,设想地权意义中地面使用权与地根权(即最终所有权)等分离,名义上是向教堂感恩而奉献土地,但教堂属于洋人,一旦有合同意义上的赤契与私下交易形成的白契,整个地权的性质就发生了变化。这些捐献地权的理由涉及感恩,又有私下洋元交易。这些关联经济的伦理化过程。

六、不列颠图书馆藏的芜湖珍稀文献所呈现的社会镜像及其学理省思

芜湖脱甲山为明史中尤为重要的军事战略要塞。讨论不列颠图书馆藏的芜湖开埠前后脱甲山的40多件文档,可见脱甲山这一山地在芜湖属于军事要地,这亦可从明末战争中看得出来,在清末围绕租界附近脱甲山的所有权或产权,中外展开斗争。明末福王在此被俘,亦涉明亡清兴的历史节点。

---

① (民国)余谊密主修、鲍实总纂:《芜湖县志》,合肥:黄山书社2008年版,第44页。

地权交易"在地化"情境:芜湖开埠及传教士插手脱甲山土地兼并

这些皆说明脱甲山因属芜湖沿江高地而成重要军事据点。这些新发现的资料应该有重要价值,可以想见英国相关传教组织的重视。购脱甲山建房作教堂,可能意义不仅仅局限于教堂。一旦战火在芜湖燃起,脱甲山易守难攻。传教士在芜湖建江南传教基地,不局限于传教。从教堂购地的位置来看,英方有在军事上控制芜湖乃至长江中游的目的。西方传教士作为外来势力,对江南社会的介入也有个过程,甚至波及购置地产等。总之,英国内地会对华传教士在皖买地往往是一个依据现有法律及民俗等逐步蚕食的过程。而太平天国运动及第二次鸦片战争期间的安徽多面临内忧外患的冲击,以芜湖为核心的长江中游的江南乡土社会存在诸多的问题,民众的生活存在着贫困化的趋势,因家用不足或逃税以致以"白契"的方式变相卖地给传教士,脱甲山地权交易说明了这一点。

脱甲山地权交易的地契折射出村落的芜湖城镇化进程。不列颠图书馆藏的芜湖脱甲山土地交易的完整文献,涉及当时社会生态,也反映了西方势力对长江沿线深入的过程,而他们兼并土地,无疑是造成农民失地的重要原因。伴随着农民失地的进程,芜湖沿江地带走向城镇化。脱甲山地理位置非常特殊。这些说明地理位置的重要性,有关芜湖脱甲山的这些文契还反映了近代外来势力入侵江南城镇化的过程。这当中涉及社会规则的调整与修补,就农民社会生活的变动而言,无外乎在规则与潜规则之间运动。法与社会秩序是何关系?两者互动是显然的,涉及好法、恶法,两者存在良性互动或恶性运作。若此规模的聚众诉讼,涉及教民冲突,还涉及官民利益的不同。教民利益不同,两者代表的利益就像交锋的两股气流带来交汇点上的锋面雨水,形成社会运动,造成社会秩序的不安定。从文献来看,历时性跨度大,社会涉及面广。

芜湖道台的职责所在不言而喻。从用人来看基本上是从总理衙门或军机处空降。做官是德不配位或德位相配,涉及修齐治平关联的政治伦理化。同时,在分权过程中,皇亲国戚内部也争权夺利,中央与地方的矛盾也凸显出来。大多情况下南洋大臣又兼有两江总督之职务,这是镇压太平天国运动过程中地方社会行政军事化的重要呈现。

芜湖脱甲山地权相关档案关系诸多宗法意义上名门望族围绕土地兼并展开的角逐。这些地权交易文书分为赤契与白契。档案文献可以是个人的，也可以是单位的，可以是某个领域的。围绕脱甲山地权展开的权益分割涉及民间与官府，交易涉及官场登记及征税，也涉及私下交易或小范围内的秘密操作。这是赤契与白契差别所在。

从载体特性来看，脱甲山地权交易在地方志中、日记中和档案文献中呈现的是观看的层次及其角度乃至聚焦点不同。从《芜湖县志》与《皖政辑要》来看，关于巡警、与洋人的商约、教堂等内容属于新的社会职业、新的社会契约等，是社会乃至国家发展的新生活方式的体现。

1891年，两江总督刘坤一处理芜湖教案，姿态强硬。刘坤一系在镇压太平军中崛起的湘军统帅。李鸿章及其淮军在1894年中日甲午海战后声名狼藉，而刘坤一始终保持较高的社会声誉，晚年的声望一度可与张之洞等比肩。

土地兼并与传教：
清季英人利用传教兼并芜湖战略据点脱甲山的历程

　　学术研究的新领域可以很大，大到研究整个社会，也可以很小，小到研究社会细胞，这涉及学术研究中宏观与微观的问题。因为时间与材料的关系，学者往往喜欢采取"小题大做"的形式。"小题"既有微观的问题，还有目光向下的视角。"小题"的选择如同医学工作者解剖细胞，解剖前一定要注意被解剖对象是否有典型性，即从中可以发现其与其他细胞的共性，这样才有借鉴的价值。学术研究亦如此，诸如中国有五千多年的农耕文明史。就城乡而言，唱主角的是乡村而非城镇。就村落而言，"麻雀虽小，五脏俱全"，尤其是中国社会讲究"修、齐、治、平"，"齐家"与"治国"成为一体，"家"是"国"的放大，"国"是"家"的缩影。透过村落中家的研究去解析、透视国家、社会历史的变迁，是历史学家、社会学家常用的手法。社会学家擅长考察村落的社会结构、功能，及结构变化引发功能的嬗变。在空间上，村落中家庭像细胞一样，具备解剖的可能性；在时间上，它还有历史的变迁。变迁速度的骤缓与其社会结构、功能的变化有着内在的一致性。中国学者在这方面有些成果，诸如林耀华的《金翼：中国家族制度的社会学研究》（以下简称《金翼》）是其中的代表作。1934年，林耀华写成《金翼》。《金翼》属于自传性质，述说两个家庭在中国民间传统文化与经济背景下，面对新的商业社会经济方式，如何调整适应以求新的发展或因不能适应而日渐衰落,再现了20世纪30年代前后中国农村生活的情景及经济变迁的剖析面。还有杨懋春的《一个中国村庄:山东台头》。作者也是用社会学方法对自己出生、成长的地方作解剖,是典型的社区研究。"社区研究是本世纪初崛起的文化人类学研究新方法。它把一个相对独立的社区作为有机的整体,通过揭示社区内部各要素之间的关系,从整体上把握和理解此社区中人们的生活、思想和感情。"作者的目的是"要描绘一幅整合的总体的画面",所以他没有把日常生活中的重要方面——经济、社会、政治、宗教、教育分别详加描绘,而是以初级群体(即家庭)中个体之间的相互关系为起点,然后扩大到次级群体(村庄)中初级群体之间的相互关系。从而使"台头村这个乡村社区在文化中被读者理解"①。乡村的社会生活是有差别的,这正如费孝通所说的"差序格局"。差序格局是与团结格局相对而言的。与村落相对而言的便是近代集镇。有关近代集镇探索,有相当多的成果及积累,但从学理上探索的当属美国施坚雅的相关论述。村落史学尤其聚焦于结构、功能的探索。施坚雅提出了地理的形态与市场可区分的等级,即"市镇经济区系论",即市场交易点布局的六边形理论。当然,施坚雅的理论是在探索中受到燕京大学杨庆堃硕士学位论文《邹平市集之研究》的影响。

　　杨庆堃在论文第一部分《市集的研究和中国社会变迁》中称:"中国农村的社会经济结构以及其最近所发生之变化,已经成了中国近代社会变迁的中心问题。详细的说,这问题中所包含的,而同时又是纷讼未决的要点是:(甲)中国农村是否仍维持其自给自足的局面? 如是的话,这自给自足的局面现在保持着一个什么形式? 如不是的话,它已破坏到什么程度? 它和世界经济发生了什么程度的关系? (乙)中国农村经济的结构和组织,现在演变成一种什么样的形态?"杨庆堃提出的问题既有西方社会学分析的学理参照,也有中国文献乃至社会调研材料的支持,而他的问题确实是社会现实存在的问题。

　　杨庆堃称:"市集是农村经济活动中的一个重要的中心。农民生产了货

---

① 杨懋春著:《一个中国村庄:山东台头》,张维等译,南京:江苏人民出版社2001年版,《译者序言》。

物后,都拿到集上来卖,需要自己不能造的货物时,都到集上来买。换言之,市集是农村大部分的经济流出和流入所必经之点。市集上货物的种类、性质与来源,用数量分析起来,就是农村经济与世界经济关系的一把标尺。同时,市集的结构与交易的方式,也能表现农村经济组织的一角,这一角对于其他互倚的各部社会组织,也能露出一种连带的提示。"杨庆堃称:"关于研究的方法,第一个问题,便是单位的问题。市集系统不过是一个社会所用来作满足经济交易功能的一种工具,是以最合理的单位,是运用市集本身的社会功能群体。若离开这功能群体而去研究市集,则结果就是支离破碎,完全失了市集和整个社会功能的联络关系。"杨庆堃对具体调研对象有范畴的界定,"这研究工作的范围,只是海岸线上的山东省内,胶济路旁的一个县份——邹平县。我因此并不希望它能代表整个中国的情形,因为在地理、文化和种族都极纷纭复杂的中国里,南北的分野,海岸和内陆的差异,蒙边的游牧生活和上海的工业文明,都令许多人说中国的状况,实在并不等于世界上任一个国家,而是简直等于一个欧洲大陆。我所希望的,只是让他能代表一个文化和地理状态都具有较高的统一性的社会功能单位里的实状"。

解决问题需要具体的研究方法,杨庆堃征引了孙末南的说法:社会是"许多小群所组成的大群"。杨庆堃认为:"在人口流动较停滞的邹平农村社会中,每个大群体和小群都有其地理基础的根据。依了地理上的形势、生产和距离,各群体间形成了经济和社会生活上的互相依赖的形势。这种自然群体间的功能的互倚形势,就是区位的境界 Ecological order。市集系统是物产交换的中心。物产的地域根据既深,则市集是建立在各地域功能单位的互倚形势上,这是很显明的。是以在市集的研究上,区位学的方法,便成了最重要的工具。"

美国学者施坚雅教授在《作为社会体系的市场结构》中提出的学术概论及其研究方式后多被国人及西方汉学界称为施坚雅模式,以此解剖中国一些区域社会的结构及其变迁。该模式包括农村市场结构与区域理论分析,前者常用于解读中国乡村社会,后者常用于阐述中国城市化命题。"在中国其他地方,对市场的控制可能更广泛地分散在一些基本村中。在山东,常见的安排是同赶一个集的村庄轮流负责市场管理。在阴历月的每旬中,指定一个村庄,或几个村庄共同负责出人担任公共的计量人员,并给这些人出津贴,以使他们作为免费的诚实的经纪人提供服务。然而,杨庆堃引用的一些实例表明,这种分散的控制限于小市和较不重要的基层市场;在中间市场(以及某些明显较大的基层市场),权力往往是集中的,或是由于大量村庄的共同管理行不通,或是由于在一个大的、比较繁荣的市场上,经纪人的酬金多到权力集团不能忽视不理的程度。"施坚雅认为:"把中国疆域概念化为行政区划的特点,阻碍了我们对另一种空间层次的认识。这种空间层次的结构与前者相当不同,我们称之为由经济中心地及其从属地区构成的社会经济层级。就一般情况而言,在明清时期,一个地方的社会经济现象更主要地是受制于它在本地以及所属区域经济层级中的位置,而不是政府的安排。"①施坚雅指出了中国历史学家们大都仍以行政区划作为理解空间的唯一框架,这显然有很多局限。他认为:"每一个本地和区域体系均是一个有连结点的、有地区范围的、而又有内部差异的人类相互作用的体制。"②

施坚雅认为:"一个体系处在不断的有规律的运动之中,包括商品、服务、货币、信贷、讯息、象征的流动,以及担当多种角色和身份的人的活动。镇和市处于一个体系的中心,起着连结和整合在时空中进行的人类活动的作用。"③

1985年,施坚雅在《亚洲研究杂志》第44期刊发《中国历史的结构》,认

---

① [美]施坚雅主编:《中华帝国晚期的城市》,叶光庭等译,《中文版前言》,北京:中华书局2000年版,第1页。
② [美]施坚雅主编:《中华帝国晚期的城市》,叶光庭等译,《中文版前言》,北京:中华书局2000年版,第3页。
③ [美]施坚雅主编:《中华帝国晚期的城市》,叶光庭等译,《中文版前言》,北京:中华书局2000年版,第3页。

为,"历史盛衰变化的'长波'在大区域之间经常是不同步的"①。区域发展周期不仅关系到经济的繁荣与萧条,也关系到人口的增长与停滞、社会的发展与倒退、组织的扩展与收缩以及社会秩序的和平与混乱。②另外,"由最底层的集市系统而上,每一层次中的体系均有其独特的运作模式和历史"③。他还指出:"对于有着层级结构和地域特点的历史学来说,基本的时间单位是那些内在于一个特定区域体系的、周期性的、富于动态的事件。"④

施坚雅认为:"中国历史上县级区划的稳定性,只是一种幻觉而已。"⑤"地方行政规模如此增长,不但要连带引起衙门的增加,而且要连带引起各级官僚和僚属人员的膨胀,这就会使交通设施的负担达到被压垮的程度,并将提出超出任何农业国能力的协调和管理等问题。此外,扩大了的官僚机构,只有靠苛征暴敛的榨取,靠提高农业和商业方面的税收才能维持。苛捐杂税不但会降低农民生活水平,而且会减少地方缙绅与商人的收入;要压制由此而引起的地方一级的不满,其间种种问题,无疑都会成为任何皇室垮台的祸根。"⑥

施坚雅认为:"中世纪政府支出的模式有利于城市发展,而帝国晚期地方体系内部的投资和再分配模式,则有利于市镇和村庄的平衡发展。"⑦

---

① [美]施坚雅主编:《中华帝国晚期的城市》,叶光庭等译,《中文版前言》,北京:中华书局2000年版,第3页。
② [美]施坚雅主编:《中华帝国晚期的城市》,叶光庭等译,《中文版前言》,北京:中华书局2000年版,第3页。
③ [美]施坚雅主编:《中华帝国晚期的城市》,叶光庭等译,《中文版前言》,北京:中华书局2000年版,第3页。
④ [美]施坚雅主编:《中华帝国晚期的城市》,叶光庭等译,《中文版前言》,北京:中华书局2000年版,第3页。
⑤ [美]施坚雅主编:《中华帝国晚期的城市》,叶光庭等译,《导论》,北京:中华书局2000年版,第19页。
⑥ [美]施坚雅主编:《中华帝国晚期的城市》,叶光庭等译,《导论》,北京:中华书局2000年版,第20页。
⑦ [美]施坚雅主编:《中华帝国晚期的城市》,叶光庭等译,《导论》,北京:中华书局2000年版,第29页。

施坚雅在《中华帝国晚期的城市》中称自己将商业中心的城市与作为行政中心的城市相区分。他指出："经济中心地已形成了城市的地区体系,每一个体系都是一个多阶次的层级,这种层级因其各组成部分的经济集中程度及其在该区的核心—边缘结构中的地位而存在着内在区别。经济中心地的商业腹地是以上下层井然有序的方式层层积叠起来的,这种结构排列制约着政治生活与社会结构,也制约着经济活动。行政治所是经济中心地的子集合,也形成空间层级,每一层级以省府与总督府而臻于顶点;但在这一场合,相关的辖区层级是相互分离地层叠起来的。"①

孔飞力在《中华帝国晚期的叛乱及其敌人:1796—1864年的军事化与社会结构》的《平装本序言》中称:"我现在考虑有两个要点:(1)19世纪50年代的军事化与19世纪20和30年代社会紧张局势的关系;(2)根据北方教派传统的新知识来衡量我的总分析构思的贴切性。"②孔飞力讨论涉及他的一些新的想法:"(1)关于清朝地方控制衰落的时间。……权力何时开始下放和在此过程中军事化的相对重要性的问题,现在被詹姆斯·波拉切克的论述19世纪20年代时期地方名流能动性的重要研究著作弄得复杂化了。情况显然是漕运制度中的附加税率的增加引起了长江下游某些地区的一批低级功名拥有者(生员和监生)的抵制。到了19世纪20年代,这些人组织了地方的合作网络,不但用标准的包揽的方法抗缴过高的税赋,而且通过'京控'的渠道去控告地方当局。这类地方网络成了官府镇压的目标:所以这种运动从未能顺利进行。""我至少倾向于认为,漕运制助长的地方能动性象征着一种更广泛地参与地方管理的趋势和能力。低级的名流早就能够参与这种管理

---

① [美]施坚雅主编:《中华帝国晚期的城市》,叶光庭等译,《导论》,北京:中华书局2000年版,第302页。
② 孔飞力:《平装本序言》,见[美]孔飞力著:《中华帝国晚期的叛乱及其敌人:1796—1864年的军事化与社会结构》,谢亮生、杨品泉、谢思炜译,北京:中国社会科学出版社1990年版,第1页。

了。他们的管理权能在一代人以后江南的名流抵抗太平军时变得合法了。"①"(2)重新考虑地方组织的原则。……施坚雅(G. William Skinner)的论区域贸易体系和城市等级组织的著作已经提出了对地方社会形式进行分类的可能性,这些形式的不同与经济组织的地区类型——每个'自然地理大区'有从中心区直到边缘区的几种类型——有关。根据施坚雅的模式提出的合理的主张必须先经过军事化材料的检验,才能够使本书反映出最新的研究成果。首要之事是要更精确地确定在军事化最早发展起来的交界地区的社会和经济特点,以及军事化从交界地区扩大到大区的中心区的系统特征。""对这一研究的另一个——也许是更重要的——提高大概是有条理地探讨中国北方和南方的差别。尤其我要修改我称之为地方社会中'正统的和异端的'组织形式之间的同型性的某些不花力气的概括。"②孔飞力称自己间接涉及1971年施坚雅的一篇有启发性的论文《中国的农民和封闭的村社:一个开放和封闭的事例》,这对他产生重要影响。

孔飞力称:"农村社会中的一种地方间的协调活动形式,实际上,这种形式是与'等级巢穴组织'的行政—商业体系中的生态现象并存的一种补充的生态现象。按照这种形式生活的人在各村之间的横向移动比他们沿市场交易的路线向更高级的定居地移动的情况要多。如果能证明这种补充的生态现象已经存在,它将帮助我们去了解异端教派亚文化群的地区特点以及它与正统的亚文化群的差别。最后,关于这两个亚文化群如何相互起作用以产生不同形式的地方军事化的问题,现在有可能提供一些有根据的见解了。为了方便起见,我在下面称那种与正统有关系的地方间的协调活动为'同心巢穴'形式,称那种与异端有关系的地方间的协调活动为'流动商贩'形式。"

---

① 孔飞力:《平装本序言》,见[美]孔飞力著:《中华帝国晚期的叛乱及其敌人:1796—1864年的军事化与社会结构》,谢亮生、杨品泉、谢思炜译,北京:中国社会科学出版社1990年版,第2页。

② 孔飞力:《平装本序言》,见[美]孔飞力著:《中华帝国晚期的叛乱及其敌人:1796—1864年的军事化与社会结构》,谢亮生、杨品泉、谢思炜译,北京:中国社会科学出版社1990年版,第3页。

首先,按照同心巢穴形式生活的人的移动和相互关系,是沿着从农村到集市中心、再到更高级的中心的道路和河流进行和发生的。那些最适应这种生态环境的人与祭祀仪式和社会管理的长期性机构和制度相互影响;它们的形式有:等级市场体系的货物集散地;教育、吸收官僚和尊孔的一套官方制度;佛庙和民间其他宗教的庙观,县衙门中负责诉讼和岁入的机构。可以这么说,这种形式与制度的关系是"密切的";一切按部就班,有长期的居所,等级分明。农户因它们的纳税义务而被纳入这种形式之中,并且程度不同地为市场生产和加工货物。

其次,按照流动商贩形式生活的人的移动和相互发生关系的路线与商业—行政体系的路线无关。"江湖医生"或拳师的路程像补锅匠或货郎的路程一样,很可能是在各定居点间横向走村串户,而不是通过市场体系纵向移动。这种地方间的协调活动的形式与制度的关系"松散";出没无常,居无定所,等级模糊。这种形式没有大规模的长期性组织网络,而只需要地方单位之间的松散联系。对教徒来说,只有当一个具有吸引力和冲劲的非凡领袖组成一个有许多村社的信徒的临时性联盟时,大规模的网络组织才会出现。

如果假定上面概括的两种协调活动形式作为互不相关的体系存在,那也是不合理的。相反,我们可以假设大部分的农民都参与了这两种形式的某些方面。在承认这两种形式是想象中的典型形式的情况下,人们就可以假设它们与历史变化过程的相互关系:社会动乱和行政力量的虚弱会影响人民结合成同心巢穴的形式;村社闭塞会使流动商贩形式成为农村地区更为强大的协调活动形式。

以上一切与地方军事化问题的关联在于这两种形式结合的能力。首先,要注意这两种形式在军事化方面的不同特点。同心巢穴形式强调的是参加军事化的归属性形式,因为根据定义,它建立在与定居类型有关的制度之上。在有些村社,这种归属性形式还涉及亲属组织。主要的一点是军事化能够依靠由定居地男丁组成的可供征募的人力资源,并把在商业和行政上息息相关的各定居地的民兵联合起来。对比之下,流动商贩形式包括的人员网络则不是归属性的,而是自愿的。受教义和走江湖的行家影响的人不受长期存在的有经济力量的各种村社制度的约束。他们各地的网络组织也不能取得像定居根据地集团那样的防御能力或动员力量。嘉庆时期战略村的策略是用来对付教徒军事团伙的,同心巢穴形式的军事能力非常有效地对付这类团伙。因为这类教派是自愿结合的,它们具有信仰的动力。但是出于同样的原因,它们不能进行长期的或大规模的协调和防御。①

在全球化语境中探讨区域史,显然涉及世界史学的国别史分析。这些分析涉及理论框架是否适当,史料是否典型。笔者在不列颠图书馆发现有关芜湖脱甲山土地交易的完整文献,涉及当时社会生态,也反映了西方势力对长江沿线深入的过程,而他们兼并土地,无疑是造成农民失地的重要原因。农民失地的进程就是芜湖沿江地带走向城镇化的过程。陈师礼在其总纂的《皖政辑要》中称:"皖省地势以长江界分南北,而南阻群山,北连大陆,交通不便,风气蔽僿,各属分会设立无多,仅恃总会,或虑调查难遍,于是皖南各属复设教育会于芜湖,皖北各属亦设教育研究会于省垣,以补总会之不及。"②这些皆说明芜湖的重要性不仅是地理上的优势,也是人文景观之优势。脱甲山属于芜湖沿江高地的重要据点,这些新发现的资料应该有军事价值。在芜湖,西方传教士试图建立江南传教中心,有诸多的名目繁杂的教会在江城活动。他们在芜湖为非作歹引发教案,多以官府妥协而告终。而脱甲山地权交易折射了传教士以"自愿"方式进行的强买强卖兼并土地,反映的是西学东渐背景下江南大幅度的社会改造运动,并由此带来多种社会后果。

一、义和团运动及八国联军侵华之后脱甲山变卖文契

义和团运动之后,徽商势力在芜湖加剧衰落,而西方在华传教士势力得

---

① 孔飞力:《平装本序言》,见[美]孔飞力著:《中华帝国晚期的叛乱及其敌人:1796—1864年的军事化与社会结构》,谢亮生、杨品泉、谢思炜译,北京:中国社会科学出版社1990年版,第7页。

② (清)冯煦主修、陈师礼总纂:《皖政辑要》,合肥:黄山书社2005年版,第480页。

以复兴,且利用扩建教堂、育婴堂等加剧对乡土的兼并。兼并过程涉及交易合同的签订。在地权转移过程中法与社会秩序的互动是显然的,涉及好法、恶法,两者存在良性互动或恶性运作。从买卖脱甲山可见群体性事件,涉及百姓。若此规模的聚众诉讼,涉及教民冲突,还涉及官民利益的不同。1900年八国联军侵华,在芜湖的传教士开始又一轮大肆兼并土地的浪潮,脱甲山地权交易有变动。

义和团运动及八国联军侵华之后,西方传教士迅速在华扩张,涉及地权交易。土地交易、房产交易乃至佃种田地,涉及法律文书,也涉及芜湖地方风俗习惯。据芜湖县地方志记载,晚清时期芜湖房地产交易相关费用情况:"卖买房产中资,买主应照价出百分之三,卖主应照价出百分之二,复由买主于所出百分之三以内贴卖主五厘,各酬各中。如在议字别有规定,即不限买三卖二划贴五厘之例,至在契中人有原中代中之别,报酬亦有多寡之殊。原说合人为原中,成契时临时书名者为代中,其中资之分割除有特约外,所有中资原中得二分,代中得一分。例如,原中一人,代中五人,即将中资作七成摊派,原中得七分之二,而代中各得七分之一。至代笔人之酬金,由买主一方面酌给,亦有作代中一份分受中资者。按:中资至不一律,有各酬各中,而不划贴伍厘者,其普通办法,大概先提出原中代笔,余则按人均摊也。"芜湖相关买卖中不但有"代中",还有承管人,"共有不动产之买卖,非得其共有人之同意,其卖买契约为无效,惟共有人间人数过多时,如必共有之各人俱与买主直接交涉表示承认卖买之意思,事实上诸多不便,往往有公推共有者之一人承管卖产之事,负担完全责任,并立承管字为据,声明卖买契约成立后于卖价内提资若干作为承管人之酬报"。所谓"承管人"有专门界定:"承管人不必定为共有人之一,即独有产业卖时,常有买主指定其族戚或地邻房客佃户及其他有关系之人为承管人。"芜湖在内的江南田地租佃有两种,"佃种田地,凡分二种:一为熟田熟地之佃,地主于退佃时只负返还羁庄钱之义务。一为荒地之佃,退佃时除返还羁庄钱外,并须酌给搬迁费若干,以为垦荒及下庄之费用"。具体到芜湖田地交易,"佃种田地至不一律,北乡及河南近街一带大都为永佃佃户,得以买卖顶押,所立契约,谓之拨帖。所谓私拨、私顶,换主不换佃也。东南乡一带多系活佃,田主人可以随意更换,至万春圩放垦佃户,先缴押板于公司,而后佃田"①。脱甲山地权交易主要是在芜湖下五一铺,属于芜湖西边乃至西北的滨江地带。熟悉《芜湖县志》记载的田地交易规则,当有利于脱甲山地权交易的分析。脱甲山地权交易涉及诸多芜湖地区农村人物,他们无疑就是村落与村落之间联系的重要流动人口,也联系着乡村与集镇。

其一,英美传教士在芜湖扩张及脱甲山变卖纠葛。不列颠图书馆藏的芜湖脱甲山文献,涉及英国驻芜湖耶稣教总堂代表人物屠善宰兼并土地,也涉及英国内地会对华的传教企图。英国人阿绮波德·立德随其夫,即英国在华著名商人立德走遍了中国南方的所有通商口岸。1901年,立德夫人出版《穿蓝色长袍的国度》一书。该书对芜湖自然及人文习俗有详细的描绘,"芜湖是长江上的一个很美的港口,在镇江和九江之间。芜湖整座城市都散落在群山上,民房并不拥挤,有很多塔。一条宽宽的长江支流贯穿全城,河面上桅帆林立,古老而又壮观"。作者描绘了在芜西人,"这里欧洲人的聚居地很小,领事馆设在山顶上,四周视野开阔,风景秀丽"。"海关总监住在一座更高的山上,景色更好。""传教士们住在几英里外一座树木茂密、俯瞰长江的山上,周围是无人居住的田野。芜湖附近的这些房子不知引起多少商船船长和工程师的羡慕,谁能说传教士的生活不惬意?传教士的别墅下面是所学校,教育年轻人可能是传教士干得最出色的工作。山顶上的庞大建筑群是一所医院,它要收治附近两省的教徒。混杂在中国人的平房中间,这所医院简直像是为围攻附近中式民房所建造的要塞"②。文中所说的两省主要指安徽与江苏。"芜湖县城并不显得格外吸引人,但这里的生丝很好,大束大束的绣花丝线,色泽丰富,价格却低得令人吃惊"③。比照《皖政辑要》:"今之教案,大抵起于借

---

① (民国)余谊密主修、鲍实总纂:《芜湖县志》,合肥:黄山书社2008年版,第43页。
② [英]阿绮波德·立德著:《穿蓝色长袍的国度》,刘云浩、王成东译,北京:中华书局2006年版,第54页。
③ [英]阿绮波德·立德著:《穿蓝色长袍的国度》,刘云浩、王成东译,北京:中华书局2006年版,第55页。

端。滋事者多欲弭而息之,曰推诚,曰持平,以名誉动教士,以乡情感教民,道在地方官潜默消化而已。皖之教案以光绪二年皖南白莲教混入天主教一案为最大,然亦无扰于大局。自余或涉及赣、鄂,皆以教案始,以教案终。兹哀集大小各案,录具首尾件系于册,俾办兹事者有所依据,亦教务得失之林也。教案类别有三,一经外国公使领事照会外务部,本省督抚定拟奏结之案,一由督抚饬本管道府会同总主教议结之案,一州县判结之案。"①

芜湖县教堂23所,具体如下:

首先是法国天主教堂,"法天主总堂在西城外驿前铺大街,洋式瓦屋五重。光绪七年价买汪姓之屋,契已税。教士翁继伟,法人;女教士蔡师母,中国人。有义学、施医"②。"分堂一在西乡鲁港镇,洋式瓦屋一重。光绪三十年价买茆姓之屋,契已税。教士系总堂翁教士兼理。"③

其次是英国耶稣教内地会教堂。"英耶稣总堂在西城外百家铺二街,华洋兼式瓦屋二重。光绪五年价买刘、汪二姓之屋。教士屠善宰,英人。"④"英内地会教堂在西乡下一五铺小友山,洋式瓦屋二重。光绪十八年价买杜姓之屋。教士胡立礼,英人。"⑤

再次,美国在芜湖教堂多且类别也多。

> 美基督总堂在西城升平铺大街,洋式瓦屋二重。光绪二十八年价买邓姓之屋,契已税。教士柯瑞,美人。
>
> 分堂一在东门外八都铺后街,洋式瓦屋一重。光绪三十三年价买熊姓基地,契已税。女教士戴小姐,美人。
>
> 分堂二在西乡下一五铺周家山,洋式瓦屋一重。光绪十四年价买邹姓之屋。教士系总堂柯教士兼理。

---

① (清)冯煦主修、陈师礼总纂:《皖政辑要》,合肥:黄山书社2005年版,第22页。
② (清)冯煦主修、陈师礼总纂:《皖政辑要》,合肥:黄山书社2005年版,第42~43页。
③ (清)冯煦主修、陈师礼总纂:《皖政辑要》,合肥:黄山书社2005年版,第43页。
④ (清)冯煦主修、陈师礼总纂:《皖政辑要》,合肥:黄山书社2005年版,第43页。
⑤ (清)冯煦主修、陈师礼总纂:《皖政辑要》,合肥:黄山书社2005年版,第43页。

美福音总堂在西城外百家铺二街,洋式瓦屋二重。光绪十三年价买何姓之屋。教士丁仁德,美人。有义学、施医。

分堂一在县前铺大街,华式瓦屋一重。光绪三十一年价租江姓之屋。女教士鹤小姐,美人。

分堂二在西乡鲁港镇,华式瓦屋三间。光绪三十一年价租季姓之屋。教士丁仁德,女教士鹤小姐,均美人。

分堂三在西乡下一五铺大官山,华式瓦屋二重。光绪三十二年价买袁姓基地,契已税。女教士同上。有女义学。

美宣道会总堂在西城外河南江口铺,洋式瓦屋五重。光绪二十八年价买吴姓之屋,契已税。教士克省悟,美人。有义学。

分堂一在南城外河南来远铺大街,华式瓦屋一重。光绪三十二年价租凤姓之屋。女教士鹤小姐,美人。

分堂二在西乡小(下)一五铺大官山,洋式瓦屋一重。光绪二十三年价买袁姓基地,契已税。教士系总堂克教士兼理。有义学。

分堂三在西乡下一五铺大官山脚,华式瓦屋一重。光绪二十八年价买吴姓之屋,契已税。教士同上。有义学。

美圣公会堂在北城外北郭铺后街,洋式瓦屋五重。光绪二十五年价买蔡、吕二姓之屋,契已税。教士卢亿德,瑞典人。有义学。

分堂一在西乡下一五铺狮子山,洋式瓦屋一重。光绪十三年价买周姓之屋,契已税。教士系卢教士兼理。

分堂二在西乡澅港镇,华式瓦屋三重。光绪三十一年价租计姓之屋。教士同上。

美公信会堂在西城外下一五铺鸡窝街,华式瓦屋一重。光绪二十四年价买唐姓之屋。女教士何小姐,美人。有义学。

美来复会堂在西乡下一五铺沱龙山,洋式瓦屋一重。光绪二十九年价买邰姓之屋,契已税。教士毕竟成,美人。

分堂一在西乡下一五铺严家山,洋式瓦屋一重。光绪二十九年价买佘姓之屋,契已税。教士系毕教士兼理。

分堂二在北城外北郭铺后街,洋式瓦屋一重。光绪三十二年价买邢姓之屋,契已税。教士同上。

美以美医院在西乡下一五铺七矶山,洋式瓦屋四重。光绪八年价买黄姓之屋,契已税。教士丁仁德,医士赫怀仁,均美人。有义学。①

八国联军侵华,传教士势力加速在芜湖发展,且加剧对乡土的兼并,涉及英国传教士屠善宰如何利用传教造成教民"自愿"捐献山地。比照《皖政辑要》称:"教士屠善宰,英人。英内地会教堂在西乡下一五铺小友山,洋式瓦屋二重。光绪十八年价买杜姓之屋。"②时间为1902年与1903年之交。此处小友山,当为脱甲山一部分。杜姓,杜国安。实际上,相关土地法规定传教士等外人不能在华购买土地,于是传教士采取手段兼并军事战略要地脱甲山。下文为"立捐送文契",当事人为黄立仁,且涉及一批黄姓赤契。而黄立仁无疑为"黄姓"赤契的拥有者或代理人。

Alove Duffy 1 Wunhu, An.

Joh. Kiah－Shaw

This deed is

Stamped

Old deed：

1 stamped

立捐送文契字人黄立仁,今因在堂慕道受恩,毫无所报,愿将祖遗脱甲山壹座,坐落下一五铺,所有四至开列于后,今凭中说合,将此山捐送与大英国屠善宰先生名下为业,正价分文不要。自捐送之

---

① (清)冯煦主修、陈师礼总纂:《皖政辑要》,合肥:黄山书社2005年版,第42~44页。
② (清)冯煦主修、陈师礼总纂:《皖政辑要》,合肥:黄山书社2005年版,第43页。

后,听从善宰先生便用执业。此山实系祖遗之业,并无盗捐他人寸土,亦无上首亲房前来争论。倘有此情,系身一力承当,与善宰先生毫无干涉。今欲有凭,立此捐送契存照。

一批黄姓赤契壹纸,当日交付屠善宰先生收执。又照　十

一批西南王姓坟壹座,不在此契之内,仍归王姓修理。又照十

计开四至:

东至山脚坟墓为界,南至坟墓为界,西至山脚为界,北至山脚为界,西南至王姓山坡小路为界,东北至山嘴横路为界。

光绪贰拾捌年柒月贰拾肆。立捐送文契字人黄立仁十

侄黄成发十

朱永茂 十

徐朝江 十

凭中人　陈光林 十

杨来有 十

袁学川 十

永　远　存　照

"西南至王姓",当为此前相关文书中提及的王宗泰、王善能、王可印等,时间为1902年8月27日,事为八国联军侵华之后。而其中杨来有、袁学川为见证人。这两个人后来围绕盗卖脱甲山地权并卖给美以美教会传教士赫怀仁医生而吃了官司,特别是袁学川竟因此而坐牢。另有一文件,竹纸,碳笔书写。碳笔书写格式大体相同,见后文。名义是捐送给英国教会、教堂,实际上是交易。从下文捐者收钱可知。

下为不太规则白纸,长约6寸,宽约1.5寸,墨迹,当为私下交易的白契,可知其目的当为逃税:

立收字人黄立仁,今收到

屠牧师先生名下英洋肆拾捌元整。今因慕道承领山价,今恐无凭,立此存照。

　　光绪贰拾捌年菊月拾肆日。立收字人黄立仁十
　　　　　　凭中在契

虽有"凭中在契"字样,但没有具体人员写入,可能属非正式字据,时间为1902年10月15日,即时隔一个半月后。

另有淡黄色纸,长约6寸,宽约4.5寸,墨迹。这笔交易当属于私下交易,但地权所涉范围明确。

东至圩埂大路	契内另(后涂掉,原件如此)有贰丘	
		东至圩埂
西至刘姓湖南会馆亚细亚	埂外一丘荁地	南至育婴堂
		西至江沿
		北至王姓
南至湖南会馆柴滩		
		东至
		南至育婴堂
北至湖南会馆圩埂	埂内一丘	北至
		西至圩埂

"刘姓湖南会馆亚细亚"等,与后文盗卖脱甲山地权刘正银及其寡母刘雷氏密切关联。服务于芜湖湖南会馆的刘姓很有可能是湖南刘姓移民。湖南会馆创始人之一是湖南曾国藩。所谓"育婴堂",地理位置在芜湖的"河南蔡庙巷","雍正五年,知府刁承租偕邑绅宋纯武等创建"①,后屡有建毁,"咸丰间毁兵燹。以后民生萧条,溺女之风尤甚。光绪十七年芜关道成章捐廉,地

---

① (民国)余谊密主修、鲍实总纂:《芜湖县志》,合肥:黄山书社2008年版,第72页。

方士绅程迺封、褚登瀛、朱恩、江洪浩、彭蔚文等筹款,在西湖池南首建造规复,并由各邦商号捐输经费"①。可见作为地方财税方面的芜湖官员与地方绅士联手重建,后面当然也得到在芜湖的徽商输入常规运转经费。脱甲山交易文契中多次提及湖南会馆,据《芜湖县志》:"原建丹阳乡观音桥后禹王宫旧址,因兵燹毁,所有屋宇倒塌不堪,欲复原观,与市面窎远,交通不便。于同治五年丙寅,由曾文正、彭刚直二公暨同乡官绅商学、水陆员弁捐资,另购西门外升平铺基地,重建会馆。门临大街,右抵状元坊巷,左抵自墙,前抵河沿,自修石码头,后抵状元坊。横巷码头左边建惜字炉一座。嗣因湘人旅芜日多,遇有死丧,运棺非易,购置义山八座。"②再查《芜湖县志》城西图可见,由曾国藩等资助的湖南会馆西边临状元坊巷,东边为基督堂,育婴堂已经为西方在华传教士控制,后由此发生大规模的教案。光绪十九年(1893)六月,身为徽宁池太广道的袁昶专门提及与西方传教士密切相关的育婴堂,称:"城北育婴堂后有最乐亭,面湖瞰山,直北赭山,一名小九华。岚光塔影,呼吸栏槛之上,景气毕聚,闻湖中多白莲,开时香沁几席,于湖最胜处也。今日晡时,宇春大令、春农司马招集,亭中凭蝶眺远,苍然暮色,自远而至,稍稍有相忘江湖之适。"③育婴堂地理及其人文大体如此。

以下一文契:

立 捐 送 文 契

立捐送文契字人黄立仁,今因在堂慕道受恩,毫无所报,愿将祖遗脱甲山壹座,坐落下一五铺,所有四至开列于后,今凭中说合,将此山捐送与大英国屠善宰先生名下为业,正价分文不要。自捐送之后,听从善宰先生便用执业。此山实系祖遗之业,并无盗捐他人寸土,亦无上首亲房前来争论。倘有此情,系身一力承当,与善宰先生

---

① (民国)余谊密主修、鲍实总纂:《芜湖县志》,合肥:黄山书社2008年版,第72页。
② (民国)余谊密主修、鲍实总纂:《芜湖县志》,合肥:黄山书社2008年版,第82页。
③ 《袁昶日记》,见《中国近现代稀见史料丛刊》(第五辑),孙之梅整理,南京:凤凰出版社2018年版,第1025页。

毫无干涉。今欲有凭,立此捐送契存照。

一批黄姓赤契壹纸,当日交付屠善宰先生收执。又照　十

一批西南王姓坟壹座,不在此契之内,仍归王姓修理。又照　十

计开四至：

东至山脚坟墓为界,南至坟墓为界,西至山脚为界,北至山脚为界,西南至王姓山坡小路为界,东北至山嘴横路为界。

光绪贰拾捌年柒月贰拾肆。立捐送文契字人黄立仁十

侄 黄成发 十

朱永茂十
徐朝江十
凭中　　陈光林十
杨来有十
袁学川十

永　远　存　照

此契与前文所录的契内容完全相同,笔迹为碳色。

1902年8月25日(即光绪二十八年七月二十四日),时值清末新政,黄立仁捐赠,而其侄黄成发也画十字,可见这次捐赠,黄姓家族是知道的,并非"盗卖"。凭中人有杨来有、袁学川(系佃农)等。袁系佃农,同为中介,杨的身份可能也是佃农。杨来有即后面具禀提及的仍活着的"看山人",前后比照,可见"凭中"为"看山人"。次年,围绕脱甲山有官司纠纷,黄姓的赠送有了变故,"年深久远,因居乡之民蒙混余山壹块",这为后文刘正银盗卖脱甲山地权等引发纠纷乃至官司作了重要铺垫。但仍重申"捐送","一批黄姓赤契壹纸"当日交付。结合后文,所谓捐送,当为避税。

字呈

　　屠牧师先生大人德政,缘身因去岁捐送脱甲山壹座,实系是身祖遗之业,不料年深久远,因居乡之民蒙混余山壹块。今因查出身仍归与牧师先生永远为业,并不要价分文,实系自愿,并无反悔。恐口无凭,立此信字为据。

　　又批,山壹块内有袁、刘、经(?)三姓坟墓仍归三姓修理,不在之内。又照

　　光绪贰拾玖年玖月　日。立信字教末黄立仁　　十
　　　　　　　　　　　　　　凭中在赤契

文契提及"年深久远,因居乡之民蒙混余山壹块","凭中在赤契",可见黄立仁将土地捐献给了英国传教士屠牧师。正如传教士所言:"在通商口岸,契约登记常受购买者的领事和中国当局的左右。在这种情况下,那笔登记费就免掉了。"①对脱甲山战略地位的觊觎不仅有英国传教士,亦有美国传教士、法国传教士等,后涉及利益纷争,并打起官司。这就为1903年12月刘正银将脱甲山"一山二卖"埋下伏笔。

其二,脱甲山地权交易的焦点即刘正银盗卖脱甲山引发诉讼。新发现芜湖脱甲山地权交易相关文契纠葛的核心是刘正银盗卖脱甲山并有民事诉讼。不列颠图书馆藏有交易文契(文契右上贴有两寸长、宽三分之一寸的红纸条)。正是这一交易文书引起纠纷,英国传教士屠先生将其告入官府,涉及美以美筹办驿矶山医院(即弋矶山医院)及赫怀仁医生等。赫怀仁也是芜湖医院创始人赫斐秋之子。赫怀仁系美以美教会的传教士兼医生。美以美教会于光绪十六年(1890)创办驿矶山医院,次年(即1891年前后),"开办医学堂"。赫怀仁受美以美教会派遣,往 Wuhu General Hospital(芜湖医院)行医。1892年,赫怀仁在多伦多大学获博士学位。1893年,赫怀仁即在芜湖行

---

①　[英]吉伯特·威尔士著:《中国的礼俗》,刘一君译,见《龙旗下的臣民:近代中国社会与礼俗》,北京:光明日报出版社2000年版,第101页。

医。光绪十九年（1893）四月，作为徽宁池太广道的袁昶初到芜湖①。据《袁昶日记》，光绪二十二年（1896）九月，"弋矶美国医院士人赫怀仁来谒，询悉其父在九江为总司铎。与之言西医，所著《全体通考》，详于明堂铜人针灸图。《儒门医学》，亦西人著，所言起居服食宜忌，于摄生最宜。又论各袄教源流得失。"②光绪二十二年（1896）十一月，"西医赫怀仁携刘翻译来，东廨拜豁庐主人，留共西餐。所言针石之法，摄生之具，有暗合古术者，其存心济物，亦可嘉尚"③。二十七年（1901）芜湖大水，赫怀仁医生捐资以工代赈，全活无算。④相关情况又据《皖政辑要》记载："紧接租界各国商人价购民地建造者，则普同塔之南为来复会，通而北为美以美会，弋矶山之西为赫医士医院，皆与租界公地左右相接。"赫怀仁医生在当时颇有名气，与上流社会多有交往，时姚永概往上海请严复主持安徽高等学堂并为其妻子耳聋问医，在其乙巳年八月初三日（1905年9月1日）的日记中称："刘葆良来，问上海各西医，伊言有一日本人在伊本街，可同往询之。又言芜湖赫医，美人也，与伊有交，如赴芜，可为作信云。"⑤刘葆良为常州教育界名流，1902年一度任安徽高等学堂总办。癸卯年八月六日（1903年9月26日），安徽巡抚聂缉规调浙江任巡抚，清廷调满人诚勋接任。姚永概在日记大发感慨："为中国喜，为吾皖悲。近日内廷以安徽为腹地，不甚厝意于用人之际，不知既据长江中流，又为南北要隘，岂可尽置私亲而不择一贤明（者）于此哉！"⑥甲辰年五月二十四（1904年7月7日），刘葆良辞职往沪，姚永概日记有记载。由姚永概日记可见，赫医生与安徽高等学堂总办刘葆良之交情很深。后脱甲山一度被一山二卖，其中买主就有美以

---

① 《袁昶日记》，见《中国近现代稀见史料丛刊》（第五辑），孙之梅整理，南京：凤凰出版社2018年版，第1013页。
② 《袁昶日记》，见《中国近现代稀见史料丛刊》（第五辑），孙之梅整理，南京：凤凰出版社2018年版，第1209页。
③ 《袁昶日记》，见《中国近现代稀见史料丛刊》（第五辑），孙之梅整理，南京：凤凰出版社2018年版，第1227页。
④ （民国）余谊密主修、鲍实总纂：《芜湖县志》，合肥：黄山书社2008年版，第78页。
⑤ （清）姚永概著：《慎宜轩日记》（上），合肥：黄山书社2010年版，第959页。
⑥ （清）姚永概著：《慎宜轩日记》（下），合肥：黄山书社2010年版，第877页。

美会的赫怀仁医生。赫怀仁医生是芜湖皖南医学院的前身创办人,民国六年(1917)于陶塘南首开设医学堂分院。赫怀仁医生以医术高超而名世,他在芜湖期间插手脱甲山地权交易,实际上代表了美国教会医院在芜湖势力的强大。

赫怀仁医生在脱甲山官司中代表美方势力。该交易文契内容见下文:

仅将刘正银价卖火山与美以美会医院契据,并李俊主公禀抄呈鉴核。

计开:立杜卖柴山文契字人刘正银,情因正用不足,愿将祖遗山地一块,坐落北一乡下一五铺韩家花园,土名"火山",与脱甲山南首毗连,计开弓丈,由屠姓至袁姓一十一丈五尺,袁姓至山脚一十七丈五尺,由山脚从南首至北二十四丈,山脚至屠姓一十一丈五尺,是以载明弓丈。凭中说合,出卖与美以美会医院名下永远执业。当日凭中三面言明,时值杜卖价银二十二两整。比时银契两交,不另立收字。此系两厢情愿,并无勒逼等情。自卖之后,绝无异言,如有亲属以及上首等生端异说,均归身一力承耽(担),与买主毫无干涉。

恐口无凭,立此杜卖文契字为据。

光绪二十九年十一月初一日

立杜卖文契人刘正银 +

    袁学川+

    邹玉兴+

    赵文树+

    王永财+

    晋厚能+

    袁家银+

    王成福 押

   代笔叶子春 押

光绪二十九年十一月初一日,即1903年12月19日。比照下文"下一五铺民人李俊主"及本文契中李俊主"公禀",可见这件事经过官府并引发广泛的社会关注。文契称"比(此)时银契两交,不另立收字"。另有:"此系两厢情愿,并无勒逼等情。自卖之后,绝无异言,如有亲属以及上首等生端异说,均归身一力承耽(担),与买主毫无干涉。"后文"恐口无凭,立此杜卖文契字为据",并有大量保人,可见此当为邻里的"集体性阴谋"。其中作为佃农的"袁学川"作保人,比照前后"具禀"类文书,特别是"光绪贰拾捌年柒月贰拾四日"文书中袁学川有"凭中",杨来有为看山人。而叶子春代笔,说明刘正银可能不识字,请人代书。代笔往往要收百分之一的润笔费用。"契约、赁约等执笔人在各种情况下都可各得1%",所有这些"例金都应由购买者支付"①。由此而论,代笔人叶子春所得到的例金系美国医生赫怀仁等支付,但一旦有官司纠纷,其也要承担书写契约的法律责任。下文"具禀"涉及卖主刘正银及相关利益涉及者与英国传教士屠善宰关于脱甲山之纠纷,即在刘正银卖山地给美以美教会赫怀仁等以后,英国内地会驻芜湖负责人屠善宰伙同黄配初"私自移并"并占刘正银山地二十余丈,遂有纠纷,见下文下五一铺村民联名求情:

> 下一五铺民人李俊主、王印发、赵文树、后家松、经国兴、晋厚能、袁家银、邹启忠、经国宝、王保海、田祖寿、童世子、晋厚品、袁家富、王成福、晋厚生、袁国才、吴成干、周良顺、李永生、袁文德、经保春等,为公吁鸿慈求恩犀劈事。
>
> 缘民等祖居脱甲山左右,与刘正银为邻,素知银有祖遗"火山"一业,上扦有祖茔二冢。前月风闻银将此山出售与郝医生,地鄙(笔者按:痞)黄配初心存希冀,即邀同屠教士下乡私自移界,占银山地二十余丈。前蒙履勘,银指移界石眼尚存,毫无差谬。况民等祖居此地,只知脱甲山系韩姓之产,未闻是黄姓之业。看山老人杨来有

---

① [英]吉伯特·威尔士著:《中国的礼俗》,刘一君译,见《龙旗下的臣民:近代中国社会与礼俗》,北京:光明日报出版社2000年版,第101页。

尚存。黄闻韩姓已绝,即翻查家中印据改移,蒙敝屠教士,于二十八年间将脱甲盗卖。上有古冢累累。无据者扼腕咨差(嗟),有据者恐难控告,四境小民含冤,至今莫白。纵依伊勿串混赖脱甲一座,丈尺四至全无,不敢明载,显见虚伪。况今得寸思尺,将来伊于胡底。黄造据移界,显系犯法之人,逍遥法外,银为亲人亲产,反遭不测。似此是非颠倒,民等不忍坐视,只得缕陈巅末,公叩青天大老爷案下电鉴作主,铁面无情,彻底根究,自然真伪攸分,颂棠(堂)上禀。

"黄配初"或指黄立仁,即黄立仁代表的黄姓,为了在纠葛中获利,倾向投靠另一教派势力英国的传教士。具禀所谓"韩姓"当指边界涉及的韩家花园的韩家,从此件上诉书可见韩姓已无后代。所谓"民等祖居此地,只知脱甲山系韩姓之产,未闻是黄姓之业。看山老人杨来有尚存,黄闻韩姓已绝,即翻查家中印据,改移蒙敝屠教士于二十八年间将脱甲盗卖"系"黄配初"私自进入韩姓家盗改字据。其中袁家银、王成福、晋厚能等三人情况复杂,在刘正银卖山地给美国传教士的文契中为见证人角色,而在刘正银与英国传教士纠葛案中又为控告者,可见他们在刘正银卖山地事件中,并不知情,可能系刘正银等做手脚,代为画押。看山人"杨来有"仍活着,可作见证人。"蒙敝屠教士于二十八年间将脱甲盗卖",系1903年初,此与《皖政辑要》记载印证,"教士屠善宰,英人。英内地会教堂在西乡下一五铺小友山,洋式瓦屋二重。光绪十八年价买杜姓之屋",下文还将涉及。

从光绪二十九年十二月(时1904年初)刘正银之寡母刘雷氏求情来看,脱甲山地权交易纠葛中刘正银面临败诉。从后来的文书来看,来华传教士屠善宰在诉讼中占据优势。见以下具禀(竹纸,写字的功力一般):

孀妇民人刘雷氏为代子求恩,颇索原由,刘(?)氏祖居下一五铺脱甲山花园村,务农为业,所种之田,湖南会馆执业。氏承召庄头主,东有随田荒山一篇(片),坐落田东首,与田毗连。现有英国屠先生脱甲山一坐(座),乃坐落主东田西南,中间又隔王姓之山。氏恩暗，前听谗言，斗起枭心，将"脱甲山"改名"火山"，蒙混盗卖与美以美会赫医士为业，乃蒙明镜高悬，即将此契不税。然脱甲山实系屠先生之山，理应归屠先生执业。氏虽住山脚下，日后永不敢盗卖寸土。只得叩青天大老爷电鉴作主，求赏鸿恩，开放孤子。

　　朱衣万代望光上禀

　　光绪二十九年十二月　日

　　具禀时间为1904年2月前后，时为中国农历腊月，是寡妇刘雷氏请人代写的。"所种之田，湖南会馆执业"，可见刘正银及其祖辈租用湖南人在芜湖的会馆的田地，湖南会馆在芜湖居然占有田地并对外出租。而刘正银等无疑就是佃户，刘正银及其母亲刘雷氏纯粹是孤儿寡母。他们所居花囡村，应有花街，多为徽商、浙商、湖商等云集，产业以经营竹篾器具为主。文中述及"蒙明镜高悬，即将此契不税"，说明刘正银卖地给赫怀仁医生等，已经过县衙门，"此契不税"是十分稀罕的，但也见教会交易地权得到地方官府的庇护。可能有希望了结官司及纠纷，时在岁末放子回家过年，所拟定"具禀"匆忙中多有错字及语病。从内容来看，脱甲山属于屠先生，但遭到一山二卖，其中又玩弄手脚，易名"火山"，卖给另一行医的传教士赫先生，从而造成官司。此次是要将脱甲山归还给英国的屠先生。因屠先生诉讼而到大老爷堂上为兴诉讼人刘正银求情的还有"看山人"。见下列文契：

　　具保状人杨来有、袁学川，今保到大老爷案下切有奉大宪发押之刘正银一名，求恩释。身等情愿永保刘正银嗣后改过自新，安守农业，永不玩法，盗卖山地。倘有故违情事，一奉查出，愿甘同罪。所具结保状是实。

　　光绪二十九年十二月　　日。具保人　杨来有　十

　　　　　　　　　　　　　　　　　　　袁学川　十

　　脱甲山盗卖一事被举报到"大宪"面前。"大宪"当为1903年沈秉成。后两江总督专门就所谓盗卖地权引发中英纠纷责询芜湖道，而芜湖道责询芜湖

知县①。此比照 1903 年鹤儿山相关倒卖天主教堂周边山地引发宗教纠纷处理即可知。鹤儿山在"县西北四里"②，脱甲山在"县西北十里许"③。两者相差 6 里。就山地而言，距离很近，都西滨长江。此系为"奉大宪发押"，由此也可见英国内地会传教士在芜湖总代理屠善宰等与"大宪"背后之关联，当然诉讼大有问题。此时袁学川亦面对盗卖官司。这批文献中有一黄表纸不规则，长约八寸，宽约二寸，墨迹，破损。黄表纸所载文字内容如下：

具甘结人袁学川，今甘结到

大老爷案下，切身愚昧不合，误认脱甲山地，蒙恩讯，属子虚，笞责枷示。身现悔非无及，求恩超释安农。嗣后若再借端蹈辄情事，一奉□□（破损），愿甘从重倍罪。所具甘结具实。

昧愚教士屠先生逼勒等事，身实系无知，愿甘治罪。

由此大体上可见，在刘正银将脱甲山地卖给美以美医院的签约过程中，袁学川系"看山人"，类似地保之类的人，且名列第一，由此吃了官司，并"笞责枷示"。"安农"当是与芜湖县相关丘陵，有诸多水田、山地相关，同时相对花街徽商云集并生意兴隆而言，呈现出重农轻商的观念。后袁学川脱甲山山地遗产也为屠善宰等传教士利用多种手段所兼并。"昧愚教士屠先生逼勒"可见诉讼中袁学川与屠善宰围绕脱甲山地权闹翻了，后文将涉及。双方诉讼涉及寡妇为犯错的孤子求情，可见背后的隐情复杂。从下文刘正银"具切"可见刘正银系被英国传教士屠善宰抓获并送官治罪：

具切结人刘正银，今切结到

大老爷案下。切身愚玩（顽）不合，以至屠先生将身送案，蒙恩讯押。今身省悟前非，求赐开释。嗣后改过自新，安守农业，不敢盗卖脱甲山寸土。如有故违，一奉查出，愿甘重究。所具切结是实。

---

① （民国）余谊密主修、鲍实总纂：《芜湖县志》，合肥：黄山书社 2008 年版，第 9 页。
② （民国）余谊密主修、鲍实总纂：《芜湖县志》，合肥：黄山书社 2008 年版，第 9 页。
③ （民国）余谊密主修、鲍实总纂：《芜湖县志》，合肥：黄山书社 2008 年版，第 10 页。

光绪二十九年十二月　　日

具切结人刘正银十

居住花街的刘正银决定好好务农。脱甲山诉讼告一段落。刘正银等有关脱甲山的部分土地产权为 1869 年戴德生筹办芜湖内地会(地址为芜湖中二街 70 号)所有,具体而言,为屠善宰所有。总之,清末新政引起社会转型,利益多元,很容易形成利益交汇的冲突。中国传统的农耕社会有重农思想,有家族势力,宗法影响大,由于人口增多,人与自然、人与人之间的矛盾增大,而有限的自然资源供给与无形的人口增加,再加上外来势力,导致资源争夺时有发生。农民的坟地或祖上遗产山地也成为商品交易的对象。交易的价格不断上涨说明土地资源在诸多势力的争夺面前显然具有稀缺性。特别是江南教案频发导致土地流通的主题及其节奏的变更。土地不仅仅涉及地主与佃户,更重要的是涉及来华传教士。面对土地纠葛中的中外关系,地方官处理的时候涉及他对传统习惯与现实法律的把握,也显示了一个地方官员的素养,涉及刑民与钱谷的问题,在中外利益冲突中官员实际上多站在洋人一边。

二、清末新政时期脱甲山的土地交易与代理人杜国安"经纪人"身份

英国内地会传教士与美国美以美传教士争利导致脱甲山地权诉讼。脱甲山土地兼并,涉及官司及相关民风,此关联安徽历史地理乃至人文地理。梁启超谈及安徽民俗及学风,称:"皖北与皖南风气固殊焉。……皖南——今芜湖道,旧徽、池、宁国、广德、太平诸州府,群山所环,民风朴淳而廉劲。"① 包括芜湖在内的皖南朴淳而廉劲的民风在传教士的影响下另有裂变。"光绪二

---

① 梁启超:《近代学风之地理的分布》,参见安徽省地方志编纂委员会编:《安徽省志》附录,北京:方志出版社 1998 年版,第 394 页。

土地兼并与传教:清季英人利用传教兼并芜湖战略据点脱甲山的历程

十八年总理衙门后改外务部通行各省饬属查造教堂数目,颁行格式,遵填具报,于是皖省乃有教堂造报之册。其增增无减,可以考见。兹据光绪三十四年冬季各属册报"①,据 1908 年冬统计,安徽"通共全省总分大小教堂五百[余]所。按:教堂册报部颁格式分为八项:一、教堂名目,二、处所样式,三、成立年月,四、教士男女,五、教民若干,六、产业什物值银若干,七、有无附设育婴、施医、义学,八、邻近有无营汛。其法最为防患未然之极轨。……逮各属一律登送,改符颁式,仍复逐季查造以观其消息,亦整理民之责也"②。由此大体上可见,终至光绪及慈禧去世,宣统开启,安徽传教势盛。

1904 年,英国领事柯楚良与芜湖海关道童德彰签订《公共租界章程》,共有 10 条。此背景下英国殖民者在芜湖通商与传教并举,设有太古洋行、怡和洋行以经营航运等。英方另包括亚细亚洋行等在芜湖有 11 家企业。与此对应,中国本土意义上民族资本主义在芜湖亦发展较快。至 1908 年,资本额万元以上的在芜民族企业有:1897 年辛惕斋筹办的益新面粉公司、1905 年李国楷筹办的棉裕织布厂、张广生筹办的裕源织麻公司,1906 年程宝诊筹办明远电灯厂,1907 年李祥卿筹办的兴记砖瓦厂。可以说,民族企业一开始即在与洋商企业竞争中得以生存。相比之下,列强始在芜湖攫取殖民利益。《芜湖租界图说》附图,此租界应为弋矶山,"租界图说"亦有按语:"县治西门外各国公共租界,由陶家沟起至弋矶山脚止,长四千五百四十一英尺,修滩路一条,宽华尺五丈,扣亩地三十七亩六分六厘。中马路由南至北,长三千三百四十英尺,修中马路一条,宽华尺三丈,扣亩地十七亩五分八厘。后马路由南至北,长四千七百英尺,修后马路一条,宽华尺三丈,扣亩地二十三亩四分七厘。修横马路五条,由东至西,宽华尺三丈,扣亩地二十三亩九分八厘。总共修马路八条,共扣亩地一百零二亩六分九厘。"此地离脱甲山不远,脱甲山与弋矶山皆在芜湖西北,仅距 3 里左右,可谓毗邻。"陶家沟滩地毗连铁路车站者,计一百七十余亩,光绪三十二年勘定,尚未缴价。其已缴价成租者,第一段属

---

① (清)冯煦主修、陈师礼总纂:《皖政辑要》,合肥:黄山书社 2005 年版,第 29 页。
② (清)冯煦主修、陈师礼总纂:《皖政辑要》,合肥:黄山书社 2005 年版,第 61 页。

怡和,三十二年二月与铁路公司划分租定,计滩地一百七十余亩。第二段属太古,三十二年二月租定,计滩地七十五亩七分一厘四毫。第三段属瑞记,三十二年三月租定,计滩地五十六亩六分九厘。第四段属鸿安,三十四年四月租定,计滩地十八亩一分三厘五毫一丝一微。"

清末新政时期的芜湖,"虽蒙大宪力加整饬,痛革因循敷衍之弊,而一般人民缺少常识,不暗大体,动撤〔辄〕阻挠,实为隐患"①。其时,传教士及洋商颇有活动,而徽商在芜生意日渐式微,芜湖民间诉讼也多,这当中就有脱甲山土地买卖。实际上,脱甲山地权后几经易手,部分材料转至黄承发,且立永租文契。而黄承发确在光绪二十八年(1902)捐送地权。在《辛丑条约》签订后,中国一些小土地所有者"自愿"向教堂、教会寻求保护,背后签的白契往往涉及私下交易的钱数等。传教的重要场所是教堂,这涉及在芜湖购地等。芜湖的土地在清末有个大规模兼并的过程,受到安徽官宦家族的支配。李鸿章的淮军在太平天国运动中发迹,"功成名就"后李氏家族在芜湖肆意地兼并土地。而1899年弋矶山医院创始人赫怀仁医生尚在芜湖并为李鸿章家族族长治病,赫怀仁借机向李鸿章侄李经畲提议在弋矶山医院近邻李姓山地建一坟冢。李府后将弋矶山南向的山地捐给美以美教会。1905年前后,芜湖的土地大多属于淮系集团,李虽死,但其幕僚"宋某"仍在芜湖兼并大量土地,有2000亩之多。② 还有教会在芜湖兼并宅基地等。这是由芜湖地理位置决定的。传教士一度试图把芜湖建设成江南传教的基地。芜湖脱甲山名义上仍属于捐送,其实际兼并涉及价格拉锯战。官司多由芜湖县衙门办理,其时知县为沈君植,即沈祖懋,沈在清皇胄那桐心目中为"门人",可见地位重要。比照光绪二十九年二月廿六日(1903年3月26日),叶赫那拉·那桐时年47岁,为户部尚书,旋任外务部会办大臣,兼领九门提督,主管工巡局,是日那桐在日记中称:"门人沈君植来谒,沈名祖懋,行二,系江苏常熟人,新选安徽芜

---

① 《安徽巡抚朱家宝为职绅高骧等创设〈中江日报〉请予备案事致民政部咨文》,参见丁进军:《晚清创办报纸史料(二)》,载《历史档案》2000年第3期,第60页。

② 翁飞等著:《安徽近代史》,合肥:安徽人民出版社1990年版,第214页。

湖县知县,年三十四岁,由彭子嘉介绍而来。"沈祖懋生于1869年,而1904年脱甲山地权交易及其纠葛基本上是在那桐的门生沈祖懋手中处理。1904年4月,芜湖一度要建成"制造局",参见是月18日姚永概致信陈邑侯:"日俄近日尚无战事,香帅闻已由金陵言旋,午帅不日到芜湖看制造局基址也。"①香帅即张之洞,午帅即两江总督端方。可见芜湖一度要建设成江南工业制造基地。相比之下,芜湖军事要塞就显得重要起来。脱甲山地价有走高趋势。

1904—1905年,英国传教士屠善宰以买地的方式加强了对军事战略要地脱甲山的兼并。据新发现的文契,有多张收条或文契表明了这一点。

以下白纸墨迹,宽四寸,长约六寸,契据内容:

> 立收字人杜国安,今收到屠善宰先生缘身所收正价英洋贰佰五拾元整,亲手一并如数收讫。今欲有凭,立此收字存照为据。
>
> 光绪叁拾壹年六月廿五日立。收字人杜国安 +
>
>   凭中在契

而实际上1904年杜国安已收钱。杜姓自1903年初就开始地权交易,还有二层楼耶稣堂地基所有权交易。

> 立收正价字人杜国安,今收到屠善宰先生正价英洋四百伍拾元整,身亲手照契一并收讫。今欲有凭,立此收字存照为[据]。
>
> 光绪叁拾年巧月雨柒日。立收字人杜国安+
>
>   凭中在契

脱甲山部分地权交易正价,两笔经费达英洋700元。杜国安当为《皖政辑要》有关杜姓的全名,也是1904—1905年脱甲山山地交易重要的中人。杜姓家族在芜湖颇有名气,小官山的命名缘于一杜姓官吏曾居住此。实际上,杜国安为"铁山"山地的重要持有人,可见屠善宰作为传教士兼并芜湖山地是多方面的,相比较而言,铁山关联美以美医院,即涉及与美国传教士兼医院的

---

① (清)姚永概著:《慎宜轩日记》(上),合肥:黄山书社2010年版,第1479页。

地权争执。下文交易文契为红竖线纸,墨迹,可见杜国安当为英国内地会传教士屠善宰的重要购地对象,事涉铁山。

> 立水程字杜国安,今有铁山朝北壹半,四至均以界石为凭,计实价英洋柒百整,成交之日在明正契,限五日为期,过期以作废纸无用。
> 光绪三十一年六月四日。立水程字人杜国安具。

铁山可能源自铁狮山,"在县西北五里,赭山、西凤凰山在铁狮山前"[①],"立水程字"中"水程"是草契(正式买卖契约签订之前的意向协议)。

杜国安本人实际上是卖地。以下白纸条,毛边纸:

> 立包土工出路字人杜国安,今包到屠善宰先生缘身所卖铁山契为凭,日后朝北出路,归身等包,宽贰丈,上至山顶,下至西国坟墓,大路通无得阻隔。倘有他人前争论,均归身一户承担。今欲有凭,立此包字为据。
> 光绪叁拾壹年七月初七日。立包出路字杜国安十
> 　　　　　　　　凭中在契

时为1905年8月7日。此为私下购买杜国安所有铁山北向通道并修路。比照芜湖地图,西国坟墓离教堂很近。铁山一半地权售卖参与者亦有王世林,见以下1905年8月24日文契。

> 立收字人王世林等,今收到屠善宰先生名下缘身合族铁山一半,正价英洋柒百元整,凭中亲手收讫。今欲有凭,立此收字为据。
> 光绪叁拾壹年七月拾四日。立收字王世林(画押)
> 　　　　　　　　凭中在契

---

① (民国)余谊密主修、鲍实总纂:《芜湖县志》,合肥:黄山书社2008年版,第9页。

又,立收字人王世林等,今收到屠善宰名下缘身合族铁山壹半,正价英洋三百五十元整,身亲手一并收讫。

今欲有凭,立此收字为据。

光绪叁拾壹年七月拾四日。立收字王世林(画押)

凭中在契

两相比较,一为"凭中亲手收讫",一为"身亲手一并收讫"。后者实交付一半即英洋 350 元。铁山被耶稣教堂兼并,实际上就是芜湖南部出口被教会势力控制。铁山离弋矶山很近,弋矶山系美国美以美教会所控制。总体而言,英美传教士在芜湖兼并土地并产生对峙。

三、1905 年前后脱甲山盗卖之官司的情况变化

1904 年刘正银盗卖脱甲山的山地所涉卷宗可呈现内地会对芜湖脱甲山山地兼并的步伐加速。为释放刘正银,作保的袁学川亦开始买脱甲山山地。"买主"在交易文契上为"空白",但脱甲山交易文书卷宗的买主为内地会在芜湖的代理人屠善宰,文书卷宗为屠善宰所有,由此相关受益人亦可知。参见以下文契(该文契签名处有长一寸半、宽半寸的空洞):

立杜卖文契人袁学川仝侄家兴家斌,今乏正用,通家嘀议,愿将祖遗受分民田壹业,坐落下一五铺小港口马政,共计荒熟滩田拾亩整,今凭中说合,出杜卖与□□□名下为杜业。当日三面言明,得受时值正价银五拾两整。比时银契两交明白,不另立收字。自卖之后,听从买主过户、完纳、换佃等情,并无谋买、逼勒准折,亦无亲房上首人等另生枝节。倘有此情,系身一力承担,与买主毫无干涉。此系两相情愿,各无反悔。今欲有凭,立此杜卖文契,永远存照。

计开四至:

东至屠姓,南至屠姓,西至江沿,北至乌沙港。所有港口出入水

路照旧,丝毫不得有碍寸土。又照。

一批正契因兵燹失落无存,日后检出以作废纸无用。现有粮串为凭。又照十

光绪叁拾壹年三月 日。　　　立杜卖文契字人袁学川
　　　　　　　　　　　　　　　仝侄家兴、家斌

　　　　　　　　　　　　　　　袁家高
　　　　　　凭中　　　　　　　杨来自
　　　　　　　　　　　　　　　张叔良
　　　　　　　　　　　　　　　姜干齐
　　　　　　　　　　　　　　　黄寿功　押

　　　　　永　远　存　照

"一批正契因兵燹失落无存",当指太平军与湘军在芜湖的战火。文书时间为光绪三十一年三月,即 1905 年 4 月。马政,即芜湖军事养马所在。"东至"及"南至"屠姓,即东面、南面与屠善宰已兼并土地相邻。下一五铺南即为租界。① 脱甲山山地已为英国传教士屠善宰兼并或蚕食。以上文契后有抄件,日期为四月,后文涉及。

1905 年 4 月 6 日文契涉及 1902 年 8 月 25 日相关脱甲山的交易。再比照 1902 年 8 月 25 日捐送英国传教士屠善宰"执业"文字,内地会芜湖教徒黄立仁的侄子黄成发有关脱甲山被英国传教士所兼并有多张文契。以下文件(注明"copy"即复件,白竹纸,碳笔迹)提及 1902 年 8 月 25 日黄立仁及侄黄成发"免费捐献"脱甲山山地之事。从中可见脱甲山地权为原芜湖县西城角下一五铺的一部分。而下一五铺系徽商云集的重要地段。

该文契左上角有:

---

① 参见(民国)余谊密主修、鲍实总纂:《芜湖县志》,合肥:黄山书社 2008 年版,第 34~35 页。

Alexandes Duffy,

山

WuHu, An

Hoh-Riah-Shan（按：脱甲山译音）

This deed

Unstamped（无章，系白契）

Old deed（"旧事"可见，当时此文契应视作1905年购地附件）

  立永租文字人黄成发，今因光绪贰拾捌年捐送脱甲山壹座，坐落下一五铺。今又查出余山与脱甲山东首毗连，系在正契之内。至于东首山地，四至列后。所有看山人杨来有家内一切已葬坟墓及他人之墓，一概均照前执业，寸土不留。自愿将此山永租与屠善宰先生，照前契执业。当日得受时值正价英洋五拾元整，比时洋契两交明白，不另立收字。自永租之后，永无异言。日后听从永租主执业。倘有他人前来争论，系身一力承担，与永租主毫无干涉。此系两厢情愿，各无反悔。今欲有凭，立此永租字据。

  为计开四至：

  东至经、丁二姓为界，南至晋姓为界，西至本租主为界，北至湖南会馆田塘为界。

  光绪三十一年三月初二日立。

  永租契字人黄成发 十

    凭中 杨来有 十　朱国英押

      永　远　存　照

  由"北至湖南会馆田塘为界"，比照原芜湖县城西图可见，湖南会馆西边为"状元坊巷"，东边为"基督堂"，由南往西为横街，再向西为徽州会馆，东为曹家巷，再东为南贸公所。朱国英系安东人（丹东人），与屠善宰同为芜湖拓展势力的内地会传教士。复件二姓，未写明。与1902年8月25日捐送文契相比，这份文契出现"立永租文字人"，而非 25 日的"立捐送文契字人"，也提及 25 日"凭中"杨来有（即看山人）。而光绪三十一年三月初二日（1905 年 4 月 6 日）"永租与屠善宰先生照前契执业"并当时"得时值英洋五拾元整"，可见此为变相买卖。"永租"即土地的经营权而非地权本身。

以上为复件，以下当为立永租文契，文契原件左上角有：

Alexandes Duffy（即屠善宰）

山

WuHu, An（安徽芜湖）

Hoh-Riah-Shan（脱甲山）

复件、正契内容几乎完全相同。仅格式略异。

立永租文字人黄成发，今因光绪贰拾年（按：年，当为衍文）捌年捐送脱甲山壹座，坐落下一五铺。今又查出余山与脱甲山东首毗连，系在正契之内。至于东首山地，四至列后。所有看山人杨来有家内一切已葬坟墓及他人之墓，一概均照前执业，寸土不留。自愿将此山永租与屠善宰先生，照前契执业。当日得受时值正价英洋五十元整，比时洋契两交明白，不另立收字。自永租之后，永无异言。日后听从永租主执业。倘有他人前来争论，系身一力承担，与永租主毫无干涉。此系两相情愿，各无反悔。今欲有凭，立此永租字。

为计开四至：田东至经、丁二姓为界，南至晋姓为界，西至本租主为界，北至湖南会馆田塘为界。

立永租契字人黄成发十。凭中：杨来有十、朱国英押。

　　　　永　远　存　照

光绪三十一年三月初二日

该文契提及"光绪二十八年"即 1902 年。地名"下一五铺"，"下一五铺，在保兴埠及赭山、弋矶山、鸡窝街、租界一带。赋田四千四百九十九亩七厘二毫。按：下一五铺地方与商埠、租界毗连，土地纠葛之案层见迭出"①。比照前文述及《皖政辑要》可见，此地为英人屠善宰主持的内地会教堂（当为"基督堂"）所在地。光绪三十一年三月初二日，即 1905 年 4 月 6 日，时隔约 3 年。"永租文契"中所载看山人"杨来有家内一切已葬坟墓及他人之墓"，可见脱甲山部分山地被辟为见证人家的坟地。坟地的重要性是无可言喻的，卖地、卖房子但不能卖祖茔。其时土地交易涉及看山等实地丈量等，上文提及杨来有、朱国英为见证人，时间为三月初二日，时隔十天之后，他们当中的杨来有担任的角色见下列文契（竹纸，写字的功力一般）：

> 立看脱甲山字人杨来有，今看到屠先生名下脱甲山，正顶并北首山尾归身看管，东南首归袁姓看管。四至列后。日后倘有他人在山挖土取泥等情，归身看管。承向所有在山柴草，归身看扎，不干他人之事。今欲有凭，立此看字为据。
>
> 计开四至：东至湖南会馆田埂为界，西至山脚为界，南至山脚为界，北至山脚田埂为界。
>
> 光绪卅二年三月十二日。立看山字人杨来有十。凭中：袁学川十、黄寿功押、朱国英押。

柴草"归身看札（扎）"，涉及芜湖丘陵地带生态环境。《芜湖县志》记载："芜湖县境内湖地最多，其割取柴草，各有地段，大抵以刀数为持分标准，于某湖草场内占几把刀，即于该湖草场内有几把刀打草之权，其权利移转时，契约内亦注有此等字样。按：此项草滩大都为随田附属产业，田主执有土地权，佃户刈草肥田即以刀数载明，拨帖或另立议字，要皆随田为转移也。"②文中夹一白纸条，中有蓝色钢笔字迹："This appears to be a deed of purchase of hard in a mountainous area for _qassove（字迹潦草）—the building of a nummou[s] residence to escape the greal[t] dear of sommen a factive early

---

① （民国）余谊密主修、鲍实总纂：《芜湖县志》，合肥：黄山书社 2008 年版，第 34～35 页。
② （民国）余谊密主修、鲍实总纂：《芜湖县志》，合肥：黄山书社 2008 年版，第 44 页。

messuiantes in the poir—Boxer leniod."英语虽字迹潦草,大致可以辨认这里有隐情,因一山数卖而致官司,其最终意图是逃钱粮赋税,大致是交给教会或教会医院托管的方式。

  立收加添山价人黄成发,今收到屠牧师先生名下缘因前捐送脱甲山,今又收正价英洋蚨壹百贰拾五元整。是身亲手收讫,今欲有凭,立此收字是实。

  光绪三十二年三月十二日立。收字人黄成发＋
    凭中在契

这表明黄成发再收了一笔补款。前"捐送脱甲山"改为"又收正价英洋蚨壹百贰拾五元整"。此可能涉及变相的逃税。至此,也即 1906 年 4 月 16 日,黄成发及杨来有、袁学川的脱甲山山地基本上为英国传教士屠善宰所购买。中人增加内地会传教士朱国英。以下文契为白毛边纸,墨迹,凭中仍为 1902 年 5 月 25 日的看山人(杨来有),以下为"抄件"。时间为 1906 年 5 月前后,内容又有不同,特别是涉及当事人即 1902 年 8 月 25 日无偿捐献文契的袁学川。

  照抄

  立杜卖文契人袁学川、袁张氏仝子家海、家兴、侄家斌,今因正用不足,通家啇议,愿将祖遗受民田滩地壹业,坐落下一五铺马政小港口,计租弓田埂内壹丘,外滩四丘,又荒滩壹块,共计荒熟田滩拾亩整。今凭中说合,出杜卖与刘名下为杜业,当日三面言明,得受时值正价银五拾两正。比时银契两交明白,不另立收字。自卖之后,听从买主过户、完纳、换佃等情,并无谋买、逼勒等准折(当系抄写匆忙,错误所致),亦无亲房上首人等另生枝节。倘有此情,系身一力承担,与买主毫无干涉。此系两相情愿,各无反悔。今欲有凭,立此杜卖文契存。

  计开四至:

东至埂内屠姓,南至屠姓,西至江沿,北至乌沙港。所有港口出入水路照旧,丝毫不碍寸土。又照。

光绪叁拾壹年四月 日。
立杜卖文契字人袁学川
   袁张氏 仝子 家海
        家兴
     仝侄 家斌
        家富

         张叔良
     凭中 江干斋
         杨来有

          黄寿功 押

  永 远 存 照

凭中人少"袁姓"人,凭中"姜干斋"变为"江干斋"。以下为所谓"永远存照",涉及:

立看山人字袁学川,今看到屠先生名下脱甲山东南首两山尾,与本脱甲山甚均系一座全山。当日山主言明,两尾山上面所有山草,均归看山人扎草,不准他人前来扎草。在山至于山上泥土,不准偷挖,又不准他人于山上面私葬坟墓及撞坏界石等情。如有不妥之处,均系身力承担。每年岁底至堂听凭主人赏号,不拘多少。今恐无凭,立此看山字存照。

计开四至:

东首一尾,东至经、丁两姓坟山界石为界,西至本山主为界,南至湖南会馆荒田埂为界,北至湖南会馆田塘等埂为界。东南一尾,东至山脚路边为界,西至本山主为界,南至山脚为界,北至湖南会馆荒田埂为界。

光绪卅二年三月十二日。立看山字　袁学川 十
　　　　　　　　　　　　　　　　黄寿功 押
　　凭中　　　　　杨来有 十
　　　　　　　　　朱国英 押

1906年4月16日脱甲山地权过户,签署了3份契约。比照屠善宰英文字迹可知,所有这些,意在避税,脱甲山一些业主由此托权给内地会,屠善宰亦乘机收购。下面文契为松均阁(文光射升)字号(红方格纸,墨字),将脱甲山的部分土地变为"耶稣堂屠先生所创之山"。耶稣堂即英美内地会创办的新教教堂,光绪九年(1883)建造了"圣雅各教堂",位于今芜湖镜湖区花津北路。

立永租文契字人方丁氏,今因正用不足,合家商议,愿将祖遗坐落下一五铺脱甲山山地叁块,丈尺四至载明上首四张契纸以内,当日凭中言明,一并出永租与大英国屠善宰先生名下永远为业。当日凭中,估值时价银洋壹百拾五元整,比即银契两交明白,丝毫无欠,并不另立收字。嗣后听凭永租之主,自便执业。他人不能前来以阻其事,如有亲房人等前来争论,归身一力承担,与永租之主毫无干涉。永不增找,永不回赎。今恐口无凭,立此永租文契存照。

光绪三十二年闰四月十七日。立永租文契字人方丁氏　　十
　　凭中　　叶康候　　福寿代画押
　　　　　　甘道富
　　　　　　朱永理　押
　　　　　　杨来有

　　　　永　　租　　文　　契

另有迁坟文契:

土地兼并与传教:清季英人利用传教兼并芜湖战略据点脱甲山的历程

存　　照　　大　　发①

立搬坟字人方丁氏,有祖茔六冢,坐落脱甲山上,系耶稣堂屠先生所创之山。今承允到光绪三十二年十日之内,一律搬让他处扦葬。今恐无凭,立此搬坟字为据。

　　　　　　　凭　　叶康候　叶福寿
　　　　　　　中　　甘道富＋

光绪卅二年闰四月十七日　方丁氏＋

该文契订立时为1906年6月8日。从红方格纸等可见,此为未经官府的民佃交易。"银契两交明白,丝毫无欠,不另立收字",也从侧面呈现了此点。刘丁氏、方丁氏当为已婚女性,由已婚女性出面卖地,估计丈夫已逝,故由寡妇卖地。这名义上涉及生活艰难,实际上的起因当为内地会传教士兼并下一五铺脱甲山。为了保证此民间交易文书的权益,以发誓的方式声称:"永不增找,永不回赎。"这类似民间习惯性承诺方式进行的买卖背后涉及脱甲山地权纠葛及官司。

脱甲山地权交易的地契折射出芜湖村落的城镇化进程。不列颠图书馆藏的芜湖脱甲山土地交易的文献,涉及当时社会生态,也反映了西方势力深入长江沿线的过程,而他们兼并土地,无疑是造成农民失地的重要原因。农民失地的进程就是芜湖沿江地带走向城镇化的过程。脱甲山地理位置非常特殊,是扼守长江的军事要地,今天仍有废弃的防空洞。购此建房做教堂,不局限于教堂,一旦战火在芜湖燃起,脱甲山易守难攻。有关芜湖脱甲山的这些文契还反映了近代外来势力入侵芜湖的过程。农民失地的过程涉及社会规则的调整与修补,就农民社会生活的变动而言,无外乎在规则与潜规则之间进行。

---

① 按:文字长宽各一寸。

四、结 论

因地理纬度及气候的原因,安徽特别是芜湖等地适宜植树造林等,"皖省为寒暖适中之地,土脉滋润,最宜树艺"①,"荒山、荒地、平原、湖荡向之废弃不治者,各因其物候所著、土性所宜,讲求种植字畜,若桑麻茶柏诸果木,毛羽鳞介诸物,参以新法,精益求精,将蕃衍日盛,利益不可胜算"②。

中国传统社会以血缘为核心的宗法制度色彩浓厚,多同姓聚族而居,尤以江南社会为盛,这在安徽尤为突出。脱甲山山地还有一些墓地等。因宗法制度的存在,土地属于遗产,有土地契约等。只有将安徽芜湖等地研究好了,才能看出近代江南社会变迁及展示的风貌。

芜湖的经济乃至军事地理位置决定了其在传统江南地域中属于重要据点。芜湖处于安徽地域概念中江南、江北的分水岭。就安徽而言,光绪三十三年(1907)巡抚冯煦的《奏省道缺分别裁改折》云:"论全皖地势,约分三路:南路界连浙江、江西诸省,山深菁密,土客杂居,又扼长江入皖要冲。所驻之芜湖,华洋互市,交涉事繁,实徽宁池太广道主之。北路与河南、山东、江苏诸省壤地相接,民风强悍,夙称难治,实凤颖六泗道主之。两道均兼关务,皆为兵备道……中路之安庐滁和道与院司同城,责任较轻,事务亦简。虽有照例勘转之案件,类皆随同画诺之具文奉行故事,无裨实政,此按之新章,必须裁撤者也。所有徽宁池太广道,应名为皖南道,仍以安庆隶之。凤颖六泗道应名为皖北道,仍以庐、滁、和三府州隶之。"③安徽行省属江南,芜湖地域文化上属于与江北相对的江南,当然江南概念还涉及狭义的江南行省。这从《清史稿》中即可获知。芜湖在长江边上,属于狭义上的江南与江北的分界线。芜湖处在长江和青弋江的交汇点,"南通宣歙,北达安庐,估客往来,帆樯栉

---

① (清)冯煦主修、陈师礼总纂:《皖政辑要》,合肥:黄山书社2005年版,第793页。
② (清)冯煦主修、陈师礼总纂:《皖政辑要》,合肥:黄山书社2005年版,第793页。
③ (清)冯煦主修、陈师礼总纂:《皖政辑要》,合肥:黄山书社2005年版,第66页。

比,皖江巨镇莫大乎此"①。

　　脱甲山在下一五铺,邻近有范罗山等。范罗山(俗名饭萝山),"在县西北五里,毗赭山西麓,近大江"②。而清季英领事署在范罗山,"因《烟台条约》,于光绪三年,由英国领事官建筑新式楼房一座,四围绕以垣墙,以为领事官办公之地"③。脱甲山邻近尚有鹤儿山,查芜湖历史地理可知,"(芜湖)县西北四里为鹤儿山,临大江","西南则与法国天主堂毗邻。光绪十二年,有人盗卖与该教堂,邑人鲍世期等禀县详请南洋大臣曾批饬禁止,嗣于十七年议结,芜湖教案订明由华官筑墙围禁"④。"二十九年复有人盗卖,经南洋大臣端饬芜湖道饬县迅商天主堂,退出契纸,收回银条,以清纠葛。"⑤再有芜湖县西北五里,殷家山亦类似。殷家山,"坟冢甚多,以地近市镇,时有奸民盗卖于外国教堂。经邑人彭萃文等暨保莹会吕志元等先后禀究,自光绪三十一年至宣统三年,迭次由各上宪饬县惩办封禁,乃克保全"⑥。

　　就历史空间而言,脱甲山相关文献既涉及地方又关联全国。只有是地方的,才能谈得上是全国的。笔者从不列颠图书馆得到的资料与文献,无疑有助于对近代江南乡村社会变迁侧影的考察。在有别于西方的中国经验上,有"接着讲"的学术路向。芜湖等乡村社会史的研究既需要微观层面的学术深描,也有目光向下的问题。透过乡村研究去解析区域社会历史的变迁,在明确社会性质的基础上提出中国乡土社会重建的方案,是近代至今的历史学、社会学研究者共同的期望。

　　与施坚雅分析中国街镇所提出的六边形理论相比,芜湖市集形成基本沿着滨江发展,这大体上类似于竖线"丨"形状,这是乡村走向集市自然经济发展的产物,也是区域经济市场化的空间展示。长江中游多丘陵,自中英《烟台

---

① (民国)余谊密主修、鲍实总纂:《芜湖县志》,合肥:黄山书社2008年版,第4页。
② (民国)余谊密主修、鲍实总纂:《芜湖县志》,合肥:黄山书社2008年版,第9页。
③ (民国)余谊密主修、鲍实总纂:《芜湖县志》,合肥:黄山书社2008年版,第71页。
④ (民国)余谊密主修、鲍实总纂:《芜湖县志》,合肥:黄山书社2008年版,第9页。
⑤ (民国)余谊密主修、鲍实总纂:《芜湖县志》,合肥:黄山书社2008年版,第9页。
⑥ (民国)余谊密主修、鲍实总纂:《芜湖县志》,合肥:黄山书社2008年版,第10页。

条约》之后,英国驻芜行署在下一五铺的雨耕山展开,由此选择与长江横向的勾勒而建立各个传教据点乃至商业贸易据点也在情理之中,而后者是横线"一"字形状。横竖相交,构成集市贸易空间呈现"丁"字形状或"L"形状。而屠善宰有关脱甲山地权交易并由此逐步蚕食反映了这一点。从脱甲山到长江边,呈现出横向上的"一"字形。这涉及周边市场经济的拓展,也就是宗教据点建立与市场运动基本上同构。芜湖经济地段的形成,涉及滨江西岸自然贸易的形成,更与租界、税关等有关。

芜湖处于长江中游,与上游诸多集市据点,与下游诸多城市据点,密切关联。芜湖一度被西方传教士设计为江南传教基地,遗留在芜湖吉和街的天主教堂说明了这一点。因李鸿章及其家族运作,米市从镇江移至芜湖,芜湖由此成为市场意义上的鱼米之乡。

脱甲山地权交易的根本问题是田地所有权的兼并。传教士能屡次得手,重要原因是农民承担了苛税。如何合理避税是他们的首要选择。农耕社会语境下普通农民所要承担的任务一个是税收,另一个是服兵役即出壮丁。这两个任务是普通民众承担的维持国家运转的基本责任,所谓出钱出力。若税收瓦解,国家若再没有其他收入来源,其运转将难以为继。通过1903年前后脱甲山地权交易的处理可见两江总督及南洋大臣在传教士与农民地权交易出现纠纷时,要做的就是维持地权交易之前的原状,责令农民将地权交易所得资本退回给教堂,而让教堂将地契退回给农民。而农民将脱甲山地权以各种名义交付给教堂或传教士,多缘于地方政府责令交税太多,通过私立合同转入地权再租回,负担减轻了不少。两江总督端方处理芜湖鹤儿山天主教堂有关农民盗卖地权给教会的案例,实际上就是恢复原状的和稀泥的处理方式。虽然一时间风平浪静,但由于西方列强侵略以及新政等需要大量的投资,结果是农民的赋税越来越多,特别是土地税,农民被迫或"自愿"将山地交付给教堂。

想象互让边界与真实权力：
脱甲山地权翻案与英美传教士利益再分配

如何区分清代衰落与作为传统社会整体性的衰落，孔飞力认为这是一个重要的历史命题，涉及历史动力问题。① 究竟是外来力量冲击导致中国传统农耕文明的瓦解，还是外界因素仅仅是触及内在变革的一种力量？这涉及中国社会的新陈代谢，特别是城乡分化与变革。社会变革的关系体现在人的关系重构及其关联的城乡关系新因素的萌芽。孔飞力认为，"按照同心巢穴形式生活的人的移动和相互关系，是沿着从农村到面向它们的集市中心、再到更高级的中心的道路和河流进行和发生的。那些最适应这种生态环境的人与交换、学术、祭祀仪式和社会管理的长期性机构和制度相互影响，它们的形式有等级市场体系的货物集散地，教育、吸收官僚和尊孔的一套官方制度；佛庙和民间其他宗教的庙观；县衙门中负责诉讼和岁入的机构。可以这么说，这种形式与制度的关系是'密切的'；一切按部就班，有长期的居所，等级分明。农户至少因它们的纳税义务而被纳入这种形式之中。并且程度不同地为市场生产和加工货物"。"按照流动商贩形式生活的人的移动和相互发生

---

① [美]孔飞力著：《中华帝国晚期的叛乱及其敌人：1796—1864年的军事化与社会结构》，谢亮生、杨品泉、谢思炜译，北京：中国社会科学出版社1990年版，第1页。

关系的路线与等级商业—行政体系的路线无关。'江湖医生'或拳师的路程象补锅匠或货郎的路程一样,很可能是在各定居点间横向走村串户,而不是通过市场体系纵向移动。这种地方间的协调活动的形式与制度的关系'松散';出没无常,居无定所,等级模糊。这种形式没有大规模的长期性组织网络,而只需要地方单位之间的松散联系"。正是类型学上这两种关系,在近代中国社会转型中扮演了重要角色。而作为外来的嵌入力量传教士无疑是从精神层面加速观念的变化,"对教徒来说,只有当一个具有吸引力和冲劲的非凡领袖组成一个有许多村社的信徒的临时性联盟时,大规模的网络组织才会出现"。从组织层面分析传教士对晚清社会的影响可以有多个层面。影响如何,关系区域地理上生产力与社会关系的重新洗牌等,特别是近代江南社会传统力量的瓦解与新的生活方式的传播。江南社会在长江沿岸的变革有典范性。

正是在国家与社会重构的语境中探讨外来力量如何作用于社会底层并动摇秩序,特别在近代口岸与腹地关联长江流域经济带的社会变迁中外来传教士如何兼并地权,重组地方利益格局,对这些问题的揭示当有更多的意义。芜湖通商与传教成格局,是晚清中外各种势力博弈的结果。

一、软硬兼施的反诉:脱甲山地权纠葛及官司相关后续

脱甲山地权交易及其纠葛,涉及西方在华传教士,也涉及清中央与地方的关系。1906年3月,安徽巡抚诚勋调任江宁将军,江宁布政使恩铭接任安徽巡抚,恩铭颇有政治背景。据安徽政学两界代表人物姚永概致信严复称:"闻此公为铁尚书之人,铁公主新者也,伊又胡敢不喜之乎?"[①]恩铭系庆亲王女婿。巡抚恩铭在安徽执政非常强势。脱甲山地权交易纠葛及其产生的矛盾逐步上升。后多有地方官员参与类似案例的处理。

---

① (清)姚永概著:《慎宜轩日记》(下),合肥:黄山书社2010年版,第1488页。

刘正银卖地给美以美传教士赫医生后遭到内地会英国传教士屠善宰到衙门告状。光绪三十二年闰四月十七日(1906年6月8日)有以下文契(长约一尺半,宽三尺,淡黄裱纸),此当为刘正银、袁学川的对立面的反诉,反诉者身份却是衙门差役兼业主。

为无契盗卖、有契不凭、求恩吊契、以杜真伪事

切职有祖遗受分正业家山一座,系名脱甲山,坐落下一五铺,历有百余年,毫无异意(议)。卖于今岁四月间,有本佃袁学川亲笔写有凭字,串同陶玉章、印声文盗卖此山,永租与耶稣堂,山价英屠(按:疑为英屠山价)五百五拾文,已经书契,扦(签)约成交。幸价未兑。

职闻知不胜骇异,比往耶稣堂说明此山系职所执,并将本山赤契,约同地保、铺差,检与伊看。伊始信无疑,盗卖乃止。不料又有陶戴卿控职与(于)前,复有袁学川控职与(于)后。控之何因?职系业凭契执。无契据者,何得冒认控词诬控?据袁学川云:有本山地二亩五分,伊地在山下,各有四至,毋得纠缠。况田有几亩几分,山从未有亩分之理。其以田地混山,可知。蒙恩批示,袁学川、陶在(戴)卿欺盗卖他人产业,反谓他人盗卖等,亦如见青天。况陶玉章、袁学川二人扦(签)约盗卖,现有确凭。

总之,伊等飞诬患害,洞鉴难逃。职缕呈明,先将赤契抄粘。为此乞叩宪老爷电鉴作主,恩赏差提陶戴卿、袁学川、陶玉章等,严讯究追,并吊(调)各人契据核夺,以分真伪,以杜盗卖。戴德上禀。

袁学川山地田契四至:

乾隆卅年后姓卖与黄执业,黄顾氏仝孙志仁出卖与陶姓,道光廿六年。陶姓与同治七年卖与玉生堂,即谭信义执业。谭信义于同治七年卖与袁学川执业。

计开四呈田亩:

东至杭姓一亩六分一丘一分,东至黄姓山脚陶姓地,南至田地、

黄姓山界、山脚，西至陶姓地埂、地界、黄性（姓）山脚，北至田埂、陶姓地、谢姓田。以上四至开明。又照。

"戴德上禀"，诉状指感恩戴德。"禀"通常是差役的复命书，指代差役执行公务返程后以报告书（禀）的形式向地方官报告执行命令的结果①。"职缕呈明"，呈状，多指诉状。而"呈明"多指查明诉状中所谓冤情的事实报告书。"缕呈明"指多次查案并报告。"蒙恩批示"，"批"指地方官收到诉状后，阅读诉状并在其末尾写下自己的意见②。而在状式纸中，原本就为地方官写"批"留出了空间③。这些批示往往被抄录到州县衙门的照壁上予以公告④。

"宪老爷"，当为上司，或指安徽巡抚或两江总督，或指代芜湖道。"电鉴作主"，指打官司中明察秋毫并中肯决断。"祖遗受分正业"，指同姓家族财产经父系之下兄弟名义上人均分割，"正业"当系合法性而言。"执业"指管业，也就是取得经营权。至此，可知所谓"中人"或看山人袁学川为一佃农，而文书中"本佃袁学川"更印证了这一点。而持赤契，即经过官府的文契。控告人持赤契向官方提起诉讼。变相卖地给芜湖耶稣堂的陶戴卿、袁学川、陶玉章等为下一五铺的脱甲山地权。以下有关买卖脱甲山地权造成是非及其相关历史沿革：

> 为遵批呈串并（缺"脱"）甲山至再求恩断事
> 窃身前禀脱甲山一案，恩批必须近年红串方无非。业等示但△祖遗田亩坐落甲山，一契系乾隆六年所买，一契系乾隆廿一年所买。二契共荒熟田廿亩零。又一契系乾隆廿七年所买，祖遗沙沟稻场脱

---

① ［日］寺田浩明著：《清代传统法秩序》，王亚新监译，桂林：广西师范大学出版社2023年版，第240页。
② ［日］寺田浩明著：《清代传统法秩序》，王亚新监译，桂林：广西师范大学出版社2023年版，第233页。
③ ［日］寺田浩明著：《清代传统法秩序》，王亚新监译，桂林：广西师范大学出版社2023年版，第233～234页。
④ ［日］寺田浩明著：《清代传统法秩序》，王亚新监译，桂林：广西师范大学出版社2023年版，第234页。

甲山一座,均有赤契为据。山契前禀抄呈。今将本山田亩赤契一纸,执照一纸,近年红串四纸一并抄廿八□红串,因光绪十七年十二月邻右被禄,红串遗失,人所周知。至本山四至百余年总此界碑为界,东至袁姓地临田为界,西至王姓坟为界,南至晋姓界碑为界,北至本山脚圩埂为界,了如指掌。况身自乾隆六年间至今祖遗受分田亩山地仍系己业,并无丝毫出卖。总此,业凭契执,外人何得诬控,纠缠不已。缕呈源委,再叩宪老父台电鉴作主,赏差提究,验契恩断,此分(份)真伪,以杜盗卖,亦听上禀。十三年批陶戴卿远年庆(废)串,未足为坟山证据,本难准理,惟据称原买契据曾与出卖田亩,检交谭信义收执。且旧佃袁学川,串同黄姓盗卖山地,经核正向买主屡次阻止,似非尽属无因。候饬差吊(调)契,传集讯究。粘串三纸暂附。廿八年批黄象龙案经饬传,候催集、质询、查断。该△即检齐印契呈验,抄粘串实凭执业粘附。光绪十九年、廿年先道会赖先生,仝耶稣堂杨全林先生经手,价英洋伍佰伍拾元。因陶戴卿、陶盛文、袁学川盗卖故,因无契凭县父台作主,此山归黄姓执业,又照。

十三年批袁学川、批陶戴卿欺盗卖他人产业,反谓他人盗卖来案混控,其情殊属可恶。惟案经饬传,候催集人证并补传陶声文、黄杰仁到案,彻底讯究,抄契印串粘禀均附。又照。

"十三年批袁学川、批陶戴卿欺盗卖他人产业,反谓他人盗卖来案混控","来案混控"指在多重诉讼官司中试图浑水摸鱼,"十三年批袁学川、批陶戴卿"可见光绪十三年(1887)芜湖道就案情作了两次批示并结论性断语。

"遵批呈串"指代按照州县老爷批示要求,诉讼方提供树串般的契约文书卷宗。"串"指大批历史文契,呈树状图排列图谱。此大致是断案前重要工作。这一翻案性质的民事诉讼,涉及整个脱甲山地权交易纠纷。所谓"红串",指赤契,即经过官府认可。"父台",多为士绅称州县父母官,这里可能指芜湖知县;"宪老"当文同"大宪",多指自己的顶头上司,可能指安徽巡抚朱家宝之后的恩铭或两江总督。此处当指代芜湖道。"业等"当指业主。"电鉴"

主要是指代官司诉讼中明察秋毫。此案已经多方查办并补充提交证据等,这一结论性的诉求,从整个案件卷宗来看,基本上得到芜湖道的认可。

脱甲山地权交易及其诉讼引发的司法腐败,重要因素当是英美传教士参与兼并地权。1906年6月8日,有一文契涉及芜湖西城外百家铺二街的英国驻耶稣总堂屠善宰让方丁氏迁墓。

> 立搬坟字人方丁氏,有祖茔六冢,坐落脱甲山上,系耶稣堂屠先生所创之山。今承允到光绪三十二年十日以内,一律搬让他处扦葬。今恐无凭,立此搬坟字为据。
>
> 凭　叶康候　福寿
>
> 中　甘道富 ✕
>
> 光绪卅二年闰四月十七日。方丁氏 ✕

光绪卅二年闰四月十七日,即1906年6月8日。"耶稣堂屠先生所创之山",意为英国驻耶稣总堂屠善宰所开辟之山,实际上意味着其控制了整个脱甲山地权。

以下文件注明"copy",为1906年6月8日的抄件,白竹纸,碳笔迹。比照以上正式文契略有不同。

该文契左上角有:

Alexandes Duffy,

山

WuHu, An

Hoh-Riah-Shan

2

该文契左下角有:

This deed

Unstamped

Old deed

由上文可知方丁氏搬迁坟茔,亦系白契,即未经官府的民间交易文书所达成的协议。

二、名与实分离:1907 年脱甲山地权交易新常态

面对 1906 年 6 月 8 日有翻案性质的民事诉讼,一时间,难以断案。英美传教士深度卷入,实际上脱甲山地权交易彰显了英美在华势力的强势,诉讼乃至反诉都呈现了这一点。脱甲山地权所涉及的老百姓当然知道这一点并有痛彻心扉的体会,而为了逃避地方政府征税,不得不与传教士作地权交易。

1907 年 4 月 13 日,有立永租文契。

> 立永租文契字王恕齐仝侄王步朝,今因正用不足,通家商议,愿将祖遗山地壹业,坐落下一五铺脱脚山祖坟地壹块,坐东北朝西南,凭中说合,寸土不留,一并永租与屠善宰名下为业。当日得受时值正价英洋壹佰元整,比时洋契两交明白,亲手一并收讫,不另立收字。
>
> 自永租之后,听凭永租主执业,日后毫无异言。倘有内外族亲人等前来异说,均归身等一力承担,与永租主毫无干涉。今欲有凭,立此永租字为据。
>
> 一批上首赤契壹纸,交永租主收执。又卖主杭兴富卖与王有荣、王有山壹纸,以及仍有遗失字据均未交出。倘日后捡出,以作废纸无用。又照。
>
> 光绪三十三年三月初一日。立永租文契字人 王恕齐(画押)
>
> 仝侄 王步朝(画押)
>
> 凭中　　崔月亭＋　崔秀林＋　崔惟心＋
> 　　　　崔岐山＋　袁家海＋　袁家斌＋

雍锦波押 董玉成＋ 倪金城＋

朱国英＋ 代笔黄寿功押

光绪三十三年三月初一日(1907年4月13日)关于脱甲山再有文契(长1米,宽1尺5寸,毛边纸)。该"立永租文契",文契左上有:

Alexandes Duffy.

WuHu, An. ③

Hoh-Riah-Shan

其他文字内容与上一契完全一致。

王恕齐同其侄王步朝将脱脚山(即脱甲山)"祖坟地壹块""永租"给屠善宰为业。内地会传教士丹东人朱国英为见证人。代笔为黄寿功。可见,此时脱甲山地权交易涉及"地根"与"地面"使用权分离。此也涉及西方传教士根据中国社会的传统土地所有权、使用权等兼并芜湖脱甲山的过程。

以下为白裱纸,时为1907年4月13日。

立限盘坟字人王恕齐同侄王步朝,今因正用不足,通家嫡议,浼凭中证,将祖遗脱脚山于道光二年壹纸扦葬祖坟式冢五棺,又嘉庆廿四年壹纸壹冢壹棺,凭中限定本年十月内盘移,毫无异说。倘到期不盘,听凭追究。是系屠先生名下执业,身等倘有异言,听从送官。今欲有凭,立此盘棺字为据。

光绪三十三年三月初一日。 立限盘坟字人王恕齐(画押)

       同侄 王步朝(画押)

       崔月亭 ＋

  凭中 崔秀林 ＋

       崔惟心 ＋

       袁家海

       袁家斌

王恕齐等将山地出租,地内有坟,于是同时立限期将坟迁走的文契。文契中"坐落下一五铺脱脚山",离英国在芜湖耶稣总堂很近。再比照以下文契,即知脱甲山经徐荣贵经手转给王宇泰、王善能、王可印。

> 立绝卖文契人徐荣贵,为因正用,愿将自己后开祖遗坟山壹块,坐落方家巷西南,山名脱脚山。日字号编银伍分,卖主比收编银壹两生息,每年代办,日后脱漏不干买主之事。凭中韦万成、陈浚川等绝卖于(缺损)王宗泰、王善能、王可印名下为业,当日得受价□(银?)曹平拾两整,一并收足。自卖之后,买主执业,择穴山,日后[听]从迁葬,培补峰水无阻,并无亲房及上首再言加赎枝节。此系两厢情愿,各无反悔,恐后无凭,立此一并绝卖文契存照。
>
> 计开:
>
> 东至袁姓坟地,西至耿姓坟地,南至杭姓田山,北至卖主坟。弓丈:上横量贰丈,中横量贰丈贰尺,中横量贰丈。左墅长陆丈五尺,右墅长陆丈五尺,中墅长柒丈。四至埋石为界,并无包占他人寸土在内。今恐后无凭,立此绝卖文契,永远发福存照。
>
> 嘉庆二十四年　月　日　　立绝卖文契人徐荣贵十

嘉庆二十四年即1819年。由山地"四至",可见大致方位与格局。涉及杭兴富与王有山等有关土地交易,即杭兴富将脱甲山部分山地卖给王有山"执业"。

比照1907年4月13日王恕齐、王步朝等交易文契提及道光二年(1822)壹纸(实为赤契):

> 立绝卖文契人杭兴富,为因正用,愿将自己后开祖遗坟山壹块,坐落方家巷西南,其山坐东朝西,山名脱脚山,凭中立契出卖与王有山名下执业。当日三面言定,时值价银曹平肆拾伍两整,皆银契两交,不见分丈,并无利债准拾折,亦无盗卖他人寸土。倘有亲房上首人来争论,系身一力承当,不干买主之事。其山地纳赋编粮系堂兄

兴隆所借王姓山主银四两生息银,以底代办完纳,倘有脱漏,不干买主之事。自卖之后,听凭买主扦葬风水,砍斫柴薪无阻。今欲有凭,立此杜卖文契,永远业福存照。

其山上至山顶,下至田沿,南至路北,北至受产,计量弓丈:左直长,自山顶至田脚。右直长,自小山顶至田脚。又照。

道光(原书"嘉庆",后涂改)二年 月 日。立绝卖文契人杭兴富

原书"嘉庆",涂改为"道光",当为诸多文契比勘后校正。契文中杭兴富与杭兴隆是堂兄弟。"粝粮系堂兄兴隆所借王姓山主银四两生息银",说明卖主仍承当租赋,同时系高利贷抵押。这证明地面收益已卖,但地根权益仍作押。

与上述两文契相连,1903年4月13日有一文契具体情况如下:

右芜邑齐罗、脱脚山祖坟图,葬棺列后。

八世祖大志公墓一棺,系次子有山卜得此地,于道光八年扦葬立碑,黄山申向,本山名脱脚山。

立穴,取横龙腰,落土岩穴,堪舆喝形,又名"金鱼奔食"。墓前右有长沟,俗号"拖刀沟"。右有大石,俗号"仙人床"。又下首田边有石,号"磨刀石"。其山系杭兴富杜卖。东至山顶,西至田脚,北至出产山,南至出产坟冢为界。计弓丈:左直长自山顶至田脚十伍丈,下横阔七丈五尺,中横阔七丈,上横阔五丈五尺。右直长自小山顶至田脚八丈伍尺。又靠毗连买山壹块,弓长文契载明。又陶、张二妣祔墓。右首另冢,并十世可昆公与夏妣、苏妣,祔陶妣墓。左首另冢。

光绪卅三年三月初壹日,□□(字迹潦草)。

抄谱字人　王恕齐(画押)

侄王步朝＊＊

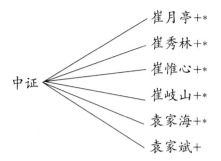

"抄谱字",系王姓家谱记载。据《清史稿》,"光绪三十三年省。皖南道,省宁太池广道改置,兼关务,加提法使衔,驻芜湖"①。芜湖成为皖南的行政中心。传教士或洋医用"以华人治华人"的本土策略,抚平这些民间性质的所有"看山人"。"看山人"多为地方强悍之势力,代为天主教堂或基督教堂或医院服务。上述历史变革由交易文书可见一斑。

从"光绪三十四年七月初一日"的文书(白裱纸,墨迹)可见1903年两江总督兼南洋大臣为芜湖租界等地交易中外纠葛的处理订下规矩后的影响:

立误认字人袁德斌、童琴甫,今误认到

屠先生名下因小巷口田一丘界串可凭售与合义堂,身等中证。

蒙恩开罪,各无纠葛。立此存照。

光绪三十四年七月初一日

　　　　　立误认字人　袁德斌 ＋

　　　　　　　　　　　童琴甫(画押)

　　　　　黄辅臣

凭中　　　　　　　仝见

　　　　　黄寿功

合义堂系晚清有名的东北籍钱庄。旧事重提,袁德斌当系1905年至

---

① (民国)赵尔巽等撰:《清史稿》卷一一六,北京:中华书局1995年版,第2286页。

1906年陷入刘正银盗卖脱甲山部分地权案的袁学川的后人。所谓"误认"涉及他们将传教士屠先生所有脱甲山地权卖给钱庄合义堂之事。

作为英国在芜湖耶稣总堂的代理人,屠善宰对脱甲山地权的兼并与控制持续数年之久,可以说1908年11月光绪与慈禧先后病逝,清末新政进入另一番天地。而西方传教士对芜湖脱甲山地权兼并仍在历史运行的惯性之中。相关文契系红格纸,墨字,纸张上印有"状元及第""德裕号制"等字样。

> 立包看山字人杨来有、袁家海、袁家富等,今看到屠先生名下缘因身等看脱甲山壹座,均归身等自愿包看,无许他人扦葬坟墓、挖土侵占等弊。倘有此情,听从先生追究,身等愿甘治罪。今欲有凭,立此看山字。永远为照。
>
> 杨来有 十
>
> 宣统元年腊月三十日。立看脱甲山字人有袁家 { 海 十 / 富 十
>
> 凭中人黄成发 押

这些地契界定的地权的所有者,最后变成替西方教会"看"本属于自己土地的"看山人",此为"后慈禧时代"的清末新政。

脱甲山文献涉及西方传教士及其内部矛盾。在芜湖重要的市场乃至军事要地兼并地权涉及美英传教士内部矛盾,也关联地方缙绅之间的矛盾。脱甲山地权官司的起因是逃税问题等。部分地权拥有者将地权捐献给教堂,设想地面使用权与地根权(即最终所有权)分离。名义上是向教堂奉献土地,但教堂属于西方洋人,一旦有合同意义上赤契与私下交易形成但免税的白契,整个地权的性质就发生了变化。这些捐献地权的理由涉及感恩,背后又有私下的洋元交易。这些关联"经济的伦理化"过程。

三、结论

近代土地纠纷中官民对立,逐步演变成中外关系上的教民对立,涉及近

代社会转型中国家与社会的渐次分离的过程。这一分离中最大的获益者是传教士等在华西人,而非传统意义上官民对立中官这一方。1908 年,芜湖有教堂 23 所,在安徽仅次于宣城。① 家国渐次分离中造成一帮新贵,新贵不是本土的,而是外来权势。为什么伦理意义上的捐献背后反而有官司? 这主要是因为中外地位之悬殊。在土地流转的资源分割中旧有的法律秩序并无变化,这时需要伦理的调剂,涉及分配资源中伦理的评判。但是伦理重建并没有跟上形势的变迁。过去土地的兼并涉及农民与地主之间的矛盾,近代失地涉及农民甚至是小地主与来华传教士的矛盾。传教士通过兼并土地及包揽诉讼等成为中国"家""国"分离的资源分配中的获益者,传教士成为新贵,且不同于地主,他们成为资本主义权贵。这些资本主义权贵与传统意义上的父母官最终又站在同一条战线上。失地带来的痛楚引发民众觉悟。中国土地上的子民开始变成教徒,父母官失去统治对象,社会变革迟早要到来。

安徽的区域观念也一直处于游移状态之中,它显然处在中部省份,但泛长三角往往涵括安徽,所以可定位为东部。若从经济上的贫困而言,显然属于中部。安徽区域文化乃至区域社会的重要性,并不完全取决于安徽的研究者或安徽人。安徽的重要性可以与邻省相比。谈到社会区域的研究,人们往往说,一方水土养一方人。从中可以分析地方的土地、制度及文化传统。近代村落史研究及乡村城镇化的探索涉及的中国经验的把握,尤其要关注海外学者诸如黄宗智等的研究成果。村落是社会结构,城市是社会结构,从乡村走向都市无疑是痛苦的蜕变过程。近代村落走向集镇有个过程,其中社会契约在土地、房产的转让中扮演了重要角色,也在土地的用途变更中发挥了稳定社会秩序的功能。集镇连接着乡村与城市。农耕社会下的中国绝大多数人口属于农村,随着中国工业化进程,农民工进城已成普遍现象。无论是从知识结构还是从社会阅历来看,进城的农民工造成农村的社会精英大量流失,乡村旧有的生活秩序发生了巨大的变化。这虽有利于城市经济发展,但

---

① (清)冯煦主修、陈师礼总纂:《皖政辑要》,合肥:黄山书社 2005 年版,第 42~44 页。

广大农村却付出了高昂的成本。而进城农民大多是临时工,为了寻找工作,流动性很大,也带来很多社会问题。这些问题如何解决,需要研究。如果能很好地研究集镇对农村人口容纳的可能性,有利于探索失地农民的生活稳定性的问题。因为集镇与农村的天然联系,农民大批进入集镇也有利于农村社会精英的稳定。

  清朝灭亡涉及多重原因,费税问题没有解决好是其中之一。特别是长江沿岸之商业城市,近代遭遇多重困境,涉及商业码头由传统经济向资本与商品经济转向的过程,这当中涉及传教士利用教会庇护的特权,以帮助部分自耕农避农业税等兼并地权,从而导致地痞流氓盗卖地权的社会离轨现象时有发生。"当遭遇到某人质疑的时候,现管业者要通过某种方法向世人申诉自身管业的正当性。这是当时围绕土地主张权利的标准情景,这时的典型做法,就是展示自己取得管业正当性的经过(总称为'来历')。大部分情况是展示从前管业者那里继承的经过,具体而言就是出示前管业者订立并交付给他的契据。"① 而类似问题的解决要通过司法诉讼。"被质疑时是否具有可主张的来历,是决定性的关键条件。持有绝卖来历的人,因为理论上不存在能够抹消其权利的人,当然可以感到心安,即使是典,除了出典者在典限届满后以原典价赎回的场合,其来历也可以对抗其他一切情况。转典的承典者虽说立场更不稳定,但毫无疑问也是持有来历的管业者。在社会中的土地上存在的,就是这样一些具有活或者绝的来历的管业者。"② 而民国时期针对租界乃至市场繁华地带,盗卖土地以及教堂兼并土地的现象时有发生,从历史连续性看可谓层出不穷。民国地方政府处理此类事务居然采取了明清时期的鱼鳞图册方式对其加强管控。

---

① [日]寺田浩明著:《清代传统法秩序》,王亚新监译,桂林:广西师范大学出版社2023年版,第79页。

② [日]寺田浩明著:《清代传统法秩序》,王亚新监译,桂林:广西师范大学出版社2023年版,第79页。

附录:不列颠图书馆藏清代珍稀文献

台湾奏折上谕

上谕：达洪阿奏击沉夷船、擒斩逆夷、夺获炮位一折。八月以来，夷船叠向台湾游奕停泊。经总兵等饬属严防堵御。是月十六日卯刻，夷船驶进口门对二沙湾炮台发炮攻打。经该参将邱镇功等用安防大炮对船轰击。淡水同知曹谨亦在三沙湾放炮接应。该参将邱镇功手放一炮。旋见夷船桅折索断，退出口外，冲礁击碎，夷人纷纷落水死者无数。其上岸及乘船驶窜者，后经该参将督同署守备许长明等带兵驾船前往。生擒格杀黑夷多名，并见白夷自行投水。其时，复经千总陈大堃等驾船开炮击沉枋板一只。格杀白夷并生擒黑夷多名。又据曹谨等在大武嵩港外追获游窜枋板船一只。刺死白夷及生擒黑夷多人，并捞获黑夷尸身、炮位，搜获图册。此次文武义首人等共计斩获白夷五人，红夷五人，黑夷二十二人；生擒黑夷一百三十三人。捞获夷炮十门、夷书等件。办理出力，甚属可嘉。提督衔台湾镇总兵达洪阿着赏戴双眼花翎。台湾道姚莹着赏戴花翎。达洪阿、姚莹及道衔台湾府知府熊一本均着交部从优议叙。其在事出力各员弁兵勇义首人等，自据实保奏，候朕施恩。阵亡兵勇查明照例赐恤。

道光二十二年四月初十、十一日，奉上谕：本日达洪阿等由五百里驰奏逆夷复犯台湾港破舟歼逆一折。据称，淡水同知曹谨等禀报：正月三十日有三桅夷船及枋板船在淡水彰化交界之大安港外洋，欲行入口。见勇众多，攻扑不进,伏退出外洋。经猫雾巡检高春如等所募之湾船粤人周祥等与夷船上广东汉奸作土音招呼,诱从土地公港驶进。果为暗礁所搁,其船欹侧入水。该处埋伏兵勇齐起。署北略古营游击安定邦、督令守备何必捷等施放火炮,奋力攻击。其船遂破,夷纷纷落水者不计其数。复有数十人手持短械跳上渔船。该厅县将备等及义首总理兵勇奋力团击,杀毙白夷一人,生擒白夷十八人、红夷一人、黑夷五十人、广东汉奸五名,夺获夷炮十门,又获铁块、鸟枪、腰刀、图书、文件等语。览奏欣悦,大快人心。该夷上年窥伺台湾,业被擒斩,复敢前来滋扰。达洪阿等以计诱令夷船浅搁,破每取馘,大扬国威。实属督勇兼施,不负委任。允宜特沛殊恩,以嘉懋绩。达洪阿着加恩赏加太子太保衔,并赏加阿克达春巴图鲁名号,姚莹着赏加二品顶戴。达洪阿、姚莹均仍交部从优议叙,所有在事员弁及义勇人等,均着开单保奏,候朕施恩。钦此。台湾镇总兵臣达洪阿等奏为仰祈圣鉴等。窃本年正月二十六日戌刻,接据彰化县禀报,廿四日卯刻有三桅夷船三只在五义港外洋向北驶去。臣等查该处与淡水滬港三厅接壤。飞饬该厅县以逆情诡诈,恐入口窥伺,凛遵不与海上争锋之旨,惟宜以计设伏歼擒。兹于二月初三日,接据淡水同知曹谨等禀报,该厅县雇募渔船一只、大三板三只在外洋欲行入口。该厅县会同关柱督率员弁兵勇前往堵御,一面在港口迤北之土地公港埋伏。该逆见大安港口兵众,攻扑不进,退出外洋。经猫雾巡检高如春等所募渔船粤人周祥等与夷船上广东汉奸作土音招呼,诱从土地公港驶进。果为暗礁所搁,其船歪侧入水。该处埋伏兵勇齐起。夷船在水摇簸,不能驶进。关柱督令守备何必捷等放炮攻打。逆夷危急,不能回炮。延至巳刻,其船遂破。夷人落水死者不计其数。该厅县将备及义首兵勇奋力团击,杀死白夷一人,红、黑夷数十人;生擒白、红、黑夷数十人,广东汉奸五名;奋夺获夷炮十门、铁炮一门,鸟枪、腰刀均系镇海宁波之物等语前来。臣查该逆复敢来台滋扰。仰仗天恩,计破其舟,溺死斩馘无数,生擒白、红、黑夷四十九人,并获汉奸。实足以快人心而彰国宪。惟夷情凶狡,必图大帮报复。除督饬文武,激励士卒,协力严防,一面委员行提各犯来郡讯办。合将计破逆夷各情由五百谨奏,奉朱批可嘉之至,即有恩旨。

钦此。

奉上谕：达洪阿奏南北两路逆匪已平，续获各犯一折，着刑部议奏，所有在事文武义男勇人等准其查明保奏，候朕施恩。钦此。

台湾镇总兵臣达洪阿奏，为请旨事切，臣等上年恭奏击沉夷船一折，接奉朱批览奏嘉悦之至，即有恩旨，钦此。又片奏，添拨海口兵勇，请发经费。奉上谕：台湾镇达洪阿、台湾道姚莹、台湾府熊一本均交部从优议叙，其在事出力员弁兵勇查明照例赐恤，前任台湾县托克通阿丁夏、同知徐柱邦、休致通判卢□祖均准留于台湾差委，因军务紧要，是以允准，不得援以为例，钦此。又承军机大臣字寄，奉上谕：该夷被残之后，难保无大队匪船闯入报复，着达洪阿等严饬文武，添派兵勇，不可因获胜仗稍存大意。至前任提督王得禄威勇素著，熟悉海洋，即移驻台湾协同剿办，请拨军需，已谕颜伯焘迅即拨解，台防同知全卜年准其专办局务。现在浙江夷匪大肆滋扰，厦门之鼓浪屿尚泊夷船。该镇道等务宜先事预防，妥为布置，毋致临事同章，是为至要。发去赏达洪阿双眼花翎一枝，姚莹花翎一枝，着即祗领。嗣后攻剿夷匪折件由五百里驰奏，获胜仗，即由一百里奏报，钦此。仰蒙皇上训示，周祥不胜钦□，复以臣等督率□劳忧，加懋赏。所有感激下忱缮折，叩谢天恩，并查明出力文武员弁人等奏请恩施外，一面恭禄谕旨，传提臣王得禄迅速移驻台湾协同办理，并严饬各口文武员弁加意严防，所请拨经费银三十万两，经督臣委员解到，存贮府库，陆续撙节支应，理合具。

道光二十二年四月十二三日奉上谕：达洪阿等奏，查明上年台湾击沉夷船，擒斩逆夷案内，出力文武义首人等恳请鼓励，开单呈览一折。上年逆夷驶入台湾之鸡笼地方，经文武各员弁击沉逆船并擒斩逆夷多名，办理甚属出力，自应量予恩施，题升台湾水师副将艋舺营恭将邱镇功着赏戴花翎，淡水同知曹谨着以知府升用，先换顶戴，候补同知直隶州。澎湖通判范学恒着加知府衔，署北路右营游击。噶玛兰都司安定邦着以游击即行升用，先换顶戴。即用知县王廷干着加知州衔。艋舺县丞宓惟慷着以知县尽先升用，署噶玛兰守备。千总许良明着以守备尽先升用，署艋舺营守备。千总欧阳宝以守备升用，先换顶戴，署沪尾水师守备。千总陈大坤之子陈功候补从九品。周晋昭、列其钟均着尽先补用。德化县典史陶荣着以县丞升用。署千总陈连春、外委游登和均赏戴蓝翎。噶吗兰、外委伍云升、金巨里、外委林光章均以把总援补。郝之芝着赏给六品军功职衔。目兵何和等着记名，分别委用。外委李逢春、事陈经邦、吴助官、义首林得力均着赏六品军功职衔。总理姜秀筌、义首生员范玉成、鲍鄂衔均赏七品军功职衔。义首谢朱黼等均赏给八品军功职衔，以示鼓励。钦此。

粗定各口通商章程

一、引水一款

凡有英船到各口外洋者,应即给引水,俾得就日进口停泊。其出口船亦同此理。若由英国官员请发红牌,应就给予引水,带船出口,不宜借辞阻留,不宜重取规费。

现行之例,须赴澳门前山地方,请给引水,并须延过一日,方能带船进口,且每船雇引水工,银不过二十余圆,而呈官费银竟至四十圆之多,殊非合理。

嗣后,进粤省虎门口内者,应准在九龙、澳门两处,俱可请给引水,即时带进。

厦门无内河之险,进口者即可毋庸请给引水。闽江并虎门外,甚属不便,停泊应准引水,见船就行带进,容俟入至口内,再行报关。至赴宁波、上海二口,既遇海岛极多,或须在定海远处,请给引水,亦可未定。

一、口内压船弁役一款

凡有进口船只入口时,由税关派委压船弁役,以防偷漏走私。自听中国关上之便。向例每船派有压船二只,以致日久生有月规、日规并一切陋规诸费,甚属琐屑。现有议于进口之日,就为查验货物,方准入口,更属势所难行。仍应派委弁役常川防御走漏,方为妥善。至各船既纳有钞银,自应由钞银内支给该弁役使用。不宜另征规费。

一、报关一款

英船一到口内停泊,责令船主将船牌、货单等件,即赴英官署中呈送。俟英官令人以货单译转汉字及声明船载船重,行文大关,准即开舱卸货。嗣后,船主水梢(艄)皆听英官约束,即由英官担保其向设保商。今议裁撤其买卖货物,英商自向华商交易。至于雇请经纪与否,均听其便。倘将来中国官宪议令,华商请牌方准买卖。其请领牌照者不可限以额数,仍必与英国官员商量,其如何请牌可否照办,然后举行。

一、船纳钞饷一款

英船进口时,即由英官查照船牌所开船载若干,行文大关。其船即照所载多寡,每吨(壹仟五百斤为吨)纳银半两。向来纳钞之法,甚为不齐,以大船论,则所征实属极重;以小船论,则其力断难输纳,自应通变为善。盖入口钞银,理应视口内官费多寡,以定钞银若干,方称公道。

一、出入口货税则一款

凡有应税货物,今议新定货税则例,书写汉英两文,由部颁行。各口遵照征税,自颁则例,以后其各货课税之外,不准另加丝毫规费。

凡有向来行用、行情事例诸费,除现在数商垄断抽取者尽行裁撤外,其余原设以资栈房各等使用,应听商人自便,毋庸官为代理。

一、大关验货一款

凡要卸货、下货之英商者,即赴英官处请验。其英官就派署内通事问明货物,赴关代请验放。待卸货、下货之时,其商人及通事与验货众役眼同看货。如定错货品,轻税重征,商人不依,通事即为解说。若众役不肯更正,准英商转请英官行文大关,再查定夺。在大关,亦不得以业经注簿等辞,驳复不查。须俟验后二日之外,如无行文再查者,才行注簿,不可改也。

向来每遇商人禀请大关改征税饷,免致亏本者,常以注簿之辞批驳不准,殊非公道。令以二日为限,遇二日之后才行注簿,无不公当。

一、输税章程一款

卸下货物税饷,宜于验货之后,即行输纳。如有未经即日输纳货税船钞者,于请给牌照时,由英官勒令全纳,方以船牌给领,代请红牌出口。至于大关收税,应设银号数间,由卸货、下货之英商赴一银号输缴,其银号照数给予收单为凭。惟恐银号或有诈假情,敝大致亏。国帑应令再将所收某船某日上下货税若干并缴银者姓名,分明列单,于每月朔、望二次报知大关及英官,以便查对,极为善当。至缴纳银两或用中国纹银或用洋来银钱,均听其便。若缴纹银,即视关上法码称足,斤两不得另取补水、补平等规;若缴洋银,先要分别洋钱数等,如吕宋、麦息哥等国之叮喇钱,英吉利之噜吡及叶零等钱,于照数称足斤两外,另每百两加上□两以补足纹银之水。至所用法码,现据各省法码不齐,各口征税,恐有参差,致生理论之处,应即颁定法码,依样制造十个,分贮五口关上及英官署内,则倘有英商缴银偶与银号相争斤两者,应赴英官署中将所贮法码称兑,以俾免争。其银号如有不依,即请关部委员眼同称兑杜争亦可。至丈量布匹等货,恐有相争尺寸长短之处,亦应一律先行颁定丈尺,存贮各口关上及英官处,以为准则。至法码既已颁定,自后应得向来补平等规,全行裁撤。

一、驳货木船一款

每遇卸货、下货,应准各商自行雇船往来,不宜重加规费。其驳船往来,自有关上验货家人及压船弁役,写给货单,以便稽查走私,亦有在岸英商及在船伙长写给货单,以防偷漏。若将某洋船卸下货物,诸单合就计算,与其进口原呈货单及出口报单核对,亦可略资防御漏税之弊。

一、驳货过船一款

凡口内船只,不准互相驳货过船。倘有必须过船者,应请英官察夺给牌,并请关上员弁查验,方得驳运过船也。

一、设官约束船中人稍(艄)一款

其广州一口河水略浅,商船难抵省会,必须远泊黄埔面。住省英官既有专管商民及与省会诸官往来文书之责,碍难兼管船中人稍(艄)琐屑事件。其福州一口,亦恐如是。宁波、上海二口可否驶船到城,亦未悉知。自应在于各船停泊之所,另设属员专理船中事件。倘有水手等与内地百姓不睦,百姓来诉,即由设员查办约束,且船中或有因事告及百姓,该员亦即与当处地方佐贰等官,酌商查办。凡有此等属员,自必给地与居。且各船水手自本国远来,往往有逾一年,方得回去。若令其常居船上,诚非所以体恤人情,亦须酌定地界,准其上岸闲走。况水手要买零星物件,如令其赴城售买,系数十万民众聚集之地,争扰之弊,恐难全免。不如在船泊民稀之处,准设店铺。俾得就地买取物件,更属妥善。且有船中患病难以医治之稍(艄)人,应须上岸调理,一方可期望痊愈,固应在该官寄居之地,另设医馆一所,以便调理也。

一、英商禀诉一款

凡有英商禀诉之件,应呈请英官代投。英官则视禀辞是否公道合理,有无轻慢之语,或即代投或发还更改。如事属公平而言语有所未协,即由英官自行照会华官查办亦可。

一、英商拖欠华商一款

凡有英商被内地商民欠账者,由英官照会追还。毋庸另设章程。其英商如有拖欠华商,准债主即赴英官署禀请追给。至英官如何查办追还之处,容设立五口英官办事则例内另行开明。

一、英国师船口内停泊一款

将来各口来往船商,好歹不一,在各口内须泊英国师船二只,以资约束得力,该船或随时来往五口或常川口内停泊,均听其便,其向日不准进口之例,应为停止。所有师船到口,即当向护口水师官员行文,或派员达知,随得进口湾泊。惟以上诸款,除有买用应税物件仍当输税外,余外各款俱与该师船无涉,至该领船官员凡事应与驻口文官同心合力办理,听照该口文官所请,悉与内地官宪来往和衷协办,一准情理。

芜湖脱甲山土地买卖契约

以下为通讯地址及其出售文档的来往书信的地址等。Hang Shan Tang Ltd，即寒山堂，笔者后得到一份寒山堂售书广告，可见系文物交易公司。从不列颠图书馆藏的卷宗所存文档来看，经手人为中文部主任吴芳思。

> H. F. M. Sumpter
> 24 Bolenna Lane
> Perranporth
> Cornwall TR6 OLB
> Tel. Truro(0872)－572869

1st　June 1991.

Ch. Von Der Berg，
Hang Shan Tang Ltd，
717. Fulham Road，
London
S. W. 6 5UL

以上为出售文档提供交易的联系方式等。

Dear Mr. Van der Berg,

The documents purport to refer to a AN HWAL（安徽）and said to comprise a waterfront piece of land near WUHU（芜湖）.

Reference is also said to refer to a dwelling built thereon described in a document in my possession. As House 4 chien— which phrase I would like you to translate. Made to a building known as a Mission House used by that part of the Christian Church（基督教堂）as the Baptist Church.

It is also probable that a deed may refer to another dwelling many miles upstream along the Yangtse River, used as a summer residence during the height of the hot weather.（即交涉也有可能涉及长江沿岸上首位置，即热天避暑之地。）have（原文如此）been stamped by the Yamen（衙门）. A price of 8000 TAELS（银票）is also known to have been mentioned and I would like to know how much that represents in our money（roughly）.

As requested I am sending this letter by registered post and with it a cheque for the amount I paid.

I await your comments entirely at your convenience.

I do know that the land at WUHU adjoins an oil refinery（此地在芜湖邻近炼油厂），and that the Mission House is now a motel but that is all.

With kind regards,
Yours sincerely,

Encls.

P. S. You are welcome to phone me reversing the charge.

以下为不列颠图书馆藏的芜湖脱甲山土地买卖契约（契约标题为本书编者所拟）：

1. 乾隆二十七年(1762)杭幼蕃等卖地契

立绝卖文契(印刷体)人杭幼蕃、杭万兴、杭青华,为因正用,愿将自己后开将祖遗受分内坐落脱甲山民田,受水取泥沙沟一段,又公分稻场一面,内有杭德和一半于乾隆二十一年卖于黄姓执业,今身稻场一半,计场地五分,执实纳赋贰分五厘。又有脱甲山一座,四至均以界碑为界。

凭中邹明远、袁良义、杭德和等绝卖黄名下为业,当日得受价银陆两(墨迹),一并收足。自卖之后,听从执业完编,并无亲房及上首再言加赎枝节。此系两厢情愿,各无反悔。恐后无凭,立此绝卖文契为据。

计开四至:

沙沟一段:东至郑田埂,南至买主与郑田埂,北至张田埂。

稻场一面:东至叶田,西至杭山脚,南至杭山地脚,北至叶浮沟。

杭万兴(画押)

乾隆二十七年六月　初三日。立绝卖文契人：　杭幼蕃(画押)

杭青华(画押)

保正

凭中：袁良义(画押)

　　　邹明远(画押)

　　　王宗道(画押)

　　　袁克绥(画押)

　　　查廷一

　　　杭德和(画押)

　　　王韶宗

2. 黄买杭幼蕃地契尾

江南安徽等处承宣布政使司为遵旨议奏事,奉督抚部院牌,准户部咨开,嗣后布政司颁发给民契尾格式,编列号数,前半幅照常细书业户等姓名,买卖田房数目,价银、税银若干;后半幅于空白处预钤司印,以备投税时将契价税银数目大字填写钤印之处,令业户看明,当面骑字截开,前幅给业户收执,后幅同季册汇送布政司查核等因,奉旨依议,钦此钦遵,咨院行司,奉此合印契尾颁发。凡有业户呈契投税,务遵定例,照格登填,仍全业户看明,当面骑字截开,前幅粘给业户收执,后幅汇同季册送司查核,转报部院毋违,须至契尾者。

计开:业户(印刷体)黄(毛笔字)买杭幼蕃田亩、房间,用价银陆(毛笔字)两,纳税壹钱捌分。

布字贰千七百叁拾号。右给业户。

准此

乾隆　年　月　　日

3. 嘉庆二十四年(1819)徐荣贵绝卖祖遗坟山契

芜字第二千四百八十七号①

绝卖文契存照

祖遗坟山壹块,坐落方家巷西南,山名脱脚山。日字号糯银伍分,卖主比收糯银壹两生息,每年代办,日后脱漏不干买主之事。凭中(韦万成、陈浚川)等绝卖于(缺损)王宗泰、王善能、王可印名下为业,当日得受价□(银?)曹平拾两整,一并收足。自卖之后,买主执业,择穴山,日后从迁葬,培补峰水无阻,并无亲房及上首再言加赎枝节,此系两厢情愿,各无反悔,恐后无凭,立此一并绝卖文契存照。

计开:

东至袁姓坟地,西至耿姓坟地,南至杭姓田山,北至卖主坟。弓丈:上横量贰丈,中横量贰丈贰尺,下横量贰丈。左墅长陆丈五尺,右墅长陆丈五尺,中墅长柒丈。四至埋石为界,并无包占他人寸土在内。今恐后无凭,立此绝卖文契,永远发福存照。

该系年　字号　户名□□□□□

芜湖县官契纸正堂张霭□芜字第七拾五号(红印章内容)

---

① 原文如此。

嘉庆二十四年 月 日。　　立绝卖文契人徐荣贵＋

系正立自杜卖山契存照。凭中：韦万成

陈浚川（画押）
常盛禄（画押）
韦金玉（画押）
李定富（画押）
绝卖文契存照

4. 嘉庆二十四年(1819)徐荣贵绝卖祖遗坟山契①

立绝卖文契人徐荣贵，为因正用，愿将自己后开(字迹模糊不清)祖遗坟山壹块，坐落方家巷西南，山名脱脚山。日字号粞银伍分，卖主比收粞银壹两生息，每年代办，日后脱漏不干买主之事。凭中韦万成、陈浚川等绝卖于(缺损)王宗泰、王善能、王可印名下为业，当日得受价□(银?)曹平拾两整，一并收足。自卖之后，买主执业，择穴山，日后从迁葬，培补峰水无阻，并无亲房及上首再言加赎枝节。此系两厢情愿，各无反悔，恐后无凭，立此一并绝卖文契存照。

计开：

东至袁姓坟地，西至耿姓坟地，南至杭姓田山，北至卖主坟。弓丈：上横量贰丈，中横量贰丈贰尺，下横量贰丈。左墅长陆丈五尺，右墅长陆丈五尺，中墅长柒丈。四至埋石为界，并无包占他人寸土在内。今恐后无凭，立此绝卖文契，永远发福存照。

嘉庆二十四年 月 日　　立绝卖文契人徐荣贵＋

5. 当邑王小公堂买地文书

立绝卖文契人徐荣贵，为因正用不足，将祖遗脱脚山一块，凭中韦方成、陈浚川等出卖与王善能、王宗泰、王可印名下为业。听凭买主择穴扦葬、培补

---

① 契4与契3内容相同，卖的是同一地，二者仅开头语句不同。

夙然以外,余言不赘。

嘉庆二十四年买,道光八年扦葬寅山申向

计开:

东至袁姓坟地,西至耿姓坟地,南至陈姓田,北至卖主坟。弓丈:上横量贰丈,中横量贰丈贰尺,下横量贰丈。左墅长陆丈伍尺,右长陆丈伍尺,中墅长柒丈,四至埋石为界,并无包占他人寸土在内。

又靠右首,买杭马氏仝子马印保山一块,上至山顶,下至田边,南至受产,北至出产。弓丈:下横阔二丈五尺,中横阔三丈,上横阔四丈五尺。

凭侄杭兴隆,凭亲马天林。

以上二契两纸,均照赤契抄来,丈尺以及四至并无虚浮,兼有宗谱坟图为据。祈望老先生鉴察分明,幸勿听一面之词语。不多叙。托(特)此拜上。当邑王小公堂全具。

6. 方买何可均地契尾

江南安徽等处承宣布政使司为遵旨议奏事,奉督抚部院牌,准户部咨开,嗣后布政司颁发给民契尾格式,编列号数,前半幅照常细书业户等姓名,买卖田房数目,价银、税银若干;后半幅于空白处预钤司印,以便投税时将契价税银数目大字填写钤印之处,令业户看明,当面骑字截开,前幅给业户收执,后幅同季册汇送布政司查核等因,奉旨依议,钦此钦遵,咨院行司,奉此合印契尾颁发。凡有业户呈契投税,务遵定例,照格登填,仍令业户看明,当面骑字截开,前幅粘给业户收执,后幅汇同季册送司查核,转报部院毋违,须至契尾者。

计开:业户方买何可均田亩、房间,用价银贰两捌钱,纳税捌分四厘。

布字壹百　肆拾贰号。右给业户。

道光　年　月　日

7. 方买何可均地契尾①

江南安徽等处承宣布政使司为遵旨议奏事,奉督抚部院牌,准户部咨开,

---

① 契7和契6应是同一张契尾,买主、卖主、价银、税银、编号均相同。

嗣后布政司颁发给民契尾格式，编列号数，前半幅照常细书业户等姓名，买卖田房数目、价银、税银若干；后半幅于空白处预钤司印，以备投税时将契价税银数目大字填写钤印之处，令业户看明，当面骑字截开，前幅给业户收执，后幅同季册汇送布政司查核等因，奉旨依议，钦此钦遵，咨院行司，奉此合印契尾颁发。凡有业户呈契投税，务遵定例，照格登填，仍令业户看明，当面骑字截开，前幅粘给业户收执，后幅汇同季册送司查核，转报部院毋违，须至契尾者。

计开：业户　方　买何可均田亩、房间，用价银贰两捌钱，纳税捌分四厘。

布字壹百　肆拾贰号。右给业户。

道光　年　月　　日

8. 王善能买徐荣贵地契尾

江南安徽等处承宣布政使司为遵旨议奏事，奉督抚部院牌，准户部咨开，嗣后布政司颁发给民契尾格式，编列号数，前半幅照常细书业户等姓名，买卖田房数目、价银、税银若干；后半幅于空白处预钤司印，以备投税时将契价税银数目大字填写钤印之处，令业户看明，当面骑字截开，前幅给业户收执，后幅同季册汇送布政司查核等因，奉旨依议，钦此钦遵，咨院行司，奉此合印契尾颁发。凡有业户呈契投税，务遵定例，照格登填，仍令业户看明，当面骑字截开，前幅粘给业户收执，后幅汇同季册送司查核，转报院部毋违，须至契尾者。

计开：业户（印刷体）王善能（毛笔字）买徐荣贵田亩、房间，用价银拾两（毛笔字）两，纳税叁分。

布字陆百陆拾壹号。右给业户。

准此

道光　年　月　　日

9. 道光十五年(1835)杭兴富杜卖山地契①

立杜卖山地契人杭兴富,今因正用,愿将祖遗山地一块,坐落芜湖县北乡下一五都脱甲山,坐西朝东,计上上横一丈二尺二寸,上横阔一丈六尺,中横阔二丈,下横阔二丈五尺。

卖主地为界:左直长十丈零四尺,右直长十一丈五尺。东至塘,南至张界,西至山顶,北至陶地为界。

凭中出卖与何名下为业,当日得受足制钱叁仟文整,比即钱契两交。自卖之后,听凭买主迁葬挑培、栽养树木,不得异言。倘有亲族人等前来争论,系身一力承担,与买主无涉。今欲有凭,立此杜卖地契为据。

其地钱粮,卖主永远代纳,倘有遗漏,与买主无涉。又照平心。

道光十五年十二月十五日。

立杜卖山地契人杭兴富、杭兴隆平心。

凭中:杭兴隆(画押)、王宗秀(画押)、李廷万(画押)、何有忠(画押)。

地　契　永　远　大　发

10. 道光十五年(1835)杭兴富、杭兴隆卖山地契②

立杜卖山地契人杭兴富,今因正用,愿将祖遗山地一块,坐落芜湖县北乡下一五都脱甲山,坐西朝东,计上上横一丈二尺二寸,上横阔一丈六尺,中横阔二丈,下横阔二丈五尺。

卖主地为界:左直长十丈零四尺,右直长十一丈五尺。东至塘,南至张界,西至山顶,北至陶地为界。

凭中出卖与何名下为业,当日得受足制钱叁仟文整,比即钱契两交。自卖之后,所凭买主迁葬挑培、栽养树木,不得异言。倘有亲族人等前来争论,系身一力承担,与买主无涉。今欲有凭,立此杜卖地契为据。

其地钱粮,卖主永远代纳,倘有遗漏,与买主无涉。又照平心。

---

① 此卷宗英文标明第4件文书。右上角有"Alexande, Duffy, 4, Wuhu An. Hoh, Riah-shan"。

② 契10与契9是同一件,仅凭中少杭兴隆。

道光十五年十二月十五日。

立杜卖山地契人杭兴富、杭兴隆平心。

凭中：王宗秀、李廷万、何有忠。

地　契　永　远　大　发

11. 道光十六年(1836)何可均杜卖山地契①

立杜卖山地文契人何可均，今因正用，愿将自置山地壹块，坐落芜湖县北乡下一五都脱甲山杭家花园，坐西朝东，计上上横阔壹丈二尺二寸，上横阔壹丈陆尺，中横阔二丈，下横阔二丈伍尺。左直长十丈肆尺，右直长拾壹丈伍尺。东至塘沿，南至张界，西至杭姓地为界，北至陶地为界。凭中出卖与方名下为业，当日得受时值价足制钱贰仟捌佰文整，比即钱契两交。自卖之后，听凭买主迁葬挑培、兴栽树木，不得异言。倘有亲族及上首人等前来争论，系身一力承担，与买主无涉。今欲有凭，立此杜卖文契，永远存照。

当将上首正契一纸，检付买主收执。又照（画押）

道光十六年二月　　日。立杜卖山地文契人 何可均（画押）

凭中 俞均元（画押）
李廷万（画押）
徐金堂（画押）
吴凤廷（画押）
杭兴富（画押）

永　远　大　发

12. 道光十六年(1836)陶振有杜卖山地契

立杜卖山地文契人陶振有，今因正用，愿将祖遗山地壹块，坐落芜湖县下北乡一五都脱甲山杭家花园，坐西朝东，计上上横阔七丈，上横阔七丈，中横阔二丈四尺，下横阔三尺。左直长七丈，右直长曲长拾弍丈。东至杭姓地为界，南至买主祖坟为界，西至张地为界，北至杭地为界。凭中出卖与方名下为

---

① 该文契长宽各约二尺，白纸，正楷书写，有两红印。

业,当日得受时值价足制钱贰仟五百文整,比即钱契两交。自卖之后,听凭买主扦葬挑培、兴栽树木,不得异言。倘有亲族及上首人等前来争论,系身一力承担,与买主无涉。今欲有凭,立此杜卖文契,永远存照。

其地编银粮米系身卖主永远代纳,不另立收立钱粮。又照 十

道光十六年十月　日。立杜卖山地文契人陶振有十

　　　　　凭中　俞均元

　　　　　　　　杭兴富

　　　　　　　　王培业 十

　　永　　远　　大　　发

13. 道光二十七年(1847)杭兴隆杜卖山地契

立杜卖山地文契人杭兴隆,今因正用,愿将祖遗山地壹块,坐落芜湖县北乡下一五都脱甲山杭家花园,坐西朝东,计上横阔壹丈,中横阔壹丈,下横阔壹丈。左直长　右直长

凭中出卖与方名下为业,当日得受时值价足制钱仟百文整,比即钱契两交。自卖之后,听凭买主扦葬挑培与栽树木,不得异言。倘有亲族及上首人等前来争论,系身一力承担,与买主无涉。

今欲有凭,立此杜卖文契。永远存照。

东至杭地,西至卖主地,南至塘沿,北至山头。

其他编银粮米系身卖主永远代纳,不另立收字。又照(画押)

道光二十七年十一月　　日。立杜卖山地文契人杭兴隆

　　　　　　　　凭中　许盛坤(画押)

　　　　　　　　　　　李秀堂(画押)

　　　　　　　　　　　上汇亭(画押)

　　　　　　　　　　　刘培之(画押)

　　永　　远　　大　　发

14. 咸丰八年(1858)杭兴隆杜卖山地契①

立杜卖山地契人杭兴隆,因乏正用,愿将祖遗山地壹块,坐落北乡脱甲山,凭中出卖与杨长锡名下为杜业,当日得受时值价洋钱叁元整,比即身亲手一并收讫,不另立收字。自卖之后,不得另生枝节,借端加找,以及上首亲房人等如有异言,系身一力承担,与杨姓毫无干涉。恐口无凭,立卖山地契字。永远存照。

四至:上至拜台,下至田横,东至王姓,西至火山。

咸丰八年拾月十五日。立卖山地契字杭兴隆悉。

凭中:后榜元(画押),杨林川 ＋,林沼 ＋,许盛坤(画押)。

永　远　存　照

15. 光绪二十四年(1898)黄在邦等五房兄弟析产合议书

立合议字黄在邦、象龙、配义、聚齐、义恭,缘我等五房因兵燹后同居未便,于咸丰八年奉母命分居各爨,当凭亲友将祖遗田房,除提产及私置产业外,概作五股,品搭阄分清白,比立分家书五本,各执一本为据。彼此均无异言。惟有脱甲山、弋矶山、石龙山及清风楼下滩地,均行未分,倘日后变卖,均作五股摊派,不得一人私相授受,如有一人背公私卖,查出即作吞公论,听凭四人执字禀官究治。但我等祖遗产业各项字据甚多,倘有遗留,各房日后检出亦行归公,不得私揞。此系各愿,毫无异说。恐后无凭,立此合议字,一样五纸,各执一纸为据。

光绪贰拾四年二月初三日。立合议字黄象龙　　（画押）

在邦　　（画押）

配义　　（画押）

聚齐　　（画押）

义恭　　（画押）

---

① 该契毛边纸,陈旧,有墨迹沾水但未化开,系薄宣纸,长、宽各一尺五寸。

16. 光绪二十八年(1902)黄立仁捐地文契①

立 捐 送 文 契

立捐送文契字人黄立仁,今因在堂慕道受恩,毫无所报,愿将祖遗脱甲山壹座,坐落下一五铺,所有四至开列于后,今凭中说合,将此山捐送与大英国屠善宰先生名下为业,正价分文不要。自捐送之后,听从善宰先生便用执业。此山实系祖遗之业,并无盗捐他人寸土,亦无上首亲房前来争论。倘有此情,系身一力承当,与善宰先生毫无干涉。今欲有凭,立此捐送契存照。

一批黄姓赤契壹纸,当日交付屠善宰先生收执。又照 ＋

一批西南王姓坟壹座,不在此契之内,仍归王姓修理。又照＋

计开四至:

东至山脚坟墓为界,南至坟墓为界,西至山脚为界,北至山脚为界,西南至王姓山坡小路为界,东北至山嘴横路为界。

光绪贰拾捌年柒月贰拾肆。立捐送文契字人黄立仁＋

侄黄成发＋

	朱永茂押
	徐朝江 ＋
凭中人	陈光林 ＋
	杨来有 ＋
	袁学川 ＋

永 远 存 照

17. 光绪二十八年(1902)黄立仁收据

立收字人黄立仁,今收到

屠牧师先生名下英洋肆拾捌元整。今因慕道承领山价,今恐无凭,立此存照。

---

① 开头为 6 行英文:Alove Duffy 1 Wunhu, An. /Joh. Kiah-Shaw/This deed is/Stamped/Old deed:/1 stamped.

光绪贰拾捌年菊月拾肆日。立收字人黄立仁＋

凭中在契

18. 光绪二十九年（1903）黄立仁捐山契

字呈

屠牧师先生大人德政，缘身因去岁捐送脱甲山壹座，实系是身祖遗之业，不料年深久远，因居乡之民蒙混余山壹块。今因查出身仍归与牧师先生永远为业，并不要价分文，实系自愿，并无反悔。恐口无凭，立此信字为据。

又批，山壹块内有袁、刘、经（?）三姓坟墓仍归三姓修理，不在之内。又照

光绪贰拾玖年玖月 日。立信字教末黄立仁　　＋

凭中在赤契

19. 光绪二十九年（1903）刘正银杜卖柴山契及李俊主等禀文

仅将刘正银价卖火山与美以美会医院契据，并李俊主公禀抄呈鉴核。

计开：立杜卖柴山文契字人刘正银，情因正用不足，愿将祖遗山地一块，坐落北一乡下一五铺韩家花园，土名"火山"，与脱甲山南首毗连，计开弓丈，由屠姓至袁姓一十一丈五尺，袁姓至山脚一十七丈五尺，由山脚从南首至北二十四丈，山脚至屠姓一十一丈五尺，是以载明弓丈。凭中说合，出卖与美以美会医院名下永远执业。当日凭中三面言明，时值杜卖价银二十二两整。比时银契两交，不另立收字。此系两厢情愿，并无勒逼等情。自卖之后，绝无异言，如有亲属以及上首等生端异说，均归身一力承耽（担），与买主毫无干涉。

恐口无凭，立此杜卖文契字为据。

光绪二十九年十一月初一日

立杜卖文契人刘正银 ＋

袁学川＋

邹玉兴＋

赵文树＋

王永财＋

晋厚能＋

袁家银＋

王成福 押

代笔叶子春 押

下一五铺民人李俊主、王印发、赵文树、后家松、经国兴、晋厚能、袁家银、邹启忠、经国宝、王保海、田祖寿、童世子、晋厚品、袁家富、王成福、晋厚生、袁国才、吴成干、周良顺、李永生、袁文德、经保春等,为公吁鸿慈求恩犀劈事。

缘民等祖居脱甲山左右,与刘正银为邻,素知银有祖遗"火山"一业,上扦有祖茔二冢。前月风闻银将此山出售与赫医生,地鄙(笔者按:痞)黄配初心存希冀,即邀同屠教士下乡私自移界,占银山地二十余丈。前蒙履勘,银指移界石眼尚存,毫无差谬。况民等祖居此地,只知脱甲山系韩姓之产,未闻是黄姓之业,看山老人杨来有尚存。黄闻韩姓已绝,即翻查家中印据改移,蒙敝屠教士,于二十八年间将脱甲盗卖。上有古冢累累。无据者扼腕咨差(嗟),有据者恐难控告,四境小民含冤,至今莫白。纵依伊勿串混赖脱甲一座,丈尺四至全无,不敢明载,显见虚伪。况今得寸思尺,将来伊于胡底。黄造据移界,显系犯法之人,逍遥法外,银为亲人亲产,反遭不测。似此是非颠倒,民等不忍坐视,只得缕陈巅末,公叩青天大老爷案下电鉴作主,铁面无情,彻底根究,自然真伪攸分,颂棠(堂)上禀。

20. 光绪二十九年(1903)刘雷氏禀文

孀妇民人刘雷氏为代子求恩,颇索原由,刘(?)氏祖居下一五铺脱甲山花囤村,务农为业,所种之田,湖南会馆执业。氏承召庄头主,东有随田荒山一篇(片),坐落田东首,与田毗连。现有英国屠先生脱甲山一坐(座),乃坐落主东田西南,中间又隔王姓之山。氏愚暗,前听谗言,斗起枭心,将"脱甲山"改名"火山",蒙混盗卖与美以美会赫医士为业,乃蒙明镜高悬,即将此契不税。然脱甲山实系屠先生之山,理应归屠先生执业。氏虽住山脚下,日后永不敢盗卖寸土。只得叩青天大老爷电鉴作主,求赏鸿恩,开放孤子。

朱衣万代望光上禀

光绪二十九年十二月　　日

21. 光绪二十九年(1903)杨来有等保状

具保状人杨来有、袁学川,今保到大老爷案下切有奉大宪发押之刘正银一名,求恩释。身等情愿永保刘正银嗣后改过自新,安守农业,永不玩法,盗卖山地。倘有故违情事,一奉查出,愿甘同罪。所具结保状是实。

光绪二十九年十二月　　日。具保人　杨来有　＋

　　　　　　　　　　　　　　　　　袁学川　＋

22. 袁学川甘结

具甘结人袁学川,今甘结到

大老爷案下。切身愚昧不合,误认脱甲山地,蒙恩讯,属子虚,答责枷示。身现悔非无及,求恩超释安农。嗣后若再借端蹈轫情事,一奉□□,愿甘从重倍罪。所具甘结具实。

昧愚教士屠先生逼勒等事,身实系无知,愿甘治罪。

23. 光绪二十九年(1903)刘正银切结

具切结人刘正银,今切结到

大老爷案下。切身愚玩不合,以至屠先生将身送案,蒙恩讯押。今身省悟前非,求赐开释。嗣后改过自新,安守农业,不敢盗卖脱甲山寸土。如有故违,一奉查出,愿甘重究。所具切结是实。

光绪二十九年十二月　　日

具切结人刘正银＋

24. 光绪三十一年(1905)杜国安收据

立收字人杜国安,今收到屠善宰先生缘身所收正价英洋贰佰五拾元整,亲手一并如数收讫。今欲有凭,立此收字存照为据。

光绪叁拾壹年六月廿五日立。收字人杜国安　＋

　　　　　　　　　　　　　　凭中在契

25. 光绪三十年(1904)杜国安收据

立收正价字人杜国安,今收到屠善宰先生正价英洋四百伍拾元整,身亲手照契一并收讫。今欲有凭,立此收字存照为[据]。

光绪叁拾年巧月雨柒日。立收字人杜国安十

凭中在契

26. 光绪三十一年(1905)杜国安卖山水程

立水程字杜国安,今有铁山朝北壹半,四至均以界石为凭,计实价英洋柒百整,成交之日在明正契,限五日为期,过期以作废纸无用。

光绪叁十一年六月四日。立水程字人杜国安具。

27. 光绪三十一年(1905)杜国安仓出路契

立包土工出路字人杜国安,今包到屠善宰先生缘身所卖铁山契为凭,日后朝北出路,归身等包,宽贰丈,上至山顶,下至西国坟墓,大路通无得阻隔。倘有他人前争论,均归身一户承担。今欲有凭,立此包字为据。

光绪叁拾壹年七月初七日。立包出路字杜国安十

凭中在契

28. 光绪三十一年(1905)王世林收据

立收字人王世林等,今收到屠善宰先生名下缘身合族铁山一半,正价英洋七百元整,凭中亲手收讫。今欲有凭,立此收字为据。

光绪叁拾壹年七月拾四日。立收字人王世林(画押)

凭中在契

又,立收字人王世林等,今收到屠善宰名下缘身合族铁山壹半,正价英洋三百五十元整,身亲手一并收讫。

今欲有凭,立此收字为据。

光绪叁拾壹年七月拾四日。立收字人王世林(画押)

凭中在契

29. 光绪三十一年(1905)袁学川等杜卖田契

立杜卖文契人袁学川仝侄家兴、家斌,今乏正用,通家啇议,愿将祖遗受分民田壹业,坐落下一五铺小港口马政,共计荒熟滩田拾亩整,今凭中说合,

出杜卖与□□□名下为杜业。当日三面言明,得受时值正价银五拾两整。比时银契两交明白,不另立收字。自卖之后,听从买主过户、完纳、换佃等情,并无谋买、逼勒准折,亦无亲房上首人等另生枝节。倘有此情,系身一力承担,与买主毫无干涉。此系两相情愿,各无反悔。今欲有凭,立此杜卖文契,永远存照。

计开四至:

东至屠姓,南至屠姓,西至江沿,北至鸟沙港。所有港口出入水路照旧,丝毫不得有碍寸土。又照。

一批正契因兵燹失落无存,日后检出以作废纸无用。现有粮串为凭。又照十

光绪叁拾壹年三月 日。　　　立杜卖文契字人袁学川
　　　　　　　　　　　　　　　仝侄家兴、家斌

　　　　　　　　　　　　　　　袁家高
　　　　凭中　　　　　　　　　杨来有
　　　　　　　　　　　　　　　张叔良
　　　　　　　　　　　　　　　姜干斋
　　　　　　　　　　　　　　　黄寿功　押

　　　永　远　存　照

30. 光绪三十一年(1905)黄成发永租契①

立永租文字人黄成发,今因光绪贰拾捌年捐送脱甲山壹座,坐落下一五铺。今又查出余山与脱甲山东首毗连,系在正契之内。至于东首山地,四至列后。所有看山人杨来有家内一切已葬坟墓及他人之墓,一概均照前执业,

---

① 该文契左上角有7行文字:Alexandes Duffy,/山/WuHu, An/Hoh-Riah-Shan(按:脱甲山译音)/This deed/Unstamped(无章,系白契)/Old deed("旧事"可见,此文契应视作1905年购地附件)。

寸土不留。自愿将此山永租与屠善宰先生，照前契执业。当日得受时值正价英洋五拾元整，比时洋契两交明白，不另立收字。自永租之后，永无异言。日后听从永租主执业。倘有他人前来争论，系身一力承担，与永租主毫无干涉。此系两厢情愿，各无反悔。今欲有凭，立此永租字据。

为计开四至：

东至经、丁二姓为界，南至晋姓为界，西至本租主为界，北至湖南会馆田塘为界。

光绪三十一年三月初二日立。

永租契字人黄成发 ＋

凭中 杨来有 ＋ 朱国英 押

永 远 存 照

31. 光绪三十一年（1905）黄成发永租契①

立永租文字人黄成发，今因光绪贰拾年（按：年，当为衍文）捌年捐送脱甲山壹座，坐落下一五铺。今又查出余山与脱甲山东首毗连，系在正契之内。至于东首山地，四至列后。所有看山人杨来有家内一切已葬坟墓及他人之墓，一概均照前执业，寸土不留。自愿将此山永租与屠善宰先生，照前契执业。当日得受时值正价英洋五拾元整，比时洋契两交明白，不另立收字。自永租之后，永无异言。日后听从永租主执业。倘有他人前来争论，系身一力承担，与永租主毫无干涉。此系两相情愿，各无反悔。今欲有凭，立此永租字。

为计开四至：田东至经、丁二姓为界，南至晋姓为界，西至本租主为界，北至湖南会馆田塘为界。

立永租契字人黄成发＋。凭中：杨来有＋、朱国英押。

永 远 存 照

光绪三十一年三月初二日

---

① 此当为立永租文契，文契左上角有4行文字：Alexandes Duffy（即屠善宰），/山/WuHu, An（安徽芜湖）/Hoh-Riah-Shan（脱甲山）。

32. 光绪三十二年(1906)杨来有看山文契

立看脱甲山字人杨来有，今看到屠先生名下脱甲山，正顶并北首山尾归身看管，东南首归袁姓看管。四至列后。日后倘有他人在山挖土取泥等情，归身看管。承向所有在山柴草，归身看扎，不干他人之事。今欲有凭，立此看字为据。

计开四至：东至湖南会馆田埂为界，西至山脚为界，南至山脚为界，北至山脚田埂为界。

光绪卅二年三月十二日。立看山字人杨来有十。凭中：袁学川十、黄寿功押、朱国英押。

33. 光绪三十二年(1906)黄成发收据

立收加添山价人黄成发，今收到屠牧师先生名下缘因前捐送脱甲山，今又收正价英洋蚨壹百贰拾五元整。是身亲手收讫，今欲有凭，立此收字是实。

光绪三十二年三月十二日立。收字人黄成发十

凭中在契

34. 光绪三十一年(1905)袁学川等杜卖田契

照抄

立杜卖文契人袁学川、袁张氏仝子家海、家兴、侄家斌，今因正用不足，通家啇议，愿将祖遗受民田滩地壹业，坐落下一五铺马政小港口，计租弓田埂内壹丘，外滩四丘，又荒滩壹块，共计荒熟田滩拾亩整。今凭中说合，出杜卖与刘名下为杜业，当日三面言明，得受时值正价银五拾两正。比时银契两交明白，不另立收字。自卖之后，听从买主过户、完纳、换佃等情，并无谋买、逼勒等准折，亦无亲房上首人等另生枝节。倘有此情，系身一力承担，与买主毫无干涉。此系两相情愿，各无反悔。今欲有凭，立此杜卖文契存。

计开四至：

东至埂内屠姓，南至屠姓，西至江沿，北至乌沙港。所有港口出入水路照旧，丝毫不碍寸土。又照。

光绪叁拾壹年四月 日。

立杜卖文契字人袁学川、袁张氏

　　　　　　仝子 家海、家兴

　　　　　　仝侄 家斌、家富

　　　　　　　　　　　　　　张叔良

　　　　　　　凭中　　　　　江干斋

　　　　　　　　　　　　　　杨来有

　　　　　　　　　　　　　黄寿功　押
　　　永　　远　　存　　照

35. 光绪三十二年(1906)袁学川看山文契

立看山字人袁学川，今看到屠先生名下脱甲山东南首两山尾，与本脱甲山甚均系一座全山。当日山主言明，两尾山上面所有山草，均归看山人扎草，不准他人前来扎草。在山至于山上泥土，不准偷挖，又不准他人于山上面私葬坟墓及撞坏界石等情。如有不妥之处，均系身力承担。每年岁底至堂听凭主人赏号，不拘多少。今恐无凭，立此看山字存照。

计开四至：

东首一尾，东至经、丁两姓坟山界石为界，西至本山主为界，南至湖南会馆荒田埂为界，北至湖南会馆田塘等埂为界。东南一尾，东至山脚路边为界，西至本山主为界，南至山脚为界，北至湖南会馆荒田埂为界。

光绪卅二年三月十二日。立看山字　袁学川＋

　　　　　　　　　　　　黄寿功　押

　　　凭中　　　　杨来有　＋

　　　　　　　　　朱国英　押

36. 光绪三十二年(1906)方丁氏迁坟契

　　　存　　照　　大　　发

立搬坟字人方丁氏，有祖茔六冢，坐落脱甲山上，系耶稣堂屠先生所创之山。今承允到光绪三十二年十日之内，一律搬让他处扦葬。今恐无凭，立此搬坟字为据。

      凭 叶康候 福寿

      中 甘道富＋

光绪卅二年闰四月十七日。方丁氏＋

37. 光绪三十二年(1906)方丁氏永租契

立永租文契字人方丁氏，今因正用不足，合家商议，愿将祖遗坐落下一五铺脱甲山山地叁块，丈尺四至载明上首四张契纸以内，当日凭中言明，一并出永租与大英国屠善宰先生名下永远为业。当日凭中，估值时价银洋壹佰拾五元整，比即银契两交明白，丝毫无欠，并不另立收字。嗣后听凭永租之主，自便执业。他人不能前来以阻其事，如有亲房人等前来争论，归身一力承担，与永租之主毫无干涉。永不增找，永不回赎。今恐口无凭，立此永租文契存照。

光绪三十二年闰四月十七日。立永租文契字人方丁氏   十

  凭中 叶康候 福寿代画押

      甘道富

      朱永理 押

      杨来有

    永   租   文   契

38. 光绪三十二年(1906)黄姓上禀

为无契盗卖、有契不凭、求恩吊契、以杜真伪事

切职有祖遗受分正业家山一座，系名脱甲山，坐落下一五铺，历有百余年，毫无异意。卖于今岁四月间，有本佃袁学川亲笔写有凭字，串同陶玉章、印声文盗卖此山、永租与耶稣堂，山价英屠五百五拾文，已经书契，扦(签)约成交。幸价未兑。

职闻知不胜骇异，比往耶稣堂说明此山系职所执，并将本山赤契，约同地保、铺差，检与伊看。伊始信无疑，盗卖乃止。不料又有陶戴卿控职与前，复有袁学川控职与后。控之何因？职系业凭契执。无契据者，何得冒认控词诬控？据袁学川云：有本山地二亩五分，伊地在山下，各有四至，毋得纠缠。况

田有几亩几分,山从未有亩分之理。其以田地混山,可知。蒙恩批示,袁学川、陶在(戴)卿欺盗卖他人产业,反谓他人盗卖等,亦如见青天。况陶玉章、袁学川二人扦约盗卖,现有确凭。

总之,伊等飞诬患害,洞鉴难逃。职缕呈明,先将赤契抄粘。为此乞叩宪老爷电鉴作主,恩赏差提陶戴卿、袁学川、陶玉章等,严讯究追,并吊各人契据核夺,以分真伪,以杜盗卖。戴德上禀。

袁学川山地田契四至:

乾隆卅年后姓卖与黄执业,黄顾氏仝孙志仁出卖与陶姓,道光廿六年。陶姓与同治七年卖与玉生堂,即谭信义执业。谭信义于同治七年卖与袁学川执业。

计开四至田亩:

东至杭姓一亩六分一丘一分,东至黄姓山脚陶姓地,南至田地、黄姓山界、山脚,西至陶姓地埂、地界、黄性(姓)山脚,北至田埂、陶姓地、谢姓田。以上四至开明。又照。

39. 黄姓上禀

为遵批呈串并甲山至再求恩断事

窃身前禀脱甲山一案,恩批必须近年红串方无非。业等示但△祖遗田亩坐落甲山,一契系乾隆六年所买,一契系乾隆廿一年所买。二契共荒熟田廿亩零。又一契系乾隆廿七年所买,祖遗沙沟稻场脱甲山一座,均有赤契为据。山契前禀抄呈,今将本山田亩赤契一纸,执照一纸,近年红串四纸一并抄廿八□红串,因光绪十七年十二月邻右被禄,红串遗失,人所周知。至本山四至百余年总此界碑为界,东至袁姓地临田为界,西至王姓坟为界,南至晋姓界碑为界,北至本山脚圩埂为界,了如指掌。况身自乾隆六年间至今祖遗受分田亩山地仍系己业,并无丝毫出卖。总此,业凭契执,外人何得诬控,纠缠不已,缕呈源委,再叩宪老父台电鉴作主,赏差提究,验契恩断,此分真伪,以杜盗卖,亦听上禀。十三年批陶戴卿远年庆串,未足为坟山证据,本难准理,惟据称原买契据曾与出卖田亩,检交谭信义收执。且旧佃袁学川,串同黄姓盗卖山地,经核正向买主屡次阻止,似非尽属无因。候饬差吊契,传集讯究。粘串三纸暂附。廿八年批黄象龙案经饬传,候催集、质询、查断。该△即检齐印契呈验,抄粘串实凭执业粘附。光绪十九年、廿年先道会赖先生,仝耶稣堂杨全林先生经手,价英洋伍佰伍拾元。因陶戴卿、陶盛文、袁学川盗卖故,因无契凭,县父台作主,此山归黄姓执业,又照。

十三年批袁学川、批陶戴卿欺盗卖他人产业,反谓他人盗卖来案混控,其情殊属可恶。惟案经饬传,候催集人证并补传陶声文、黄杰仁到案,彻底讯究,抄契印串粘禀均附。又照。①

40. 光绪三十三年(1907)王恕斋等永租契②

立永租文契字王恕齐仝侄王步朝,今因正用不足,通家商议,愿将祖遗山地壹业,坐落下一五铺脱脚山祖坟地壹块,坐东北朝西南,凭中说合,寸土不留,一并永租与屠善宰名下为业。当日得受时值正价英洋壹佰元整,比时洋契两交明白,亲手一并收讫,不另立收字。自永租之后,听凭永租主执业,日后毫无异言。倘有内外族亲人等前来异说,均归身等一力承担,与永租主毫无干涉。今欲有凭,立此永租字为据。

一批上首赤契壹纸,交永租主收执。又卖主杭兴富卖与王有荣、王有山壹纸,以及仍有遗失字据均未交出。倘日后检出,以作废纸无用。又照。

光绪三十三年三月初一日。

立永租文契字人王恕齐(画押),仝侄王步朝(画押)。

<table>
<tr><td></td><td>崔月亭 ＋</td></tr>
<tr><td></td><td>崔秀林 ＋</td></tr>
<tr><td>凭中</td><td>崔惟心 ＋</td></tr>
</table>

---

① 此后有文件注明"copy",为1906年4月17日抄件,白竹纸,碳笔迹。比照以上正式文契略有不同。该文契左上角有5行文字:Alexandes Duffy,/山/WuHu, An/Hoh-Riah-Shan/2。该文契左下角有4行英文:This deed/unstamped/Old deed/unstamped。

② 光绪三十三年三月初一日(1907年4月13日)关于脱甲山再有文契(长1米,宽1尺5寸,毛边纸)。该"立永租文契"左上有3行文字:Alexandes Duffy. /WuHu, An. ③/ Hoh-Riah-Shan。

崔岐山　＋

袁家海　＋

袁家斌　＋

雍锦波　押

董玉成　＋

倪金城　＋

朱国英　＋

代笔　黄寿功　押

41. 光绪三十三年(1907)王恕斋等立限盘坟契

立限盘坟字人王恕齐同侄王步朝，今因正用不足，通家嘀议，浼凭中证，将祖遗脱脚山于道光二年壹纸扦葬祖坟式冢五棺，又嘉庆廿四年壹纸壹冢壹棺，凭中限定本年十月内盘移，毫无异说。倘到期不盘，听凭追究。是系屠先生名下执业，身等倘有异言，听从送官。今欲有凭，立此盘棺字为据。

光绪三十三年三月初一日。立限盘坟字人王恕齐（画押）

同侄　王步朝（画押）

凭中　崔月亭　＋

崔秀林　＋

崔惟心　＋

袁家海

袁家斌

42. 道光二年(1822)杭兴富绝卖祖遗坟山契

立绝卖文契人杭兴富，为因正用，愿将自己后开祖遗坟山壹块，坐落方家巷西南，其山坐东朝西，山名脱脚山，凭中立契出卖与王有山名下执业。当日三面言定，时值价银曹平肆拾伍两整，皆银契两交，不见分丈，并无利债准拾折，亦无盗卖他人寸土。倘有亲房上首人来争论，系身一力承当，不干买主之事。其山地纳赋糈粮系堂兄兴隆所借王姓山主银四两生息银，以底代办完纳，倘有脱漏，不干买主之事。自卖之后，听凭买主扦葬风水，砍斫柴薪无阻。

今欲有凭,立此杜卖文契,永远业福存照。

其山上至山顶,下至田沿,南至路北,北至受产。计量弓丈:左直长,自山顶至田脚。右直长,自小山顶至田脚。又照。

道光①二年 月 日。立绝卖文契人杭兴富

43. 光绪三十三年(1907)王恕斋等抄族谱祖坟山坐落四至

右芜邑齐罗、脱脚山祖坟图,葬棺列后。

八世祖大志公墓一棺,系次子有山卜得此地,于道光八年扦葬立碑,黄山申向,本山名脱脚山。

立穴,取横龙腰,落土岩穴,堪舆喝形,又名"金鱼奔食"。墓前右有长沟,俗号"拖刀沟"。右有大石,俗号"仙人床"。又下首田边有石,号"磨刀石"。其山系杭兴富杜卖。东至山顶,西至田脚,北至出产山,南至出产坟冢为界。计弓丈:左直长自山顶至田脚十伍丈,下横阔七丈五尺,中横阔七丈,上横阔五丈五尺。右直长自小山顶至田脚八丈伍尺。又靠毗连买山壹块,弓长文契载明。又陶、张二妣祔墓。右首另冢,并十世可昆公与夏妣、苏妣,祔陶妣墓。左首另冢。

光绪卅三年三月初壹日,□□。

抄谱字人王恕齐(画押)
侄王步朝＊＊

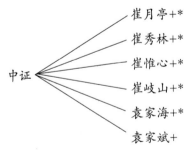

44. 光绪三十四年(1908)袁德斌等认错书

立误认字人袁德斌、童琴甫,今误认到

---

① 原书"嘉庆",后涂改。

屠先生名下因小巷口田一丘界串可凭售与合义堂,身等中证。蒙恩开罪,各无纠葛。立此存照。

光绪三十四年七月初一日

    立误认字人　　袁德斌 ＋　　童琴甫(画押)

    凭中黄辅臣、黄寿功　　仝见

45. 宣统元年(1909)杨来有等看山契

立包看山字人杨来有、袁家海、袁家富等,今看到屠先生名下缘因身等看脱甲山壹座,均归身等自愿包看,无许他人抒葬坟墓、挖土侵占等弊。倘有此情,听从先生追究,身等愿甘治罪。今欲有凭,立此看山字。永远为照。

宣统元年腊月三十日。立看脱甲山字人　杨来有 ＋　袁家海 ＋　袁家富 ＋

           凭中人黄成发 押

后记:不列颠图书馆藏珍稀文献寻访实录及省思

一

在不列颠图书馆查找文献的过程中得到诸多师友的指点与鼓励,包括新闻学界前辈方汉奇、《厦门大学学报》编辑部洪峻峰老师都专门提及要将更多时间用于搜寻文献。不列颠图书馆师友,特别是中文部的负责人葛瀚老师提供了诸多切实的帮助。中国社会科学院近代史所原所长王庆成更是关注笔者查找珍稀文献的进展并时有电子邮件往来。"天根:收到来信已多日了。你在英国做访问学者,这是很好的机会。很多年前,我得友人帮助,得伦敦大学亚非学院邀请,在英国访问8周,有幸发现天父圣旨、天兄圣旨两文献。你要多在图书馆,'多走一些地方'不是最必要之务……"在查找文献的过程中,也发现1983年初王老师查找文献的铅笔记录,很是激动。比照笔者2011年11月9日的札记:"这些日子一直在不列颠图书馆查找历史资料,前些日子读《上海画报浅说》《新国民》,后调阅了一些珍稀资料,内容主要是嘉兴兵马粮草调运、韩国科举考试卷,还有近代《英汉词典》的序言,等等。查找资料有时候靠功夫,有时候靠运气。看到不列颠图书馆工作人员使用的内部本子上有王庆成老师的纠错,心中很是感叹。王老师原在英国访问一年,主要是在英国不列颠图书馆、不列颠国家档案馆以及剑桥大学图书馆、亚非学院图书馆等地查找中国近世稀见文献。……嘉兴的材料是英国国防部移交的。"

2011年11月22日，我给王庆成老师写信："王老师好。近日每周有4天是在不列颠图书馆度过的，还有2天在威斯敏斯特大学听课，周日采购食品及其复制书籍等。在中文部负责人的帮助下，从里面调阅的基本上是中国方面的手稿，也看到您当年指出他们目录上的一些错误。有时候也调一些报刊方面的资料看看。初看目录有400多个卷宗（按：笔者第二次去英国时，发现有700多个卷宗），我看了50多个卷宗，抄了10多个卷宗，应该是国内没有的珍稀史料，我在英国还有100天就回国了，准备将剩余部分陆续调出来看看。谢谢您的提醒（来不列颠图书馆搜集珍稀文献）。这些史料足够回国研究一些日子。"

王庆成老师复信："天根：信收到，很高兴你有收获。我当年在该馆时间短，但运气好。希望你也有好运。我当年可能确曾提出问题，但已不记得说了些什么。如有记录，便中告知。我在美国科州，此州地广人稀——比今之四川大，但只数百万人。我每日在网上写点东西——书带来不少，但没有地方志，给我不少不方便，自己会开车就好了。庆成。"

可能查找文献时间很紧迫，调阅卷宗过多，也给图书馆工作人员带来压力。当然加快频率意味着收获更多。2011年11月25日札记："这些日子在图书馆的手稿本上大有收获，想来也是，曾经的大英帝国毕竟是世界的中心，所以弄到很多文物文献，保存得很好，结果中国要了解自己的近代历史，一些关键性的资料只能到不列颠图书馆来找。里面的手稿本大概有500个卷宗，对我专业有用处的有两三百个卷宗。其中包括一些中英关系交涉原始文档，本日看了道光二十二三年有关中英台湾问题的往来文书，不知道国内有无。从毛笔字来看，当是原件。若无，价值可就大了，可费一周的时间抄写。现在第一手官方档案文书看多了，再也没有以前那种兴奋的劲头了，自己大概搜集了近15个卷宗，需要花20天辑录，未来的大多数时光还在那儿度过。本来是读报纸的，现在转而抄资料，这些资料弄回去可能要花2年的时间，才能整理出来。"2011年11月29日札记："这些日子时间太紧张，很累的。不过倒是将不列颠图书馆二楼展览的精品看了很多,圣旨啊,饰金粉的满文书籍啊,以及各种公文原件啊,还有外交照会及其精美的书信原件。每天在图书馆基本上就是抄写,时光过得快。一切按照计划查找资料。希望能有所发现并收获。"

在查找文献过程中与中文部的负责人有交往,并且收获很多。2011年12月1日札记:本日中午,与不列颠图书馆中文部的葛老师与吴芳思聚了下。我送给吴老师我的书,那是自己的博士论文。吴老师说自己是1975年前后到北京大学及语言大学去进修过一年。多年之后,笔者看到吴老师撰写的她在北京的学习经历的书稿,看到书名很有意思,就让学生帮自己订购了一本。而葛老师是文化大革命期间到中国的,他说自己读书期间,早上是"子曰",下午可能是"诗云"。时间、空间跨度太大。本来我请客,结果是葛老师掏钱。其中谈到我的一些发现,吴老师等都很高兴,说图书馆就是要有读者发现,才陆续知道一些藏品的珍贵价值。他们讲了一些图书馆的书籍的价值,也说其经费紧张,连制作手稿本的目录都缺钱。

下午抄资料,葛老师发给我一个胸卡,好像目前只有三四个嘉宾参观。他带我先从不列颠图书馆员工工作室的窗户看了看吴芳思老师与他的住处,在距图书馆不是很远的一座小山上,葛老师的岳父是亚非学院的一名研究建筑史学的专家,好像在杭州的一家美术出版社出版过学术论著译本。葛以前在麦克米伦出版社工作过,在不列颠图书馆工作17年而吴则是32年。

作为图书馆嘉宾,我参观了图书馆的珍品及其运作流程。看了敦煌卷子,甚是震撼,而观世音菩萨的图像,系毛笔白描,其构象及其绘制,线条行云流水,令人惊叹。1974年不列颠图书馆与博物馆分家,为什么这件宝贝藏在这里?葛老师也很疑惑。葛老师介绍的相关文物,是用日本的技术去修缮的。他还拿出一支唐代修缮纸张的刷笔。刷笔的笔毛独特。他说在修缮过程中糊纸浆很管用。看了一排排唐代敦煌卷子,经历这么多年,现在静静地躺在不列颠图书馆的空调底下,恍若隔世。他还让我看了中文其他类型的文献,若木刻字等,都是一些残片,还是一些修缮的纸片。这是斯坦因从敦煌等贱价买的,想当年胡适也在不列颠图书馆查阅资料,或许也接触过这些。还有自己在国内看过有关敦煌的道士王圆箓的故事。匆忙中自己还看了唐朝一些珍贵的文卷,还有甲骨文原本及其拓片等。我与葛老师一起看了甲骨文数字标识码及目字,大多是象形文字。这是中国文字起源及演变的重要标识,不知道怎么流落到这里。不列颠图书馆还有当时丝绸之路文字记载,是关于西北的珍贵资料。记得我这些日子调阅的也基本上是图书馆的精品。

看了《永乐大典》的原件,其中论述涉及一些衣服等级与社会地位关系的典制。在文本呈现上,衣服是绘画的,看上去却像是布料制成的。图书精品所带来的震撼程度难以形容。自己查资料后很难有时间到名胜古迹去看看。

我还观看了他们的送书工艺流程,完全是现代化传送带作业,就像大工业流程中的流水线作业,其中专门负责的工作人员有4～5位,葛老师用中文说其中一个典型英国人是"领导","what is meaning'领导'?"我说:"是 leader。"他马上就说他是不是 leader,要问问身边的人。真是幽默。

我们与吴芳思老师谈起向达在不列颠图书馆查找资料的事情,她说,他当时主要是查敦煌卷子,想查一些其他的资料,但是受到了英国政府的限制。由此而言,他没有看到目录也在意料之中,何况很多目录都与内容有距离,有言不达意的地方。吴老师好像在香港一家出版社出版的一本书中写过有关向达的文章。

王庆成老师与不列颠图书馆交往多。我给王庆成老师写信:"王老师:您好。我上次给您吴芳思等的地址,您联系上她们了吗?我今天终于抄完了前面的中英照会。今天又发现了《各府州清册》(江南庐州府造具),80叶左右。上面盖有红印及关防,应该是原件,当属于未刊史料。说是江南行省但主要是关于安徽的,初步看了一下,涉及方方面面。对我在安徽工作而言,研究安徽并与江南省联系当很有价值。可能要7天左右的时间才能抄完。""还有关于鸦片战争前涉及台湾的上谕,准备看看是不是未刊史料。每天都有书信等发现,大体上是手迹等。看来这里的珍稀史料较多。我能抄多少是多少。"

在英国访学的日子,我去得最多的就是不列颠图书馆。不列颠图书馆建筑风格朴实无华,其隔壁就是交通中心,是哥特式建筑,具有浓郁的欧洲建筑风格,也是实实在在的通往欧洲旅程的起点或归宿。

2011年12月10日,给王庆成老师写信:"台湾上谕主要是指道光二十二年四月台湾总兵达洪阿击沉来犯英船并生擒英人一百多,朝廷予以嘉奖及达氏奏稿,共十八页,与我以前抄录的中英照会是同一时间段同一事件,经查也是以前没有公布的。我已经用铅笔抄录。安徽的材料还有两天即可抄完。还抄录了《光绪二十五年八月 日发信件簿》,有50多叶,应该是八国联军侵华时从中国抢走的,主要是谁谁给朝廷写了封信,这对研究义和团运动前帝国通信频率有帮助,我做新闻传播,就抄录了,还有15叶就完成了。""除此外……从伦敦大学亚非学院复印书40多本,还准备再复印100本,主要是台湾出版的一些重要人物的文集等。""我还有两个半月就回国了,还可以抄录一些。还有英国国家档案馆从未去过,准备在不列颠图书馆完成后去看看。我能在40岁的时候到英国访学半年并抄录一些珍稀资料,也是一种幸运。现在主要是弄资料,没有时间写东西了。"笔者是2012年2月回国的,所以查找文献到2011年底,剩下的时间很少了。当然在查找文献时也结交了其他读者,后来有交往。2011年12月20日札记:"今天继续在不列颠图书馆查阅资料,看样子要加快速度。这些是我一辈子接触的文化珍品,随便调出来的来往书信,里面竟然有袁枚的书信,还有清末状元的字迹。信纸设计淡雅,偶有典雅的中国画山水花鸟之类作背景,有诗歌的韵味,有清润的字迹,显然是多年的文化积累及其社会阅历,才能写得出来的。"

不列颠图书馆的材料,这些文献能说明问题,诸如这些珍稀文献与晚清社会镜像是什么关系,与当时英国外交策略是什么关系?

二

2012年元旦是自己在不列颠图书馆查找文献的时间分界线。2012年1月1日札记:"今天是新年第一天,自己41岁了,且是在伦敦度过的。昨天在不列颠图书馆抄录《谕旨汇编》之类,还有《江南海关税则》等。后者还有几行字,就告结束。闭馆后才切实感觉到抄录文献,满满的一整天,有些累,遂向泰晤士河畔漫步。"

同日给王庆成老师写信。

王老师：

您好。除上次信跟您说的一些珍稀史料外，近来又在不列颠图书馆发现了一批珍稀文献，时文汇编中夹杂有中英台湾关系的纸条。另有材料与马礼逊有关。竟发现《善后条约》的原件，中间有修改，有码字，从包装的慎重程度也可见这非同小可。还发现租界通商的最初条约的稿本等。

统计发现的文献，在数量上已经赶上或超过您当年在英发现的文件数。我想这些从中国消失的文件或档案当时是作为情报使用的，这也是英国在台湾问题上受挫后英国情报工作在战争中发生了扭转的重要原因。

现在国内修清史的同志不知道是否发现了这些。我估计可能性很小。要是这样，我日后公布这些材料或写成文章，估计对清史撰修中有关鸦片战争及中英关系的写作会产生一定的冲击。若修清史连这些重要的历史文献都忽视，可能有些难办。还发现一大批资料待抄写。

笔者早年学英语，后转学历史及传播的跨学科的身份，破格评上教授后，一方面要在威斯敏斯特大学进修新闻传播学，另一方面要在不列颠图书馆发掘珍稀文献，时间特别紧张，特别是后期离回国的日子更近了。2012年1月12日札记："近来威斯敏斯特大学仍未开学，终日在不列颠图书馆抄录资料。今天下午又接受不列颠图书馆中文部葛翰老师的辅导。他帮助我辨认我抄录的一些资料的来源，很费了一番工夫。加上，前几次我在不列颠图书馆接受他的辅导，真是变成了他的学生了。他在图书馆专业上是很有造诣的。他有关英语的一些来历和缩写这方面的知识很广博。人也认真负责，我收获甚丰。听他说，中国清史委员会×××等到剑桥、牛津、伦敦拍了很多的资料，而我看的这些，他们基本上没有拍到。想想也是，我看的基本上是不列颠图书馆中文文献的精品。若他们拍了并拿去,不列颠图书馆往后业务开展就难办了。"

2012年1月13日札记:"今天在不列颠图书馆抄录《谕旨抄录》,一整天,5000多字。明天再抄一天可能结束。晚上到亚非学院寻文学方面的书,看了鲁迅兄弟的书。自己转到现代报刊史学,要看的文学、文人方面的书籍甚多,看来一时间很难有个结果,弄不好要5年的工夫。记得在复旦读博士后的时候,合作导师黄旦教授说要在报刊史学上有成绩,就像我做严复所达到的地步,要5年精心耕耘。那是2006年,我当时35岁。今天看来,真是花了5年的工夫了。人生就在匆匆中走尽。"

阅读这些札记,又回到12年前,往事历历在目。大体而言,学问需要积累,需要学养的积累,也需要文献的积累。在英国访学过程中,自己常有这样的感叹。2012年1月24日,笔者曾给在美国的王庆成老师发邮件:"王老师、师母新年好。上次来信谈到我发现的近50封地契,实际上是我故乡所在地芜湖县的,主要诉讼是义和团运动后部分村民将山地'捐献'给英国传教士,涉及官府、村民、传教士及中英关系,可谓残破江南社会的经典个案。资料是1994年一个英国人(当时当事者传教士后人)提及:清季脱甲山地权以要价9000英镑的价格交易。后该卷宗收藏于不列颠图书馆。幸运的是从不列颠图书馆居然弄到自己出生地的珍稀文献,且系涉及地权诉讼的跨越清代康雍乾直至宣统数朝较为完整的档案。能发掘此卷宗,实系一生的幸运。

不列颠所藏中国近代文献甚多,且数量颇丰。相关稀见文献时为学人发掘,笔者虽幸运,但留英时光有限,2012年1月15日札记:"时间过得真快,还有一个半月我就回去了。昨天总算把'上谕'抄录了。有关吴三桂的珍稀材料还剩余一点。"

自己回国的日子也近了,心情很是急迫而文献调阅的频率也加快。与此同时,在调阅文献的过程中产生了诸多的忙乱,幸亏得到中文部负责人葛翰的帮助。

笔者在英国查找文献的日子里也时常去伦敦大学的亚非学院,在亚非学院图书馆翻阅图书的过程中遇到中国社会科学院近代史所原研究人员刘建

一、李丹阳夫妇。刘是中英文化交流会的理事长,应邀周末做一次讲座。讲座的内容涉及英国藏的稀见历史文献与鸦片战争时期的中英关系。笔者回国后依据不列颠图书馆的珍稀文献在安徽大学出版社出版了一本不列颠图书馆藏中英关系文献考释方面的专著。此系后话。

2月6日,刘建一写给笔者的电子邮件:"天根教授:元宵节好!上周的电话谈话十分愉快。我们请你讲'鸦片战争时期的中英关系'讲座,定于本月12日周日下午3点半在故园会所举行,6点用餐,8—9点结束。由于考虑讲座的效果和听众的互动,我们没把范围扩大,限制在10人左右。地点在:……楼下是意大利餐馆和日本餐馆,在两家餐馆之间有一扇小门,玻璃上有'故园'字样,上楼便是。这是一间不对外营业的餐馆,主人是上海人,我们的朋友,楼下两间餐馆也是由他经营。请将你的学术简历和主要著作介绍一下。我会在讲座开始前向来人作一个介绍。谢谢!你有何问题,请及时和我联系。"

后刘建一同志委托我在不列颠图书馆查找文献:

天根教授:春节好!我们已经从德国回到英国,由于积压的事情太多,最近都在处理琐事,没顾上与你联系,十分抱歉。我们准备2月5日搞一个聚会,有香港华人也有大陆华侨。你若有时间欢迎参加,地点正在商定,日后通知。

现还有一事想麻烦你,中国台湾刚上任的"驻英代表"沈××是沈宝桢和林则徐的后人,希望能查到当年林则徐给英女王的信。知道你最近一直在查鸦片战争史料,比较熟悉相关档案,不知能否抽空留意这件事,将林信件找出来。赵×先生是中国驻英使馆一秘和领事,主管相关工作。

建一、丹阳:请参阅附件。在方便时,留意一下,不知可否查阅到附件中所提林则徐两封信的相关信息。

我的回复:"刘老师:好久不见,谢谢你的好意。林则徐的书信,我听不列颠图书馆相关同志说他们收购了一批,不知道是不是亚非学院的那批,我查资料的时候会留意的,查到了我会跟你说的。"自己回国后指导一个研究生刘蕊注意发掘林则徐未刊书信,她的学位论文涉及林则徐与《澳门月刊》,后学生刘蕊查找林则徐写给英国女王的书信,但原件未见,自己也未在不列颠图书馆相关卷宗中查找到。

因为时间的关系,笔者后期在不列颠图书馆中查找文献,收缩了范围,也为自己近10年后第二次到英国访问奠定基础。2012年2月10日札记:"今天在图书馆抄并校对手稿本目录,目的是为自己接下来几天查找资料明确目标。图书馆珍稀文献甚多,只是完成了自己所需要的那部分。中文部负责人葛翰在我查找资料的时候提供了不少的帮助,自己提出,希望他能复印一些资料给我,这个给他带来了不便。以后也注意,不宜提过分要求。一个国家的强弱甚至关系到历史文献的占有程度,想想真是令曾经弱国的历史学者心寒。文献当然不能随意复印或复制,否则怎么能称得上珍稀? 从这种角度来看,不列颠图书馆确实做得很好。""抄录资料的时候又看到王庆成老师当年留下的查找资料时纠正错误的建议,抄录下来留个纪念,王老师是80年代初来的,时隔近30年,我延续王老师的路子查找资料。资料堆放的地点及时间发生了巨大变化,接待的人也如此。""今天从中文部负责人葛老师那儿知道,他们的很多图书是从寒山堂那儿得来的,据说寒山堂的老板与上海、香港等各地书商皆有联系。从图书流通的网络也可见通过文物乃至文献交易而参合文化渗透,这不仅仅是交流的问题了,或属文化误读,亦未可知。"

最终应刘建一邀请,笔者就不列颠图书馆藏文献涉及中英关系作了一次报告。2012年2月13日札记:"昨天去South Kenstington的'故园'讲课,主要讲了鸦片战争的中英关系,依据的是我在不列颠图书馆得到的一些资料。也新认识了一些人。……我结合在英国得到的珍稀文献,也谈到了中英关系中台湾的问题,其中1842—1843年英国在台湾战争中一败涂地。而在后来的战争中基本上是以胜利者姿态告终。其中,情报在战争中起了关键性的作用。没有情报,英国的胜利显然就没有那么神速。自己在讲的时候问题不够集中? 问题意识不明显? 也谈到严复的翻译,其译著多为剑桥大学、牛津大学的讲稿,其知识及所涉领域起点很高,对国人有思想启蒙的作用,更重要的是:面对中国传统知识的经、史、子、集的分类,严复的这些译作也为中国近代学科开创奠定了基础,使得中国的学术地图得以与西方接轨。这一点从后来者看尤其显得重要。他们后来把我的讲稿要去,说是要登一些消息。……是很有生气的聚会,大家快十点才散会。"

基于不列颠图书馆等地所藏的珍稀文献而作的中英关系讲座,受到了在英华侨的重视,印象中本次讲座的新闻报道在华文刊物发表。以下为一听众谢汉森的反馈:"王老师……很高兴昨天晚上能与您谋面,并聆听了王老师精彩的讲述,鸦片战争失败的祸根是因为大英帝国完整地收集了清王朝的经济、军事资料,才能战胜国民经济比它强数倍的清王朝。回来后搜查网络,找到了林则徐写给维多利亚女王的信(英中皆有)如下给王老师参考。英文网络:……中文网络:林则徐将照会底稿给袁德辉翻译成英文,又请美国商人威廉·亨德把袁德辉的英文本回译成中文,以两下对照是否有误……"谢汉森先生后来还在国内举办"近代中国债券展"藏品主要是晚清民国时期的债券。

笔者在不列颠图书馆中,调出斯坦因与不列颠图书馆、博物馆的书信,研读之余,心中的痛楚油然而生。我在图书馆中查找资料,本来很想找些珍稀资料,回去好研究,工作需要亦为了生活吧。在查找的过程中看着一件件实物,而不仅仅是史料,心中为近代中国曾经遭遇的痛苦颇有感叹。这些实物当时是近代中国遭受屈辱血淋淋的证据。中国近代为何遭遇如此,在不列颠图书馆读了这么多天的档案或文献或许自然明了,而不仅仅是学术训练意义上的考证,这是一种感性的直观就能得出的结论。我就不明白,为什么国内轰轰烈烈地搞课题、修清史,而这些资料在不列颠图书馆一躺就是这么多年。而斯坦因不仅仅是一个探险家、学者,还为英国从中国掠夺了诸多文物。

笔者有此发掘新史料的良机,当倍加珍惜。2012年3月1日札记:"再有一个星期就回去了。今天结束了英法赔款原档的抄写,明天主要是校对抄写的文献。还可以调一些书,晚上回去做点工作吧。这几天真是够累的。复印书籍,抄写文献等等。"

2012年3月4日札记:"今天将越南的外交方面的档案抄写完,还看了圩号册,大概相当于交公粮之类的,主要是关于上海的,可惜时间短,难以一一抄出来。晚上还有半个多小时,遂到大英博物馆看了印度馆中的佛像,时间短,实际上只看了20多分钟,再到亚非学院,听了半个小时的讲座,也主要是关于亚洲的。然后在亚非学院图书馆看了丁玲传记,还有冰心年谱、王蒙传记、张爱玲传记等。时间太短。快七点,想回去。""时光匆匆,后天就回去了。不知道将来可有机会再来。"此后,查找文献进入尾声。2012年3月7日札记:"昨天请图书馆中文部的葛瀚及吴芳思在图书馆附近的一个19世纪末开的老饭店吃了顿饭。后聊起1846年藏书中珍稀文献的来源,才知道那是马礼逊的儿子捐赠的。后葛瀚让我看了一些地图和手稿本。不知道以后还能见到他们否,葛老师说,再见到时,估计他们也退休了。葛老师还说他是1993年来的,之前在亚非学院工作。今天上午去图书馆查对资料,下午参观一些地方。明天就回国了。"

2012年3月8日札记:"昨天是我在英国待的最后一天。太累了。一天在不列颠图书馆核对了关于芜湖县的资料……晚上去亚非学院听了一个关于阿富汗的学术报告。之后回到住处,在房东家看了40多分钟纪录片。太困了,就睡觉了。"

"今天晚上9点的飞机,等一下去买包,开发票等。再打点行装,就回去了。我在英国待了190天,主要是发现了大批近代中国的文献档案(特别是关于鸦片战争的文件),还有就是芜湖县的材料。希望回国后,能利用这些珍稀资料做出成绩来。"

"今天匆匆忙了一整天,现在终于安稳地坐在飞机上了。现在是在飞机上写作。今天幸亏有陈向阳的帮忙,否则真是够呛。先是没有看飞机的航站台而跑错地点,后来买免税商品,结果把电脑包忘记了。幸亏要买酒,又看到电脑包,否则就麻烦了。主要是自己太累了。昨天,还在不列颠图书馆待了一整天,晚上还听讲座。收拾东西吧,买包买了两次。……临走的时候,房东的女友说:'愿上帝保佑您与您的家人。'人的相遇,充满了偶然或又必然,诸如前一位住这房子的孙老师的爱人竟然是我在学界熟悉的同行。这是天下太小,不仅仅是通讯意义上的地球村的问题了。"

飞机起飞,说是9点,实际上,可能等了半个多小时才飞,等候跑道吧。飞机升空了,看到灯火灿烂的伦敦上空,心中很是感叹。对历史上的英帝国而言,这是"物竞天择,适者生存"的强者梦想,有着丛林法则意蕴。100多年后,我还到这里来继续"严复的足迹",寻找历史的文献。还有,这里系林徽因与徐志摩相遇的地方。林徽因的"那一夜"就是飞机下面某一灯火冥迷的角落,他们为此付出了情感。或许那山、那江水、那灯火还在,因为我在伦敦所住的房子1920年前后开始修建,时下周边的环境并没有多少变化。自己在这儿奋斗了190天,时间多半按照"半个小时"为使用单位来安排,抄录了近百万字未刊史料,可能影响较大的是关于中英鸦片战争前夕台湾问题的外交照会。还有就是芜湖县的脱甲山的材料。部分文献关于江南社会,自己还真是运气好,内容涉及从"江南税则",再到"安徽官吏的考核",再到"芜湖县的脱甲山乃至周边的教堂"等。就脱甲山地权交易本身而言,地租及其影响非常关键。亚当·斯密花了很大精力与篇幅论述了地租及其影响。他认为:"作为使用土地的代价的地租,当然是一种垄断价格。它完全不和地主改良土地所支出的费用或地主所能收取的数额成比例,而和租地人所能缴纳的数额成比例。"①地主对待地租当然设想的是利益最大化原则。亚当·斯密认为:"挪威及苏格兰的荒凉旷野,产有一种牧草。以这种牧草饲养牲畜,所得的乳汁与繁殖出来的牲畜,除了足够维持牧畜所需要的一切劳动,并支给牧畜者或畜群所有人的普通利润外,还有小额剩余,作为地主的地租。"②这些学理探讨对自己利用不列颠图书馆藏文献研究中国近代问题当有启迪。

自己查找文献的收获常与王庆成老师分享:"王老师您好。最近是夏天,中国大陆特别的热。美国可好?我今天终于将开平煤矿方面的文章投给

---

① [英]亚当·斯密著:《国民财富的性质和原因的研究》,郭大力、王亚南译,北京:商务印书馆1972年版,第138页。
② [英]亚当·斯密著:《国民财富的性质和原因的研究》,郭大力、王亚南译,北京:商务印书馆1972年版,第139页。

……自己也松了口气。文章5万字左右,前后经历9年。希望有史学借鉴之意。我从不列颠图书馆挖了资料,除上次在《中国社会科学报》刊载了一篇外,最近有2万字的关于恭亲王与他的政治舞台之类的文章,里面有从不列颠图书馆得到的资料。""天根:得来信,很高兴。你大概从海外得到的资料不少,我不知它们的重要性,现在关键在于你的妥善利用,利用得好,对学术有利,能引起社会和学界的重视,对你自己的学术声誉也有利。我身体还好,得益于此间空气好,和心无旁骛。但终究已年老,做不出什么事了。有空常来信。"后笔者再复信:"还有一些资料在陆续整理之中。希望能做出成绩,此时此地,只能这样安慰自己。7月20日到8月3日故宫办了故宫学培训班,他们邀请我参加,我从英国得到一些故宫的文件,准备去看看……"而笔者从英国得到的相关诸多原始档案文献来自清宫军机处。

三

2019年笔者再到英国格林威治大学访学并查阅资料。现摘录学术札记数段,特别是查找文献之尾声,涉及查找文献的结果,以志过往。

2019年11月4日,飞机上札记:"终于结束英国不列颠图书馆等搜查文献,从2019年7月11日到11月3日,第二次去英国,还是住在David家,唯一变化是其原来女友变成了妻子。最后一周,房东陪其到斯里兰卡去度假,我在不列颠图书馆继续查找文献。相比8年前,不列颠图书馆的工作人员也换了两茬。想想也是的,8到9年时光,自己拿了国家社科基金重大项目,两次获得教育部社科奖,评了二级教授等,母亲也去世,导师龚书铎先生去世,交往很深的王庆成先生去世。孩子也上大学了,第一次来英国访学时才小学五年级。总体而言,人生7年时间确实能看出变化……青春时光在于积累。就如学英语,从12岁就开始,到近50岁还在用功,到了英国,唉,还是很感叹。7年前,觉得所学都用上了,此后又觉得时光去了不少。两次英伦访学又获得珍稀文献。时光在不停流逝。"

后记：不列颠图书馆藏珍稀文献寻访实录及省思

第二次来不列颠图书馆访问，目睹图书馆人事关系大变样。临别之际，我看了不列颠图书馆的佛教展览。搞展览也为不列颠图书馆创收，英国一度成为世界霸主，从别的国家攫取了不少珍稀文献。历史就是双刃宝剑，否则有些文献很难说能流传下来。这次自己从不列颠图书馆得到160个以上完整卷宗的珍稀文献，加上上次来英查到的文献，文件数量惊人，也因为经费得到补充才得以出国，否则很难想见自己会再来。在英国再次听了讲座，有四五场，还有遇到加拿大的卜正民。到英国，接触国外学术前沿，否则很难遇见他。出来访学还是有些机会，现在需要潜心研究。一些华人在海外，与海外文化产生了隔膜，也有思乡心切的问题。有的很有才华，但长期滞留海外而无所事事等，结果白白地浪费了才华，晚年也很孤独。甚至有江山未改而岁月催人老之感觉。可见，一个人要做成一件事，有多重机缘，但关键是脚踏实地，而非其他。旅途是人生的重要构成，而人本身就在旅途之中。世界上并无世外桃源，但心中的桃源，"不知有汉，无论魏晋"。很多场景只能若此。出来走走，特别是感知异国他乡的人情和风俗习惯，为自己人生乃至所处族群提供了一个很好的文化参照系。自我认同往往在其他族群中得以体认。何况还有肤色等自然体质上的差别。这就有了历史感，也有了时代感，而历史感、时代感就是在世界地理范畴中得以展现。

无论是文学还是史学或历史人类学，其过往及其后来对中国学人的影响，值得省思。中国近代学术在交融互释中有了西方文化元素，更有了本土化的阐释，很值得珍视。在近代中西文化会通语境中，这些文化元素输入伊始，可能是通过严复等翻译，也可能通过郭嵩焘等日记，当然更多是历史追忆，色彩斑斓。诸如此类的文化景观形成广阔地理学意义上的历史交叉。不列颠图书馆与牛津、剑桥的图书馆意义一样，是文化重镇。胡适、戈公振、白瑞华等作学术研究，有在不列颠图书馆查找文献等经历。

当下情景，笔者能再次去英国查到一大批珍稀文献，也是人生的幸运。从事校勘、考证也是学术探索的一条重要的途径。希望研究工作能顺畅一些。为人还是平稳一些好。一想到还要行色匆匆，真是累了。回忆10年前的自己，满脸愁绪，是如此的落魄，匆匆登上飞机，漂洋过海。漫步自己访问所在地威斯敏斯特大学对面的哈罗山,无论是哈罗公学圣诞夜晚的灯火还是元旦微冷的风,带着自己无限的悲凉。人生有什么过错呢?却让自己承担了一切后果。也许生下来就是个错误。为了苟且地活下去,自己忍受了一切戏弄;承担一切可以承担与不应该承担的"过去"。最近深深地为刀郎的《罗刹海市》的歌声吐了一口气,有些人还在世界上,就是让别人无路可走。有机会从不列颠图书馆得到故乡的珍稀资料。资料充斥的近代历史畸变的痛苦一如自己的人生。现在自己像医生一样,用手术刀剖析这些文献资料。这些历史尘土所埋葬的材料,展示历史种种轨迹,无疑就是鲜活的人间烟火。历史尘土上一堆堆"建筑"源于战火乘风而起,又烟消云散。而一代代芜湖人、安徽人乃至中国人一直在路上,风尘仆仆。自己在不列颠图书馆关门时即去散步,最喜欢去泰晤士河边走走。心中默默念叨,有近十次游走在泰晤士河畔了?夜幕下的泰晤士河别有风情。每次夜幕下的漫步,都会经过一座辉煌的建筑,离伦敦大桥近,也距伦敦眼不远。最近迟疑良久,终于走进了里面,才发现是伦敦大学的国王学院。记得刚来国王学院时一位女教授曾带我们从窗口及楼层平台眺望伦敦及泰晤士河的蜿蜒曲折。没想到自己晚上重游并路过。时光流逝啊,自己暗暗感叹。回国后,自己看了很多旅英的书籍,诸如费孝通的《留英记》、萧乾的《海外行踪》、刘正成的《英伦行色》、陈平原的《大英博物馆日记》之类,也注意到储安平有关英国游记的书籍。阅读这些,希望自己能对不列颠图书馆坐落英伦之都有个整体性把握并有参照系,也希望自己在伦敦访学及考察历史遗址所写的学术札记,为后来者的生活、学习乃至研究提供旁观者类似的参照系。费孝通花费了很长时间回忆自己在英国的情况。这可见当时所接受的文化母本的原创性。而萧乾的回忆更多是文化发掘性回顾,多次叠加,有着历史语义学的味道。一个是社会学乃至人类学的路子,一个是受诗人及散文家英国伍尔芙意识流等文学流派的影响。还有就是历史类,向达、王重民、王庆成等先贤到不列颠图书馆抄录历史文献。后来以此文献,他们都做出一流学问。时代风云际会,大体如此。

对我而言,农家子弟若能读书改变命运,当是首选。读书治学当然要靠勤奋努力,要花时间思考,要耗体力、耗心力。学术水平如何,主要取决于自身努力的程度。学术积累要细水长流,自然水到渠成。认真与踏实,才能有业绩。而从事历史学探索,一份材料说一份话,实际上就是科学研究,而为科学研究努力,当不计功效,都是有价值的。这些是我秉持的信念,曾自拟"世清当效力社群,世浊宜善一身",作为座右铭。本书当作人生守望的一份答卷,希望得到方家指正。

本书初稿得到安徽大学学报编辑部张朝胜老师、安徽大学历史学院周乾教授诸多宝贵意见,特此致谢。

在书稿撰写期间,母亲张太英、姐姐王天英先后离世,对我尤有打击。她们皆是不识字的平凡女性。特别是姐姐王天英,子女甚多,一生辛劳,却意外离开我,难以逆料,我真是无以自解。"求学的少年,天天走过的乡村,菜畦依旧绿意盎然,可怜的姐姐与我永远别离,只有梦里依稀相望……""姐,你在那边,好好照看爸妈。他们苦了一辈子,与你一样吃尽不识字的苦头。""姐,若有下辈子,弟弟愿意照看这片菜地,你早早上学。"谨将本书献给姐姐王天英。

王天根
2024 年 12 月